KB109677

속담 인류학

TAGEN NO SORANI—KOTOWAZA JINRUIGAKU
by YONEHARA Mari
Copyright © 2006 INOUE Yuri
All rights reserved.
Originally published in Japan.
Korean translation rights arranged with INOUE Yuri, Japan
through THE SAKAI AGENCY and BC AGENCY.

이 책의 한국어판 저작권은 BC 에이전시를 통해
저작권자와 독점 계약한 마음산책에 있습니다.
저작권법에 의해 한국 내에서 보호를 받는 저작물이므로
무단 전재와 복제를 금합니다.

■ 이 도서의 국립중앙도서관 출판예정도서목록(CIP)은
서지정보유통지원시스템 홈페이지(http://seoji.nl.go.kr)와
국가자료공동목록시스템(http://www.nl.go.kr/kolisnet)에서 이용하실 수 있습니다.
(CIP제어번호: CIP2016030066)

속담 인류학

한승동 옮김

요네하라 마리

마음산책

속담 인류학

1판 1쇄 발행 2012년   3월 10일
1판 3쇄 발행 2015년   3월 20일
문고판 1판 1쇄 발행 2017년   1월 15일
문고판 1판 2쇄 발행 2019년   4월   1일

지은이 | 요네하라 마리
옮긴이 | 한승동
펴낸이 | 정은숙
펴낸곳 | 마음산책

등록 | 2000년 7월 28일(제13-653호)
주소 | (우 04043) 서울시 마포구 잔다리로 3안길 20
전화 | 대표 362-1452 편집 362-1451   팩스 | 362-1455
홈페이지 | http://www.maumsan.com
블로그 | maumsanchaek.blog.me
트위터 | http://twitter.com/maumsanchaek
페이스북 | http://www.facebook.com/maumsanchaek
전자우편 | maum@maumsan.com

ISBN 978-89-6090-290-9 03300
      978-89-6090-291-6 (세트)

* 책값은 뒤표지에 있습니다.

역사도, 지리적·기후적 조건도, 문화도 전혀 다른데
같은 문구가 같은 의미로 사용되고 있다는 건
바로 기적이 아니고 무엇이겠는가.

닭 쫓던 개여도 끝이 좋다면

■ 일러두기

1. 이 책은 요네하라 마리가 2003년부터 2006년까지 〈호오세키宝石〉에 기고한 글로 그녀 사후 출간된 『他諺の空似ーことわざ人類学』(고분샤, 2006)를 번역한 것이다.
2. 지은이가 강조한 속담과 관용구 등은 굵은 글자로 처리하고 따옴표는 생략하였다.
3. 옮긴이 주는 글줄 상단에 맞추어 표기하였다.
4. 외국 인명, 지명, 작품명 및 독음은 외래어 표기법을 따르되 관용적인 표기와 동멸어진 경우 절충해서 실용적 표기에 따랐다.
5. 국내에 소개된 작품명은 번역된 제목을 따랐고, 국내에 소개되지 않은 작품명은 우리말로 옮겼다.
6. 한자어로 된 인명과 책명, 작품명 등은 본문에 한자를 병기하였다.
7. 잡지와 신문, 음악, 그림, 공연, 영화, 방송 프로그램 제목은 〈 〉로, 논문이나 기사, 시와 단편 제목은 「 」로, 단행본과 장편 제목은 『 』로 묶었다.

세상은 양의 탈을 쓰고

의사 제 병 못 고친다

"엄마, 엄마."

출장 갔다 집에 돌아오자마자 딸이 달려와 내가 외투를 벗고 있는 중에도 숨도 쉬지 않고 재잘댄다.

"어제 엄마가 집을 비운 사이에 아빠가 예쁜 언니를 데리고 왔어요. 그러더니 거실 소파에요, 함께 드러누워서요, 언니가 치맛자락을 걷어 올렸어요. 그리고 다리 사이로요……"

여기서 딸은 허파에 들어 있던 공기를 다 토해낸 듯 다시 숨을 들이켰고, 나는 그 틈에 딸을 끌어안고 말했다.

"하루카, 이제 곧 아빠가 퇴근해서 돌아오실 거야. 이야기는 그때 계속해주려무나."

잠시 뒤 남편이 귀가했고, 아이와 셋이 저녁밥을 먹으려고 식탁에 둘러앉았다. 적당한 때를 살피다가 슬며시 딸을 부추겼다.

11

"하루카, 엄마가 어제 외출했을 때 아빠가 뭘 했는지 이야기해보렴."

남편은 마시던 된장국이 목에 걸려 컥컥댔지만, 딸은 신이 나서 떠들기 시작했다.

"아빠가요, 언니 다리 사이에요, 그거 있잖아, 아빠 출장 중일 때 엄마가 자주 데리고 오는 아저씨의 그걸 입에 물잖아, 그것과 꼭 같은 걸 찔러 넣는 것 같았어."

이 이야기는 최근에 이혼한 여자 친구 F한테서 들은 이혼 사유다. 덧붙이자면, 헤어진 남편은 그녀의 스물 몇 번째 남자로, 여덟 살 연하다. 첫 결혼부터 따지면 일곱 번째 남편이었다.

"그 자식의 순수성에 홀려 결혼했는데, 젊은 여자와 바람을 피우다니, 용서할 수 없어!"

F는 한바탕 씩씩거렸는데, 집안 좋은 전 남편과 헤어지고 나서 생활수준이 곤두박질쳤던지 새삼스럽게 "**덤불 속 뱀** 긁어 부스럼이라는 뜻이었던 거야"라며 분통을 터뜨렸다. 무심결에 "잠깐, 덤불 속 뱀과는 다른 거 아냐?" 하고 끼어들었다. F의 철없는 자기중심주의는 관찰하는 이에게 재미야 있지만, 속담 사용법이 잘못된 거라면 이야기가 달라진다.

덤불 속 뱀(덤불을 건드려 뱀을 부른다)은 기본적으로는 **꿩**

도 울지 않으면 총 맞지 않는다와 마찬가지로 안전제일, 위기 회피를 이야기하는 **건드리지 않는 신神에 동티 나지 않는다**라든가 **군자는 위험한 데 가까이 가지 않는다**/**불 보고 달려드는 여름벌레**(스스로 자멸을 향해 돌진한다)의 중간쯤에 있는 속담인데, 자신의 부질없는 언동으로 쓸데없는 재난을 부르는 어리석음을 경계하는 말이다. 전 세계에 이와 유사한 속담이 수없이 많다.

어리석은 자가 벌집 쑤신다 · **뱀 입에 손 넣지 마라**(필리핀)/**지나가는 호랑이에게 돌 던지기**(인도)/**곪지도 않은 종기 이쑤시개로 따기**(캄보디아)/**늑대 무섭다면서 숲에 간다** · **까치는 울어서 제집 있는 곳 알린다**(러시아)/**호랑이 노는 곳에 제 발로 가놓고 운 나쁘다 한탄한다**(미얀마)/**쓰레기통 뒤지다 쓰레기 범벅**(네팔)/**칼 갖고 놀다 다치기**(벨기에)/**싸움 말리다 얻어맞는다**(아랍)/**하이에나 씨름판에 양은 가지 않는다**(세네갈)/**주피터제우스 곁에 가지 않으면 번개 맞지 않는다** · **잠자는 개 건드리지 마라** · **잠자는 사자 깨우지 마라**(영국).

문득 F가 섹시한 입을 반쯤 벌린 채 의아하다는 듯 날 쳐다보고 있다는 걸 알아차리고는 변명을 늘어놨다.

"당신 같은 경우는 오히려 **도둑이 되레 큰소리친다**거나 **제 허물 감추기**라고 해야 하는 거 아냐?"

"하하하, 무슨 소리야, 그게? 어서 말해봐."

"그 사람 바람기를 탓할 처지가 아닐 텐데."

13

"**의사 제 병 못 고친다, 중이 제 머리 못 깎는다**, 옛날부터 그랬다고 『풍류지도헌전風流志道軒傳』에도 나와 있잖아. 바람둥이일수록 남의 바람기는 용납하지 못하는 거야."

어럽쇼, 자신의 욕망에 솔직한 F의 이야기가 말인즉 옳지 않은가. 남들에게 훌륭한 일 하라고 이야기하는 사람일수록 자신은 예외라 여기는 경향이 있다는 건 정말 맞는 이야기다. 노무라 사치요일본 프로야구 노무라 가쓰야 감독의 부인도 데위 수카르노인도네시아 전 대통령 수카르노의 일본인 부인. 두 사람 모두 일본 대중문화에서 떠들썩한 화제의 인물도 설교하기 정말 좋아했다. 신문 지면은 재판관, 경찰관, 학교 선생의 매춘과 성추행으로 매일 떠들썩하기도 하고. 그래서 이런 유의 관용구는 물릴 만큼 많다.

점쟁이 제 운수는 모른다/도덕 선생이 더 무례하다/유학자 행실이 더 나쁘다/셈 빠른 자가 돈 못 번다/의사가 요절하고 중이 지옥 간다(의사는 제 병 못 고쳐 젊어서 죽고, 중은 타락해서 지옥에 떨어지는 경우가 많다) 등등……. 남을 구해주는 위치에 있는 사람도 정작 자신을 구하긴 어렵다는 진리는 물론 일본열도에 사는 사람들한테만 통하는 건 아니다.

설교하는 자는 남의 설교 듣지 않는다(독일)**/점집 딸은 과부·약사 목에 혹**(인도)**/주술사도 제 병은 못 고친다**(스와힐리).

최대의 재산은 욕심을 버리는 것이라고 금욕을 설파한 스토아학파 철학자 세네카는 재산을 모으는 재주를 타고 낳는데, 그의 재산은 당시 황제를 능가했다. 지금도 통용되는 획기적인 교육론서 『에밀』을 쓴 루소는 자기 아이들에겐 냉혹하기 짝이 없는 아버지였던 모양이다. 쾌락을 위한 섹스를 전면 부정한 『성욕론』을 쓴 레프 톨스토이는 여러 여성 농노들을 상대로 마음껏 욕구를 채웠다.

핵무기로 대량 살육을 자행한 세계 최초이자 유일한 나라 미국만큼 다른 나라 핵 개발이나 핵 보유를 징벌하는 데 열심인 나라가 없다. '동시다발 테러'[9·11테러]에 대한 보복이라며, 드러내놓고 전 지구적 규모의 테러를 전개한다 싶더니 이라크가 핵무기, 생물무기, 화학무기(이 모두를 인류에게 최초로 사용한 나라는 미국) 등 대량 살상 무기를 감춰놓고 있다는 이유로 벌써 15만 명의 병력을 걸프 지역 주변에 배치해서 만반의 공격 준비를 갖췄다.

히로시마에 원자폭탄이 떨어져 한순간에 14만 명이 목숨을 빼앗겼는데, 12년 전의 걸프전쟁 때 이라크에서는 다국적군 공습으로 단 42일 만에 15만~30만의 시민이 살육당했다. 그때 미군을 중심으로 한 다국적군은 총 23만 회나 출격해 밤낮없이 공습했다. 그 결과 인구가 겨우 1600만밖에 안 되는 이라크에 8만 8000톤에 이르는 폭탄이 투하됐다. 히로시마형 원폭의 여섯 배에 맞먹는 양이다.

유엔은 2001년 "경제제재를 통한 이라크 사망자 수 150

만, 그 가운데 62만이 다섯 살 이하 어린이였다'라고 발표했다. 경제제재의 영향으로 병원에서는 의약품이 모자라고, 만성 영양실조인 어린이들이 감기나 설사 등의 단순한 질병으로 픽픽 쓰러져 죽어간다.

죽는 이유는 그뿐만이 아니다. 걸프전쟁 뒤 이라크 각지 주민들의 백혈병과 암 발병률이 급증하고, 기형아 출산 확률이 치솟고 있다. 어린이 백혈병 급증에 대처하기 위해 1993년에 바그다드의 병원 두 곳에 백혈병 병동을 새로 지었을 정도다. 격전이 벌어진 남부 바스라라는 도시에서는 걸프전쟁 전인 1988년 암으로 인한 사망자 수가 34명이었으나, 전쟁이 끝나고 5년이 지난 1996년에는 219명으로 크게 늘었으며, 2000년에는 586명이나 됐다.

이처럼 비정상적으로 암 사망률이 급증한 원인은 다국적군이 걸프전쟁 때 포탄으로 처음 사용한 열화우라늄탄 때문일 가능성이 매우 높다. 열화우라늄은 핵연료나 핵무기용으로 우라늄을 농축하는 과정에서 나오는 방사성폐기물이다. 군수산업체는 그 물질의 단단하고 무거운 성질에 주목해 탄약으로 만들었다. 열화우라늄탄은 피사체와 충돌하면 맹렬히 연소하면서 미립자로 확산돼 대기와 토양, 물을 오염시킨다.

걸프전쟁 당시 이라크 대지에 투하된 열화우라늄탄 총량은 300톤이 넘는다. 히로시마에 투하된 원폭의 1만

4000배에서 3만 6000배의 방사능 원자가 뿌려졌다는 뜻이다. 이 미립자가 사람의 몸 안에 들어가면 독성 금속 성분과 어우러져 암, 백혈병, 간·신장 장애, 종양, 기형아 출산을 유발한다.

열화우라늄탄은 뛰어난 핵무기로 걸프전쟁 당시 미국이 이미 대량 사용했으며, 걸프전쟁 뒤에도 12년 동안이나 이라크에 대한 공습을 단속적으로 감행하면서 계속 사용하고 있다. 지금은 그것을 대규모로 그리고 공공연하게 자행하고 있을 뿐이다. 따라서 부시가 그 원숭이 같은 얼굴이 붉어지도록 열을 올리며 후세인을 힐난하는 텔레비전 화면을 볼 때마다 **뒤가 구린 자일수록 의심이 많다**라는 이탈리아 속담을 떠올린다. 그다음 순간 과연 부시의 뇌수에서 '뒤가 구리다'와 같은 고등한 감정이 일어날 수 있을까 하는 의문에 사로잡히긴 하지만.

2003년 2월 14일부터 16일까지 전 세계 1000만이 넘는 사람들이 이라크 침공에 반대하는 시위에 참가했다. 런던에서 200만, 로마에서 300만. 로마 시위대의 플래카드에 라틴어로 medice cura te ipsum(**의사여, 네 병이나 고쳐라**)라고 쓰인 글을 보니 동지를 얻은 기분이었다. 출처는 신약성경 『누가복음』 제4장 23절. "남을 탓하기 전에 먼저 자신을 바로 세우라"라는 뜻으로 인용되고 있다.

예수그리스도도 그렇게 가르쳤나 싶어 원전을 찾아봤

더니 실은 예수가 고향 나사렛에 가서 그곳 사람들로부터 환영을 받자 "필시 여러분은 **의사여, 네 병이나 고쳐라**라는 속담을 이야기하면서 다른 곳에서 내가 행한 기적을 고향 땅에서도 해 보이라고 할 것입니다. 그렇지만 원래 예언자는 자기 고향에서는 환영받지 못하는 법이지요" 하고 그곳을 떠나가며 언짢게 내뱉은 말의 일부였던 것이다. 말하자면 예수 자신이 **의사여, 네 병이나 고쳐라**라고 설교한 게 아니라 청중이 무슨 생각을 하고 있는지 짐작하고는 거기엔 응할 수 없다며 거절한 것이다. 좀 억측을 하자면, 의사는 원래 자기 자신을 치유할 수 없다는 이야기를 한 것이다. 바로 **의사 제 병 못 고친다**와 같은 뜻이다. 전파됐다기보다는 우연히 다른 시대, 다른 장소에서 같은 속담이 생겨난 것이리라. 사람들을 내려다보며 설교하는 입장이 되면 어디서든 미움받기 쉽다.

하지만 속담에 **의사도 자기 맥은 못 짚는다**라고 하는데, 이는 의사인 내 친구도 인정한다.

"나와 내 가족의 일이 되면 냉정해질 수 없어. 제대로 치료할 수 있다는 자신이 없어져."

한편 환자에겐 망설임 없이 감기약을 처방해주고 돈을 벌면서 자신과 자기 가족에겐 "저런 건 아무 효과도 없어. **백해무익**이야"라며 절대 먹지 못하게 하는 의사도 꽤 많다. **의사와 약사는 병이 나도 약을 먹지 않는다**라고 스페인 속담도 이야기한다. 그 점에서 제 자식을 실험 대상으로 삼아 천연두 백신의 효용을 증명했다는 제너, 어머니와 아내의 몸을 마취약 실험용으로 거듭 활용한 하나오카 세이슈華岡青洲는 장하다고 해야 할까, 냉혹하다고 해야 할까.

의사 제 병 못 고친다에는 또 한 가지, 의사에 대한 조금 '호의적인 해석'도 있다. 자신의 기술을 타인을 위해서만 쓰고 정작 자신은 뒷전으로 밀어두다가 결국 뜻을 이루지 못한다는 것이다. 그와 유사한 관용구는 지천으로 널려 있다.

염색집에 흰 바지/미용사의 산발한 머리/목수의 허름한 집/가마꾼은 가마를 타지 않는다/종이 뜨는 사람 맨손으로 코 풀기 등등.

이런 변용도 세계 각지에 널려 있다.

재봉사에게 바지 없다 · 장화 만드는 장인 장화 없다(러시아)/**신발 가게 안주인은 떨어진 신 신는다**(영국)/**신발 가게 주인 신에는 뒤축이 없다**(이란)/**신발 가게 주인은 신발 없이 걷는다**(폴란드)/**신발 가게 주인은 맨발이다**(집시)/**신발 가게 주인이 제일 형편없는 신을 신는다**(프랑스)/**신발 가게 주인의 다 떨어진 신발 · 재단사의 기운 바지 · 대장간 안주인의 무딘 칼**(핀란드).

대장장이나 도공은 세상에서 가장 오래되고 뛰어난 기술을 지닌 사람인 만큼 그와 관련된 변용도 엄청 많다.

대장간 칼이 녹슨다(필리핀)/대장간 말과 안주인은 맨발이다(체코, 슬로바키아)/대장장이 집에서는 나무칼 쓴다(코스타리카)/기름집 자동차가 삐걱거리고, 대장장이에겐 칼이 없다(러시아 코미족)/도공은 깨진 도기로 물을 마신다(아프가니스탄)/항아리 기술자는 깨진 항아리로 물을 마신다(이란)/도공은 음식을 깨진 흙그릇에 담아 먹는다(탄자니아)/목수 집에는 의자가 없고, 기름집 안주인은 머리에 물 묻히고 빗질한다(중국 소수민족 치완족).

러시아 텔레비전의 R 회장을 동시통역사로서 수행하며 일본 최대 광고 대리점 D사를 방문한 적이 있다. 러시아라는 새 시장에 진출하려던 D사가 자사 홍보를 목적으로 제작한 비디오를 한참 보여주었는데 R 회장이 터져 나오는 하품을 억지로 참으면서 투덜거렸다.

"타사 홍보를 책임지고 있는 회사일수록 자사 홍보는 서툰 법이지."

이왕 기댈 바엔 큰 나무 밑이 안전하다

6년 전쯤, 대학 선배로 전통 있는 모 상사에서 오래 근무한 명물 사원 M 씨의 송별회가 열린 적이 있다.

"뭘 새삼스럽게. 상사원에게 해외 출장이나 해외 부임은 흔한 일 아닌가. 어차피 한잔하기 위한 구실이겠지."

말을 걸어온 S 간사에게 입조심하라고 일렀다. 전달된 안내장을 들여다보는 순간 '블라디보스토크 시'라는 글자가 눈에 확 들어왔기 때문이다.

"설마…… 농담이겠죠. 모스크바 지점장까지 지낸 M 씨를."

"명예퇴직일 거야. 뭐, 나도 이젠 슬슬 준비해야지."

S 간사는 힘없이 웃었다.

송별회에서도 벗들 모두 M 씨를 동정했다.

"저치도 지금까진 기분 나쁠 정도로 잘나갔는데, 마침내 운이 다한 건가."

호호탕탕 쾌남아로 살아온 M 씨도 그때만큼은 꽤나 풀이 죽어 있었다.

"살아 돌아올 수 있을지……."

농담조의 말이었으나 목소리는 비통했고 눈빛은 사뭇 진지했다.

"그런데 말이야, 내가 재혼이어서 아이는 아직 어리고 은행 대출금은 잔뜩 남았고……."

목이 메어 술잔을 한입에 확 털어 넣었다. M 씨는 사지로 간다, 그 자리에 있던 누구나 그땐 그렇게 생각했다.

제정 시대에 태평양으로 열린 부동항으로 건설된 블라디보스토크 시는 소련 시절엔 태평양함대 기지로서 외국인의 출입이 금지된 이른바 폐쇄항이었다. 고르바초프의 '페레스트로이카'개혁가 시작된 직후 폐쇄가 풀리자 획기적인 사건이라며 떠들썩했다.

그런데 순식간에 소련 전역의 마피아들이 집결하더니 소련 붕괴 이후에는 격동의 땅에서도 가장 소란스런 도시가 됐다. 일본과 동남아시아 나라들에서 들여온 중고차를 비롯한 다량의 물품이 원가의 수백 배, 아니 수천수만 배 가격으로 거래됐으니 당연했다. 돈 냄새를 민감하게 포착한 무리들이 꾀어들었던 것이다.

경제가 파탄 나고 빈부 격차가 급격히 벌어져 사회불안이 퍼져가던 중에, 그렇잖아도 범죄율이 엄청난 기세로 치솟던 곳인데 마피아들끼리 일상적으로 영역을 다투기 시작하면서 견디기 어려운 곳이 됐다.

그런 곳에 분명 돈을 가졌을 일본인들이 무방비 상태로 뛰어들었던 것이다. 이리 떼 속에 뛰어든 토끼, 여우 떼 속에 내던져진 꿩, 고양이 무리에 떨어진 쥐, 파리채 밑으로 날아든 파리. 표적이 되지 않는 게 이상했다.

게다가 외국인이 거주할 법한 호텔이나 주택은 반드시 마피아들의 노획물 쟁탈전 대상이 되었으므로 언제 유탄을 맞을지 알 수 없었다. 그를 보낸 회사가 방탄조끼를 지급했다는 이야기를 들었을 땐 나도 다리가 후들거렸다.

그 M 씨한테서 부임 뒤 약 반년 만에 전화가 걸려왔다. 목소리는 걱정했던 내가 김이 빠질 정도로 들떠 있었다.

"여, 요네하라 씨. **이왕 기댈 바엔 큰 나무 밑**이올시다."

걱정 때문에 사람이 상했으리라 생각하고 있었는데 뜻밖에도 희희낙락이었다. 그런 내 마음을 꿰뚫어볼 새도 없었을 텐데 M 씨는 의기양양 이야기를 계속했다.

"그런데 말이지, **등잔 밑이 어둡다**고나 할까. 크크크. 요컨대 말이죠, 이곳에서 가장 크고 강한 마피아가 직접 경영하는 아파트에 입주하게 된 거요. 이보다 더 안전한 곳은 없을 거야. 경찰 따위와는 비교할 수 없을 정도로 믿음직하다니까요, 이게."

이와 비슷한 이야기를 모스크바에서 일본 식당을 경영

하는 D 씨한테서도 들은 적이 있다. 마피아에게 자릿세 내기를 한사코 거부하다가 지배인이 유괴당하는 지경에 이르자 저항을 포기하고 울며 겨자 먹기로 그들 밑에 들어갔는데, 그랬더니 뜻밖에도 세상 편해졌다는 것이다. 경찰한테 마구 뇌물을 뜯기던 이전보다 마피아 쪽이 자릿세가 더 싸게 먹히는 데다, 자신들 이해가 걸려 있어서 경찰처럼 건성건성 하는 게 아니라 철저하게 보호해주더라는 것이다.

생각해보면, 패전 뒤 일본이 선택한 생존 방식이 바로 이것이었다. 세계 최강의 폭력단(미국) 보호망 아래 들어감으로써 자국의 안전을 더욱 확실하게 보장받았던 것이다. 지금 세계에서 미국을 적으로 돌린 나라들이 당하는 비참한 꼴(일본 히로시마와 나가사키에 원자폭탄을 투하하고 도쿄 대공습, 한국전쟁 때 북한에 융단폭격, 베트남전쟁 때 네이팜탄과 고엽제 등 핵무기를 제외한 최신 화학무기들을 동원해 북베트남과 게릴라 장악 지역 공중폭격, 걸프전 당시 이라크에 열화우라늄탄까지 포함한 맹폭, 유고-세르비아인 지역에 3000회 이상의 공중폭격, 동시다발 테러에 대한 보복이라며 아프가니스탄에 클러스트 폭탄과 연료 기화폭탄 투하 강행)을 보노라면, 그게 차라리 현명한 선택이었을지도 모르겠다는 생각이 든다.

이번에도 국제사회의 반대 여론을 꺾어 누르고 유엔 안

전보장이사회의 동의도 얻지 않은 채 이라크 침공을 시작한 미국을, 고이즈미 정권은 자국민에게는 설명도 설득도 하지 않고 추종했다. 유엔 중심주의 같은 건 어디까지나 겉모양일 뿐 미·일 동맹이야말로 국시라는 걸 잘 알고 있기 때문일 것이다. 이것은 전 세계의 비웃음을 사더라도 상관없다는 것 아닌가. 미국의 심기만 건드리지 않으면 된다는 거다. 일본은 미국의 속국에 지나지 않으며, 속국에겐 외교도 국제적 평판도 필요 없고, 외무성의 존재가치 따위도 실은 없는 것이다. 기껏해야 일본이 마치 독립국인 양 꾸미기 위한 액세서리 같은 것. 어쩌면 일본의 수많은 현명한 지도자들과 국민들도 그걸 충분히 자각하지만, "이 약육강식의 지구에서 일본이 완전한 독립국으로 살아갈 방도가 없다. 군비든 외교든 감당할 수 없는 돈이 들 것이다"라는 현실주의를 토대로 정부의 독립국 행세를 사실처럼 믿는 척할 뿐인지도 모른다.

그런 일본을 '개'나 '바둑이'라고 멸시하는 이야기들이 있지만 그건 실례다. 개에게 말이다. 개는 무력하고 제구실 못 하는 주인에게조차 평생 충성하지만 일본이 몸과 마음을 바쳐 받들어 모시는 건 어디까지나 세계 최강의 군사력을 자랑하는 나라. 이왕 기댈 양이면 힘센 자에게 기대야 할 것 아닌가. 도와달라고 구걸할 때도 이왕이면 힘센 자한테서 더 크고 안전한 도움을 받는 게 영리한 거다. 원래 **이왕 기댈 바엔 큰 나무 밑이 안전하다**는 건 그런 처세를 두고 하는 이야기다. 단순한 충견만으로는 안 된다. **개가 될 양이면 부잣집 개가 되어라** 하는 거다. **젓가락과 주인은 튼튼한 게 좋다**라는 이야기도 있다. 이것은 권력자나 힘이 센 자에 반항해봤자 이길 승산이 없으니 상대방이 하라는 대로 하는 게 안전하다는 의미로 종종 사용되는 **긴 것에는 감겨주어라**라든지, 터무니없이 억지를 쓰는 권력자는 지나가게 내버려두는 수밖에 없다는 **우는 아이와 마름에게는 당할 수 없다** 등의, 요컨대 수동적인 체념의 경지를 나타낸 속담에 비해 권력자에게 좀 더 적극적으로 살살거리는 느낌이 잘 드러나는 속담이다.

실은 러시아어에서는 인구에 회자된 속담을 찾아볼 수 없다. 그래서 영어를 조사해봤더니 **닭 머리가 될지언정 소꼬리는 되지 마라**에 상응하는 **사자 엉덩이가 되느니 여우 머리 되는 게 낫다**를 뒤집은 **여우 머리 되느니 사자 엉덩이 되는 게 낫다/나귀 머리 되느니 말 꼬리 되는 게 낫다** 등의 속담들이 사전류에 실려 있었다. 그래서 알고 지내는 미국 사람, 영국 사람, 오스트레일리아 사람 등에게 확인해달라고 했더니 "우와, 그런 속담이 있는 줄 몰랐네요" 하고 놀랐을 정도로 알려져 있지 않았다. 스페인에도 **큰 흐름을 거슬러 헤엄치는 건 신중한 남자가 할 일이 아니다**라는 속담이 있긴 한데, "스페인에선 소수파"라는 설명이 속담 사전에 붙어 있었다.

유럽과 미국 외에 세계 각지를 살펴봐도 의외로 같은 취지의 속담이 많지 않다. 기껏해야 **달걀로 바위 치지 마라**(캄보디아, 세네갈)/**옥수수는 닭과 의논하지 않는다**(코트디부아르)/**닭이 화낸다고 주방장이 사정 봐주랴**(세네갈)/**좋은 나무 옆에 있어야 좋은 그늘 만난다**(코스타리카)/**힘센 주인이 키우는 소가 살찐다**(남미 수리남)/**큰 돌에는 그늘이 생기지만 전혀 무겁지 않다**(브라질)/**불 곁에 있으면 추운 줄 모른다**(칠레) 정도다.

그렇지만 터키 속담 **머리 가는 데 발 따라온다**는, 미국이 아무리 무모하고 무리한 짓을 하더라도 뒤따르는 고이즈미 총리와 가와구치 외상의 생각 없는 멍한 눈초리와 안면 근육이 풀린 듯한 희미한 미소를 떠올리게 해 웃고 말았다.

내친김에, 몽테스키외가 쓴 『법의 정신』 제4편 제3장에 나오는 유명한 말을 떠올렸다.

극단적 복종은 복종하는 자의 무지를 전제로 한다.

당초의 낙관론이 빗나가면서 초조해진 미국과 영국은 열화우라늄탄과 핵폭탄에 버금가는 파괴력을 지닌 연료기화폭탄, 데이지 커터, 자그마한 지뢰를 퍼뜨려 많은 사람을 연쇄적으로 살상하는 클러스트 폭탄, 땅속을 관통하는 벙커버스터 폭탄 등을 이미 사용하고 있다. 대의를 저버린 이런 전쟁범죄에 일본이 가담하는, 설득력이 있을 법한 단 한 가지 '이유'는 "일본이 북한의 공격을 받을 경우 미국의 도움을 받아야 하니까"이다. 이유가 참으로 구차하고 쩨쩨하다. 한데 어엿한 지식인 대접을 받는 사람들이 맥없이 그런 '논리'에 고개를 끄덕이고 있다. 가혹한 리얼리즘으로 보이는 이 태도야말로 몽테스키외가 말한 대로 극단적 복종으로 시야가 협소해진 데서 오는 무지, 즉 **우물 안 개구리** 아닐까. '나만 좋으면, 말도 안 되는 공습으로 이라크 시민들을 살육하는 영국과 미국을 지지해도 어쩔 수 없다'라는 입장을 이렇게까지 노골적으로 세계에 천명한 이상, 일본이 북한한테서 아무리 혼쭐나게 당해도 국제적 동정이나 협력을 얻기 어렵지 않겠나. 북한이 일본의 주권을 침해하면서 공작원을 보내고, 일본인을 납치하고, 일본을 겨냥해 대포동이나 노동 미사일을 발사하는 터무니없는 짓을 뻔뻔하게 계속 저지르는 것은 '두목'인 미국이 그냥 있는 한 일본이 강하게 나올 수 없을 것이라 얕보기 때문이다. 거기에다 미국의 도움이라 해봤자 바보의 외고집처럼 늘 무차별적인 대량 폭격과 대량 살육뿐 아닌가. 벼룩 한 마리 잡으려고 고양이까지 죽여버리는 방식. 김정일 체제 전복을 위해 김정일 체제 아래서 고통받는 민중까지 살상하는 것 말고는 동원할 방법이 없는 게 아닐까. 그보다는 유엔, 그리고 김정일과 만만찮은 인연을 지닌 러시아와 중국, 한국과의 협력을 통해 김정일을 서서히 조여가는 편이 더 유효하지 않을까. 적어도 이번처럼 맹목적 대미 추종으로 그런 가능성을 스스로 차단해버리는 건 참으로 아쉽다.

그런데 몽테스키외는 앞의 글에 이어 다음과 같이 썼다.

> 그것은 또한 명령하는 자의 무지까지 전제로 삼는다. 명령자는 검토하고 의심하거나 이성을 작동시킬 필요가 없다. 다만 바라기만 하면 된다.

때마침 국제원자력기구IAEA 고위 관리가 2003년 3월 25일, 이라크가 핵을 개발한 증거의 하나라고 미국이 주장한 문서가 "인터넷에서 몇 시간만 확인 작업을 하면 가짜라는 걸 알 수 있는, 어이없을 만큼 치졸한 위조"였다는 사실을 밝혔다. 로이터통신에 따르면, 문서는 "이라크가 니제르에서 500톤의 우라늄을 수입하려 했다"는 내용인데, 인용된 니제르의 옛 헌법 조문은 이미 헌법 자체가 무효화됐고, 대통령 서명은 명백한 위조란다. 외무장관 이름으로 된 문서의 서명은 이미 퇴임한 전 장관의 이름이었고, 사용된 용지도 이미 존재하지 않는 '최고군사평의회'의 것이었다.

유엔에서 파월 장관이 보고할 때 인용한 내용의 원본인 영국 정보기관의 '기밀문서'라는 것도 절반 이상이 이라크계 미국인 대학원생의 논문을 그대로 베낀 것으로 판명되었다. 영국 정부도 그 사실을 인정했다. 게다가 정보는 걸프전쟁 당시의 낡아빠진 것으로, 영국의 정보 소식통이 이라크에 대한 나쁜 인상을 연출하기 위해 글귀를 뜯어고친 것이었다.

이토록 치졸한 위조로 국제사회를 속일 생각을 한 부시 정권의 무지몽매는, 반론자들이 대등하게 참여하는 민주주의 수업을 경험하지 못한 자들만이 지닐 수 있는 어리석음에서 비롯한 것이다. 그런 가짜 근거를 토대로 파렴치하게 정보를 조작해 국제법에 반反하는 정권 전복 전쟁을 감행한 '두목'의 말을 마치 자기 말인 양 떠벌리며 자국민을 납득시킬 수 있다고 믿은 고이즈미 정권의 치매 증세도 심각하다. 그야말로 무지의 이중주다.

바보와 가위는 쓰기 나름

앞 세기의 80년대, 어느 심포지엄에서 소련의 저명한 우주 비행사가 우주선 미르호의 자원 리사이클 시스템에 관해 슬라이드를 활용해 보고한 적이 있다. 사실 자원 리사이클이라는 점에선 우주선이 최첨단이다. 지구에서 우주선까지는 운반 비용이 무서울 정도로 많이 들기 때문에 자원의 효율적인 활용은 우주선을 막 개발할 때부터 가장 중요한 항목이다.

단상에서 자신만만하게 보고하는 동료를 곁눈질하면서 옆자리에 앉은 우주 비행사가 내게 말을 걸었다.

"쟤는 얘길 하지 않겠지만, 실은 우주선 탑승자들의 완강한 반대에 부딪혀 일언지하에 제외된 리사이클 시스템이 있어요. 학자 선생님들은 그게 완벽한 시스템이라고 엄청 으스댔지만 우리는 전에 없이 단결해서 거기에 저항했죠. 그자들에게 이렇게 말했어요. '그게 그렇게 좋은 거라면 선생님들이 애용해주세요'라고 말이죠. 그렇게 해서 겨우 기각됐어요. 그게 뭐겠어요?"

"그 정도면 짐작이 가네요. 오줌요!"

"정답. 그자들, 오줌을 음료수로 만드는 시스템 따위나 개발하다니, 우라질!"

"어머, 일본에선 최근에 자신의 오줌을 마시는 건강법이 일부에서 붐이 일고 있어요."

"에이, 거짓말이겠죠……. 설마 진짜? 으음, 뭐 온 세상이 리사이클 붐이니까. 똥을 리사이클해서 먹이는 게 더 낫지 않을까."

"그럴까요. 일본에선 최근까지 인분을 음식으로 리사이클하는 시스템이 이상적으로 기능했어요."

"……."

"농산물을 경유해서요. 어쨌든 귀중한 비료였어요."

최근 다시 이 유기농법이 재평가돼, "모아두면 변비 내놓으면 자원" "버리면 환경오염 분리수거하면 자원"처럼 자원을 재사용하거나 유용하게 활용하자는 표어들이 눈에 띈다. 제 몸 크기를 훨씬 웃도는 과도한 소비를 계속해온 현대인은 엄청난 기세로 지구 자원을 먹어치우며 쓰레기를 점점 빨리 늘리는 데 기여하고 있다. 쓰레기가 거주공간을 압박하고, 쓰레기를 처리하지 못해 환경오염이 점점 더 심각해지자 리사이클이 각광받고 있는 것이다. 버려질 운명에 처한 것을 자원으로 재활용하면 고갈되어가는 지구 자원을 보존하는 데도 도움이 된다고 하니 **일석이조**다. 돌 하나로 동시에 새 두 마리를 잡는다는, 돌과 에너지의 효율적 운용을 이야기하는 관용구다. 사자성어여서 한자에서 유래한 것이겠거니 생각했으나, 메이지 초기에 영어 속담 To kill two birds with one stone을 번역한 것이 일본 패전 뒤 널리 퍼진 것으로 보인다. 이것과 자구가 같은 관용구들이 유럽, 남미, 아시아 각지에 있다. 그리고 자구는 다르지만 취지는 같은 것도 많다. 독특한 것들을 들자면, **사위 주려고 끓인 국으로 손님 대접한다**(인도)/**코끼리는 물 마시면서 긴 코도 청소한다**(코트디부아르)/**메카 순례하는 김에 장사도 한다**(이란) 등이 있다.

한편 리사이클 이념에 딱 맞는다거나 구조 조정 시대에 안성맞춤이라고 해야 할 **버리는 신神 있으면 줍는 신도 있다**라는 유사 속담은 다른 지역에선 찾아볼 수 없다. "수많은 신들이 있는 일본에서나 있을 법한 착상으로, 유일신과 절대신 종교를 신봉하는 곳에서는 상상도 할 수 없을 것"(도키타 마사미즈時田昌瑞, 『이와나미 속담 사전』)이라고 흐뭇해하는 학자도 있을 정도다.

그래도 유일 절대신을 떠받드는 문명권에서는 천지 그 자체를 신이 창조하였으니 거기에 존재하는 것은 모두 뭔가 의미가 있다는, 없을 리가 없다는 확신 같은 걸 사람들은 품고 있다. **존재하는 것은 모두 쓸모가 있다**라는 속담도 있을 정도인데, 페데리코 펠리니의 영화 〈길〉에서도 이 사상이 얼굴을 내민다.

여주인공 젤소미나는 먹는 입이라도 줄이려는 가난한 집에서 뜨내기 유랑 광대 잠파노에게 푼돈에 팔려온다. 젤소미나는 조수 겸 정부 노릇을 하는 못생긴 여자로, 지적 장애까지 지닌 그녀가 속으로 좋아하던 줄타기 광대한테서 위로받고 격려받는 장면은 명장면이다.

"이 세상에 있는 것은 모두 뭔가 쓸모가 있는 거야. 돌멩이조차 어딘가에 쓸모가 있어."

이 부분은 일견 하찮고 쓸모없어 보이는 것에도 마음이나 의지가 있다는 걸 이야기하는 **한 치의 벌레에도 닷 푼의 혼**에 매우 가깝다. 이와 비슷한 속담은 세계 각지에 있다. **아무리 작은 풀에도 그림자가 있다**(루마니아)/**개미에게도 마음이 있다**(크로아티아)/**지렁이나 구더기도 건드리면 대든다**(영국).

바보와 가위는 쓰기 나름 또한 태연하게 물건을 내버리거나 사람을 해고하지 말고 자원을 효율적으로 활용하라고 경고하는 속담이다. 실로 보편적인 진실을 이야기하고 있는데, 지금까지 일본 외의 다른 지역에서는 유사 속담을 찾아내지 못했다. 하지만 속담으로 전해지지 않는다고 해

서, 들지 않는 칼이나 무능한 사람을 보탬이 되는 존재로
적절히 만들어 쓰려는 정신이나 시도까지 전혀 없는 건
아니다.

예컨대 2000년 미국 대통령 선거에서 공화당은 모니카
르윈스키 스캔들 덕분에 절호의 찬스를 맞았다. 그런 상
황에서 강력한 후보를 세우면 압승에 낙승했을 텐데 왜
하필 부시 주니어처럼 정치, 경제, 법률, 외교, 어느 것 하
나 제대로 할 줄 아는 게 없는 무능한 후보를 내세웠는지
내게는 오랫동안 커다란 수수께끼였다.

20대와 30대에 음주 운전으로 체포된 이력이 있고(그
의 아내 로라도 열일곱 살 때 음주 운전으로 같은 반 학생을 치
어 죽였다), 명문 예일대엔 돈과 권력을 쥔 아버지 연줄로
뒷문으로 입학했으며, 공부는 하지 않고 노는 데 빠져 코
카인 흡입으로 유죄판결까지 받았다는 의혹을 아직도 떨
쳐버리지 못하는 주정뱅이 아들. 대학 졸업 뒤에도 술을
입에 달고 다닐 정도로 방종했고, 베트남전쟁 때도 아버
지의 연줄 덕에 베트남행을 면했다. 아버지의 전면 지원
으로 하원의원 선거에 입후보했으나 낙선. 그리고 또 아
버지의 인맥 덕에 석유 사업에 손을 댔으나 두 번이나 회
사를 도산시켰고, 그 뒤치다꺼리도 아버지의 입김이 닿는
은행과 동업 회사의 도움을 받았다. 자신의 실패에 대해
무엇 하나 책임을 진 적이 없는 남자. 그 대단한 아버지조

차 아들이 제대로 된 사업을 벌이기엔 무리라는 걸 깨닫고 메이저리그 구단 텍사스레인저스 주식을 매수해 공동 경영자로 앉혔다. 마흔 살이 될 때까지 돈과 권력을 지닌 집안 연줄에 모든 걸 기댄 채 일다운 일 한 번 한 적 없는, 그야말로 **돈만 있으면 바보도 주인 나리**임을 여실히 보여준 남자. 텍사스 주지사가 된 뒤에도 지사로서의 실무에 무관심했고, 정책 연구를 싫어한다고 공언했다. '이토록 정책이나 국가 운영에 어두운 인물이 주지사도 그런데 왜 하필 대통령 자리에까지 앉으려고 하는가' 하고 주변에선 의아하게 생각했다. '왜 책 읽고 이야기하는 능력이 초등학생 수준인, 지성도 재능도 근면함도 노력도 결여된 남자를 그 자리에 앉히려 하나' 하고 말이다.

당연한 귀결이지만, 미국에선 아직도 부시를 대통령으로 인정하지 않는 사람이 있을 정도로, 2000년 11월 7일 투표 뒤 한 달 이상 걸린 개표 과정은 혼란스러웠다. 그러다가 미국 대법원에 있는 아버지 부시의 친구들 덕에 결국 당선을 인정받았다. 하지만 취임 뒤에도 지지율은 바닥. 절호의 찬스가 왔는데 공화당은 왜 하필 이런 남자를 택했나, 하고 의아하게 생각한 사람이 나 아니더라도 많다는 이야기 아닌가.

대통령이 된 뒤 부시가 먼저 내정 분야에서 한 일은 빈곤 대책, 아동 건강보험, 공해 등 사회문제에 관해 텍사스를 미국 전역에서 꼴찌로 만든 실적을 연방 차원에서도 계승한 것이었다. 즉 환경보호, 건강 위생, 교육 등의 사업 계획을 중단하고 예산을 잘라버린 것이다. 각 위원회 책임자로 앉힌 사람들은 환경 보전에도, 노동자의 건강에도, 교육과 복지에도 무관심한 거대 재벌 관계자들뿐이었다.

외교 분야에선 교토의정서 참여를 거부하고, 포괄적핵실험금지조약CTBT과 탄도탄요격미사일조약ABMT에서 일방적으로 탈퇴함으로써 이제까지 환경 보전과 군축을 위해 기울인 국제적 노력을 수포로 돌아가게 만들었으며 노골적인 군비 확산 노선을 걷기 시작했다. 인기 바닥이었던 부시에게 하늘이 내려준 복처럼 쏟아진 게 '9·11'. 그 뒤의 강경 자세와 보복 전쟁 덕에 지지율은 급상승했다. "가장 이득을 본 자를 의심하라"라는 아주 전형적인 범인 색출법에 따르면 탈레반도, 빈 라덴도, 하물며 후세인도 뉴욕 세계무역센터 쌍둥이 빌딩을 파괴할 이유가 없다는 결론에 이르게 된다. 9·11은 미국의 자작극이라는 설이 미국 본토에도 널리 퍼져 있다.

이상한 것은 동시 테러 직후에 후세인의 이름이 부시의 입에서 흘러나오더니 마치 미리 시나리오를 짜둔 것처럼 "이라크가 바로 범인"이라 단정 지은 것이었다. 이어서 빈 라덴을 범인으로 확신하고는 "(그가 범인이라는) 증거를 댄다면 빈 라덴을 넘겨주겠다"라는 탈레반의 정당한 요구를 일축한 채 아프가니스탄을 맹렬히 폭격하기 시작했다. 그렇게 탈레반 정권을 몰아내나 싶더니 곧바로 국제 여론의 반대를 무시하고 유엔 동의도 없이 이라크 공격을 개시해 바그다드를 정복했다.

언론은 거의 보도하지 않았지만, 걸프전쟁 뒤에도 미국은 이라크에 대해 끊임없는 공습을 계속해왔다. 바그다드 정복에 언론의 관심이 쏠린 뒤에도 공습을 계속했다. 아프가니스탄에서도 아직 공습을 계속하고 있는데, 앞으로도 이처럼 장기간에 걸쳐 공습을 이어갈 것이다. 연방 예산의 50퍼센트 이상을 군사비가 차지하는, 경제가 전쟁에 의존하는 체질인 미국은 만성적으로 무기를 대량 소비해나갈 수밖에 없다.

이쯤에서 마침내 나도 알게 됐다. 이라크의 석유 이권을 자신들 지배 아래 둘 뿐 아니라 석유 가격을 자기들 마음대로 조종함으로써 세계경제의 패권을 계속 유지해가려는 미국의 군산복합체에게 바보 같은 부시가 이상적인 대통령인 이유를, 왜 부시가 아니면 안 되는지를, 그리고 그가 바보이기 때문에 공화당과 그 배후에 있는 군산복합체에겐 오히려 더 유리한 상황이 됐다는 것을. 부시가 이상적인 이유를 다음과 같이 열거한다.

1. 부시 패밀리 자체가 석유 관련 기업의 오너다.(덧붙이자면 체니 부통령, 럼스펠드 국방장관, 에번스 상무장관, 라이스 보좌관 등 부시 정권 간부는 모두 석유나 군수회사 경영자 또는 대주주다.)

2. 원래 미국의 괴뢰였던 후세인과의 전쟁은 부시 패밀리에겐 좋은 전통이다.

3. 후세인에게 개인적인 원한이 있다. 아버지 부시 암살 미수 사건을 일으켰다는 것이다.

4. 자신은 베트남전쟁 때도 아버지의 배려로 전장에 나가는 걸 면제받았기 때문에 전쟁이 어떤 것인지에 대한 지식도 경험도 없다.(덧붙이자면 체니 부통령, 럼스펠드 국방장관, 울포위츠 국방부 부장관 등 이라크와의 전쟁을 주장한 초강경파들은 모두 베트남전쟁 등에서 병역을 면제받았거나 군 복무 경험이 없는 자들이다.)

5. 역사와 지리에 어둡고, 이라크와 중동에 대해서도 지리적 위치조차 모르며, 역사와 문화에 대해서는 더더욱 무지하고 무관심하다.

6. 교회에 다니면서 매일 밤 자기 전에 기도를 올리고 사사건건 신앙의 중요성을 입에 올리는 경건한 기독교 신자로, 자신이 세계를 테러리즘으로부터 해방해야 할 신성한 임무를 신에게 부여받았다고 철석같이 믿고 있다.(마흔 살을 넘기면서 부시는 근본주의적 경

향이 강한 감리교파로 개종했다.)

7. 법률에 관한 지식이 거의 없어 국내법(이것은 세 번이나 되는 그의 체포 전력을 통해서도 엿볼 수 있다)도 국제법도 별 고민 없이 난폭하게 무너뜨릴 수 있다.

8. 정말로 무지무능하기 때문에 끊임없이 조력을 받고 누군가 뒤치다꺼리를 해줘야 하며, 따라서 조종하기 쉽다.

부시가 무너진 세계무역센터 잔해를 앞에 두고 입 한 번 잘못 놀려 진실을 드러냈듯이, 그가 현대판 십자군의 기수(실제로 중세 십자군도 문화·교양 수준이 끔찍할 정도로 낮았던 듯하다)로서 잇따라 국제법을 위반하고 전쟁범죄를 자행하는 동안 그 깃발 뒤에 숨어서 체니(세계 최대의 석유 굴삭기 판매 회사 겸 군사기지 건설 회사 핼리버턴의 사장으로, 걸프전쟁에서 떼돈을 벌었다. 그의 처는 군수회사 록히드의 이사)와 기타 부시를 권좌에 앉혀준 사람들과 거대 재벌이 돈벌이에 매진한다는 구도가 확연히 드러났다.

이라크 침략은 9·11 이전, 아니 부시가 대통령이 되기 전부터 계획돼 있었던 게 아닐까. 부시 주니어는 바로 그 계획을 실현하는 데 이상적인 대통령이었던 것이다. **악마도 자신의 이익을 위해서라면 성경도 인용한다**고 하지 않는가.

끼리끼리는 통한다

20대 아내가 30대 남편에게 바라는 것

1. 매력적이고 섹시한 용모
2. 궁색한 처지에서 벗어날 것
3. 아내의 말에 주의 깊게 귀를 기울일 것
4. 육체적으로 힘 있고 건강할 것
5. 적당히 치장하고 몸을 가꾸는 데 신경 쓸 것
6. 머리가 좋아 기지를 발휘할 것
7. 음악이나 문학, 미술을 즐기는 센스가 있을 것
8. 아내와 가족에 대한 관심과 배려를 잊지 말고 때때로 선물도 할 것
9. 아내를 진정으로 사랑하고(육체적으로), 낭만적 분위기를 조성하는 데 솜씨를 발휘할 것

30대 아내가 40대 남편에게 바라는 것

1. 어느 정도의 용모(특히 머리카락 상태가 염려하지 않아도 될 정도일 것)
2. 충분히 돈을 벌 것
3. 자신이 떠들기보다는 아내의 이야기를 더 많이 들어줄 것
4. 아내의 농담에 제대로 반응하면서 웃을 것
5. 차에 타고 내릴 때 아내에게 문을 열어줄 것. 쇼핑할 때는 쇼핑 가방을 기탄없이 받아 들고 점잖게 따라다닐 것
6. 적어도 넥타이 세 개는 갖고 있을 것
7. 아내가 만든 요리에 "맛있다, 맛있다"를 연발하며 기뻐하고 감사하면서 먹을 것
8. 아내의 생일이나 결혼기념일을 기억할 것
9. 적어도 주 1회는 섹스할 마음을 먹을 것

40대 아내가 50대 남편에게 바라는 것

1. 추할 정도는 아닌 용모와 어쨌거나 머리카락이 남아 있는 머리
2. 아내가 차 안에 완전히 자리 잡은 뒤에 차를 출발할 것
3. 안정적인 일을 해서 정해진 수입이 있고, 때로는 돈을 좀 쓰더라도 화사한 외식을 할 정도는 될 것

4. 아내가 이야기할 때 일단 머리를 끄덕일 것
5. 아내가 하는 농담의 취지를 이해할 수 있을 것
6. 육체적으로 건강하고, 가구를 옮기거나 전구를 갈아 끼울 때 보탬이 될 것
7. 나온 배가 눈에 띄지 않게 해주는 와이셔츠와 신사복을 입을 것
8. 서둘러 오줌을 누기 전에 변기 시트를 올리고, 일을 본 뒤에는 내려놓는 걸 잊지 말 것
9. 적어도 사흘에 한 번은 수염을 깎을 것

50대 아내가 60대 남편에게 바라는 것
1. 코털과 귓속 털을 정기적으로 깎을 것
2. 아무 데서나 트림을 하거나 방귀를 뀌지 말 것
3. 너무 자주 돈을 빌려 쓰지 말 것
4. 아내가 한참 이야기하고 있는데 졸지 말 것
5. 똑같은 농담을 하거나 시시한 익살을 자꾸 부리지 말 것
6. 건강은, 적어도 누워 뒹굴기만 해야 할 정도로 쇠약하진 않을 것
7. 속옷과 함께 양말도 바지런히 갈아입을 것
8. 텔레비전을 보면서도 아내가 만든 요리에 반응할 것

9. 적어도 주에 한 번은 수염을 깎고, 월 1회는 손톱, 발톱을 깎을 것

60대 아내가 70대 남편에게 바라는 것

1. 손자나 근처에 사는 아이들을 도망가게 만들 정도의 끔찍한 용모와 몸가짐을 하지 말 것
2. 목욕탕과 세면대, 화장실이 어딘지, 자신이 어디에 틀니를 놓아두었는지, 자신이 왜 웃고 있는지 기억할 것
3. 용돈 달라고 너무 졸라대지 말 것
4. 자면서 이갈이와 코골이를 줄일 것
5. 적어도 자력으로 자고 일어날 수 있을 정도로 건강할 것
6. 평소 단정하게 옷을 입고 있을 것
7. 부드러운 음식이 맛있다는 걸 느낄 수 있는 혀를 지니고 있을 것

70대 아내가 80대 남편에게 바라는 것

1. 숨을 쉬고 있을 것
2. 건강은, 적어도 대소변을 흘리지 않고 변기에 명중시킬 정도의 근력과 정신력을 유지하고 있을 것

뭐 이런 얘긴데, 누구에게나 확실히 찾아오는 노화를 피하려면 도중에 인생을 포기하는 수밖에 없다. 누구나 언젠가는 자신이나 가족을 개호介護해야 할 때가 온다는 것이다. 인구가 급속히 고령화돼 세계 제일의 장수국이 된 일본인지라, 노인 개호처럼 광범위하고 수요가 일관된 시장은 아마도 달리 찾을 수 없을 것이다. 경기가 점차 가라앉고 있는 지금 이것은 가장 유망한 시장이라 해도 좋다. 어쨌든 사회복지나 노인 개호는 오다이바도쿄 만 미나토 구에 있는 신개발지. 상업·레저 및 주거 복합지구에서 디스코텍을 운영하는 것보다 평판도 좋고 견실한 느낌을 준다.

대가족 공동체나 촌락 공동체가 붕괴된 지 오래인 일본에서 핵가족으로는 감당하기 어려운 노인 개호의 일부를 자치단체나 국민이 형편에 맞게 부담하겠다는 취지로 개호보험 제도가 발족한 지 벌써 3년이 지났다.

그렇다면 개호 용구 임대 및 판매 회사를 차려보는 건 어떨까. 휠체어를 개호가 꼭 필요한 노인에게 임대해주는 것 말이다. 본인한테서는 임대료의 10퍼센트에 해당하는 800엔, 자치단체로부터는 90퍼센트인 7200엔이 입금된다. 합해서 월 8000엔, 연간 9만 6000엔. 휠체어의 정가가 바로 그 정도지만, 그건 처음부터 새것을 구입할 경우에 그렇다는 것. 인터넷 시장에는 중고로 2만~3만 엔에 나와 있는 물건들이다. 운반비와 유지비를 고려하더라도 꽤

수지맞는 돈벌이다.

휠체어를 월 8000엔에 빌릴 어수룩한 사람은 아마 없을 것이다. 개인 부담 800엔이 적당하다. 물론 개호보험 발족 전에 시청에서 휠체어를 무료로 빌려주던 걸 생각하면 비쌀지도 모르나(물론 업계로부터 사업 방해라고 압력을 받아 무료 임대는 중단했다. 이런 때를 대비해 업계에는 관리들을 낙하산 인사로 미리 빈틈없이 앉혀두었다), 월 800엔은 결코 무리한 액수가 아니다. 대다수의 시민은 자치단체가 7200엔이나 부담한다고 마음 아파하진 않을 것이다. 속담에도 **남의 고통은 석 달이라도 참을 수 있다**(일본)/**남의 손으로 구더기를 잡긴 쉽다**(러시아)/**남의 손으로 뜨거운 숯덩이를 쥐긴 쉽다**(카자흐스탄)라는 게 있다. 공무원들도 따로 자기 호주머니에서 돈이 나가는 것이 아니어서 가격이 턱없이 비싸다 한들 지도하러 나오지도 않는다. 그래도 혹시 모르니까 그런 일 없도록 그들과는 좋은 관계를 유지해둘 필요가 있다. 개호보험 자금은, 이미 알고 있는 바와 같이 마흔 살 이상의 국민 모두한테서 징수하는 보험료다. 따라서 실은 자신이 납부한 돈을 쓰고 있는 것인 만큼 시민이든 이용자든 상상력을 발휘해 부당한 현실을 파악하고 화를 낼 만도 하건만, 참으로 고맙게도 그런 일은 일어나지 않는다.

도우미 파견 사업은 또 어떤가. 1회 한 시간에 월 12회,

도우미 2급 자격 소지자를 파견한다고 하자. 이용자한테서는 월 약 9100엔, 자치단체로부터는 약 8만 1900엔, 합계 9만여 엔의 돈이 입금된다. 실제 일하는 도우미에게 지급할 금액은 최고급일지라도 1만 8000엔 정도. 8000엔 정도밖에 안 되는 형편없는 액수를 주는 곳도 있다. 파견업소가 가정부를 파견할 때 받는 소개료는 10퍼센트 남짓으로 시세가 정해져 있으니까 마진이 80~90퍼센트나 된다. 터무니없다는 걸 알 수 있다.

이런 턱없는 소개료를 받는다면 이용자한테서 외면당하고 도우미는 도망가야 당연한데, 그런 일이 벌어지지 않는 건 이용자나 도우미나 자치단체로부터 직접 보조금을 받는 게 아니라 반드시 사업자를 통해야만 하는, 정말 황송할 정도로 사업자 입맛에 맞도록 짜인 제도 때문이다.

그리고 물론 그 업자의 인허가권을 쥐고 있는 곳은 관공서다. 방대한 개호보험 자금을 배분하고 이용자나 개호인의 상담 창구 역할을 하는 것도 사회복지협의회라는 참으로 그럴듯한 이름의, 낙하산 인사로 내려온 공무원들이 만든 단체다. 이게 지역에 따라서는 사업자를 겸하기도 한다. **떡은 떡집에 맡겨라**(일본)/**도둑은 도둑질하는 법을 안다 · 금값은 금 세공사가 안다**(아프가니스탄)/**고기는 고깃집에 맡겨라**(타지키스탄)라고나 할까. 공무원이란 자신이 낙하산으로 내려갈 자리를 만들어서는 거기에 세금이 흘러들어 가도록 머리를 짜내는 데는 천재적인 사람들이니까. 따라서 도리어 **고양이 곁에 가다랑어포**(일본)/**여우한테 거위 지킴이**(영국)/**늑대에게 양 지키는 목동 일, 돼지에게 채소밭 당번**(우크라이나)/**도둑한테 열쇠 맡기기**(터키)/**독수리에게 내장 당번**(베네수엘라)을 시키는 것과 같다.

어쨌든 개호보험 제도가 개호가 꼭 필요한 노인을 위해, 복지 현장에서 일하는 사람들을 위해 만든 제도가 아니라는 것만은 확실하다. 그건 어디까지나 대외적인 간판 같은 것일 뿐이고, 가장 득을 보는 건 개호 사업자와 인허가권을 쥐고 있는 공무원들이라는 게 분명하다. 중년이 넘은 사람이 그 나이에 공무원이 되려고 해봤자 무리니까 업자가 돼서 이용해먹는 게 상책인 것이다.

이런 대의명분 아래 세금이 계속 투입되는 분야를 사업자들이 절대 놓쳐선 안 되는 것이다.

그래도 고작 수천만 엔, 수억 엔 규모의 지방자치단체 개호 예산을 노리고 모여드는 업자들이라니, 기특하다. 바야흐로 미국 다음의 세계 2위로, 5조 엔을 가볍게 넘어서는 방위 예산을 겨냥하고 모여드는 정치가나 업자들에 비하면 스케일이 소박해 멋쩍을 지경이다.

이지스함은 한 척에 1475억 엔, 수송기는 한 대에 241억 엔, F2 지원 전투기는 한 대에 120억 엔, 90식 전차는 한 대에 8억 엔이나 하는 세상이다. 휠체어와는 딴판이다. 게다가 휠체어와는 달리 국민 대다수는 관심도 없고, 무기·병기 성능이나 가격 타당성은 일부 전문가들이나 어림할 수 있는 분야다. 더욱이 고맙게도 올해 최신 전투기를 구입했다 하더라도 기술 향상이 일취월장하는 세계여서 순식간에 시대에 뒤떨어져버린다. 전차든 미사일이든 잠수함이든 군함이든 마찬가지다. 매년 군비를 갱신하기 위한 돈이 늘 수밖에 없다.

사람을 죽이는 군비에 그런 큰돈을 들여 오늘날 일본 젊은이들이 짊어진 부채는 700조 엔에 이른다.(일본 국민이 진 빚은 매일 657억 엔, 매시 27억 엔씩 늘고 있다.)지금은 1000조 엔에 가깝고, 일본 GDP의 두 배가 넘는다. 전쟁을 포기한다는 내용의 헌법을 위반하면서까지 군비를 증강하는 데 대다수 국민은 반대할 게 뻔하지만, 거기에는 나라를 지킨다는 실로 숭고한 대의명분이 있다. 성역 없는 구조 개혁을 내건 고이즈미 총리조차 손을 댈 수 없는 유일한 성역이다. **애국주의는 악당들의 첫 의지처**(A. 비아스) 따위의 얘긴 하지 말지어다.

고이즈미 총리뿐 아니라 은행에 대해서도 가차 없는 이시하라 도쿄 도지사도 나라의 위신이나 방위력 확충, 중증의 전쟁 중독환자 미국의 전쟁 수행에 협력하기 위한 유사有事전쟁 등 비상사태를 가리킴 법안을 추진하는 데는 엄청 열심이지 않은가. 이시바 방위청 장관^{지금은 방위성 대신} 등은 군사 오타쿠라 불리면서도 굴하지 않고 밀어붙이고 있다. 나라의 위기를 부채질하는 건 비상사태만큼 감칠맛 나는 이권이 없기 때문이다.

최근에는 세계 최초의 피폭국 국시인 '비핵3원칙'을 깨뜨리고 일본도 핵무장을 하자는 따위의 이야기를 입에 올리기 시작했다. 히로시마, 나가사키의 원폭 투하 비극을 아는 국민이 핵무기에 대해 가지고 있는 생리적 혐오감과 반감이라는 커다란 벽을 넘기는 쉽지 않았다. 하지만 장기간에 걸친 북한의 일본인 납치 문제로 여론이 들끓었고, '핵'을 내보이는 김정일의 벼랑 끝 외교 덕도 있어서 유사 입법까지 제정되면서 일거에 일본 핵무장에도 가속도가 붙고 있다.

김정일을 비판할 때 일본 언론들은 교묘하게 '핵' 이야기를 계속하여 그것을 핵무기로 착각하도록 유도하고 있으나, 북한이 갖고 있는 것은 원자력발전소용 핵연료로, 그것을 핵무기로 만들 기술은 없다. 기술이 있다면 핵실험을 했을 텐데 미국 정찰위성은 그런 사실도 흔적도 확인하지 못했다.^{그 뒤 북한은 2016년까지 5차 핵실험을 했고, 핵무기를 보유하고 있는 것으로 알려졌다.}

1998년, 일본 언론들이 동해로 대포동 미사일을 발사했다며 요란을 떤 사건은 당시 북한과 중국뿐만 아니라 미국과 러시아도 발표하기를 "인공위성 발사와 실패"라는 것이었다. 추진체는 미사일과 다를 바 없다고 하지만 그걸 갖고 요란을 떤다면 일본의 통신위성 로켓 발사에 대해서도 마찬가지로 요란을 떨어야 할 것 아닌가.

기껏해야 김정일은 앞으로도 분발해서 모조 미사일을 발사하고 싶어할 것이다. 그 덕에, 구축하는 데만 10년간 5조 엔, 유지하는 데 연간 5000억 엔이 드는 미사일방어 체제^{MD}를 갖추기 위해, 꿈에도 소원인 고가의 무기를 일본이 미국에서 사들이는 상담도 착착 진행될 것 같다.

먼저 차지하는 자가 임자

옛날 옛적 어느 곳에 한 남자가 살았습니다. 그는 진짜 잘생긴 섹시남! 너무나도 매력적이고 이상적인 용모여서 어떤 여자든 그를 한번 보기만 하면 금방 제정신을 잃고 홀딱 빠져버렸습니다. 당연지사로 전 세계의 프로듀서와 영화감독들로부터 텔레비전과 영화에 출연해달라는 요청이 쇄도했고 모델 좀 되어달라, 광고에 좀 나와달라, 잡지 표지를 장식해달라, 살롱 단골손님이 돼달라는 유혹의 손길이 쉼 없이 밀려들었습니다.

한데 그는 섹시한 용모에는 어울리지 않을 만큼 매우 조심스럽고 얌전한 사람이었습니다. 여성관도 돈 후안이나 히카루 겐지일본 고전 장편소설 『겐지 모노가타리』의 주인공, 카사노바 등과는 정반대로 단 한 사람의 여인과 진실한 사랑을 추구하는 타입이었습니다. 그 남자가 가장 갈구하는 것은 가정의 평온과 따뜻함이었습니다. 요컨대 가장 사랑하는 여인을 찾아서 그녀와 결혼하고 아이들을 낳아 행복한 가정을 꾸리는, 그런 수수한 행복을 꿈꾸었던 겁니다.

다만 이 남자는 한 구멍만 파는 사람인 동시에 그 구멍이 정해지면 거기에 모든 걸 아낌없이 쏟아붓는 사람이었습니다. 자기 자식들이 세상에서 최고로 잘생기고 매력적인 아이들이기를 바라고 또 바랐습니다. 그래서 그는 세계 최고로 예쁘고 매력적인 여자와 결혼하겠다고 마음먹었습니다.

그리하여 그 남자는 온 세상을 돌아다니면서 실로 온갖 아름답고 매력적인 여자들을 만났습니다. 그러나 완벽한 미녀를 만나기란 쉽지 않은 일이었습니다. 얼핏 완벽해 보이는 미녀들 중에서도 누구 한 사람 결점 없는 여자는 없었던 겁니다. 어떤 여자는 손톱을 깨무는 버릇이 있고, 어떤 여자는 근시고, 어떤 여자는 가슴이 작고, 어떤 여자는 우둔하고, 어떤 여자는 피하지방이 너무 많고, 어떤 여자는 점이 너무 많고…… 하는 식으로 어느 여자든 아주 사소한 것일지라도 반드시 결함이 있었습니다.

이윽고 그 남자는 이상적인 여인을 찾아다닐 기력을 잃은 채 정처 없이 떠돌아다녔습니다. 그러다 문득 정신을 차리고는 어느 한적한 마을에 흘러든 자신을 발견했습니다. 그 마을 외진 곳에 가난한 외딴집이 있었고 그 바로 앞에 우물이 있었는데, 그 우물가에 노인 한 명과 눈이 부실 정도로 아름다운 여인이, 그것도 세 사람이나 서 있는 게 아니겠습니까. 세 미녀는 자매로 노인의 딸들이었습니다. 남자는 서둘러 노인에게 자기를 소개하고 자신의 여행 목적을 이야기했습니다. 그러자 노인은 얼굴 가득 희색 만면이었습니다.

"정말 잘 오셨소. 실은 딸들을 어떻게든 시집보내려고 애를 써왔으나 지참금이 없다는 이유 따위로 거절당하기만 했소. 세 딸 중에서 마음에 드는 아이가 있으면 기꺼이 드리리다."

그리하여 남자는 먼저 첫째 딸에게 데이트를 신청했습니다. 다음 날 아침 노인에게 간 남자는 말했습니다.

"따님은 너무 사랑스럽고 아름다운 분이었습니다. 거의 완벽한 미녀였습니다. 다만 정말 조금, 거의 눈에 띄지도 않을 정도로 약간 혀짤배기 말을 하더군요."

남자는 이번엔 둘째 딸을 데이트에 초대했습니다. 다음 날 아침 노인에게 간 남자는 말했습니다.

"따님은 너무 매력적이고 아름다운 분이었습니다. 완벽한 미녀라고 단언해도 좋을 정도입니다. 다만 정말 조금, 거의 눈에 띄지도 않을 만큼 조금 허리가 굵더군요."

그렇게 해서 또 남자는 셋째 딸과 데이트를 하게 됐습니다. 다음 날 아침 노인에게 간 남자는 기쁨과 행복에 겨운 나머지 몹시 상기돼 있었고 목소리도 들떠 있었습니다.

"따님이야말로 세계 최고의 미녀, 완벽 그 자체였습니다. 따님과 결혼하게 해주십시오. 아, 하루빨리 그녀가 제 아이를 낳아줬으면 좋겠습니다!"

서둘러 결혼식을 올렸고 얼마 지나지 않아 젊은 아내는 출산을 했습니다. 조산원에 달려간 남자는 간호사에게서 포대기로 감싼 신생아를 건네받고는 자신도 모르게 얼굴을 돌려버렸습니다. 조산원의 다른 신생아들과 비교해봐도 그토록 못생긴 아이는 없었습니다. 당황한 남자는 처가로 달려가 장인에게 따졌습니다.

"도대체 어찌 이런 일이 있을 수 있단 말입니까. 아, 운명은 왜 이토록 불공평한고. 지금까지 내가 들인 공은 도대체 무엇이었단 말인가!"

그리고 끝내 푸념을 늘어놓았습니다. 사위의 눈치를 살피던 장인은 그의 흥분이 좀 가라앉자 말했습니다.

"그런데 말이야, 자네가 그 아이에게 데이트하자고 했을 때, 그 아이는 그때 이미 정말 조금, 거의 눈에 띄지도 않을 만큼 조금 임신을 하고 있었다네."

이는 결혼 상대의 처녀성에 집착하는 남자의 애처로운 천성(아이를 낳을 수 없다는 것)에 관한 이야기다. **마누라와 다다미는 새것이 좋다**(일본)/**각시는 새 각시가 좋고, 소는 젖 잘**

나오는 소가 으뜸이다(인도) 같은 속담도 남자의 이런, 그러니까 자기 유전자를 확실히 다음 세대에 남기고 재산도 자기 유전자 상속인에게 넘겨주고 싶은, 아마도 본능에서 나온 배타적 바람에서 연유했을 것이다. 하지만 **마누라와 된장은 오래될수록 좋다**(일본)나 **마누라는 늙어야 믿음이 가고 얼음은 가을부터 단단해진다**(러시아 시베리아 예벤키족)처럼 정반대로 가는 속담도 있다. 이쪽은 다음 세대보다는 자신의 일상생활을 중시하는 형이라고나 할까.

또한 처녀를 바라는 마음은 순수하게 향락이라는 관점에서 보면 별로 바람직하지 않은 모양이다.

처녀를 사랑하는 건 아파트살이만큼 귀찮다. 회반죽벽을 걸레질하는 것 같다. 하지만 먼저 살았던 사람들이 남긴 병균에 감염될 걱정을 하지 않아도 되는 건 분명하다(쥘 르나르)거나 **때때로 우리는 처녀라는 걸 생각하곤 몸서리친다. 그녀들의 정열에 빠져드는 건 정어리 통조림을 따는 것처럼 어렵고 성가시다고 생각한다. 이미 따놓은 상태로 우리 앞에 나타나면 편리할 텐데**(라몬 고메스 데 라 세르나) 따위의 명언도 있을 정도다.

그렇지만 두 사람 모두 빈정거리는 데 고수인 데다 독설가여서, 어디까지가 진심인지 알 수 없다. 그런데 히카리 겐지가 어린 와카시바를 아내로 맞아들여 성교육을 한 것처럼 파이어니어의 기쁨, 여자를 자기 마음대로 길들이겠다는 욕망, 여자의 성생활에 대한 지도욕이나 지배

욕도 남자의 에로스를 구성하는 것 같지 않은가. 바로 그래서 버나드 쇼의 저 명언도 생겨난 것이리라.

"남자는 교활하다. 여자의 첫 남자인 듯이 군다. 하지만 여자는 더 교활하다. 남자의 마지막 여자인 듯이 군다."

이쯤 되면 경쟁률이 높은 여자에 대해서는 그야말로 **먼저 차지하는 놈이 임자** 또는 **선착순**이 된다. 늦으면 손해 보는 수가 많다. 다른 사람보다 먼저 해야 만사가 유리하다고 말하는 속담인데, "선착순 ○○분까지"라는 홍보 문구도, 온갖 스포츠 종목도, 행렬(줄서기)의 논리도 여기에 토대를 두고 있다. 같은 조건이라면 먼저 온 사람에게 우선권을 준다는 건 세계적으로 상식이 된 듯한데, **방앗간에 먼저 온 사람이 가루 먼저 빻는다**(에스토니아, 슬로베니아)/**앞장선 사람이 깨끗한 물 마신다**(브라질) 등 유사 속담은 얼마든지 있다.

먼저 온 사람, 먼저 이룬 사람에게 우선권을 준다는 논리는 누구나 받아들이기 쉬운 이치인데, 바로 그렇기 때문에 행렬 중간에 새치기하는 자는 무조건 탄핵감이다. 노벨상도 최초로 발견하거나 발명한 사람에게 수여되고, 특허도 먼저 신청한 쪽이 획득한다. '선취특권'(점취특권) 또는 '기득권'이라 해서, 법률도 시간적으로 먼저 취득한 사람을 보호하고 있을 정도다.

일찍이 유럽 국가들이 모험가나 해적까지 고용해서 '지

리상의 발견'을 두고 다툰 것은 바로 **선착순**으로 식민지를 획득·확대할 수 있었기 때문이다.(물론 이때 선착순이란 자신과 같은 유럽 열강 간의 선착순일 뿐이다. 먼 옛날부터 그 땅에 살고 있던 선주민들의 선취특권은 무시당했다.) 19세기 중반에는 유럽 열강의 지구 분할과 재분배가 거의 완료됐다. 이렇게 되면 선취특권을 향유하는 자는 기득권을 침해받지 않기 위한 갖가지 규칙과 도덕을 창출해낸다. 뒤처진 일본은 예전에 유럽 열강이 하던 짓을 흉내 내서 중국 동북부를 침략해 만주국이라는 괴뢰정권을 만들었다가 구미 열강의 사교장이었던 국제연맹에서 탈퇴할 수밖에 없었다. 어쨌거나 국제사회는 **선착순**의 세계라는 걸 명심해야 하는 것이다.

핵확산금지조약 제9조도 이 선착순 논리를 주장한다. "'핵무기 국가'란 1967년 1월 1일 이전에 핵무기와 기타 핵폭발 장치를 제조하고 또 폭발시킨 나라를 말한다"라고 돼 있다. 즉 미국, 러시아, 영국, 프랑스, 중국이 공인 핵무기 국가(핵보유국)이고, 이들 외의 나라에 핵무기가 확산되는 것은 막는다. 요컨대 이제부터는 핵무기 보유국이 증가하는 것을 막겠다는 목적으로 만들어진 것이 이 조약이다. 물론 핵보유국에는 각기 선착순 논리를 장려하는 속담이 있다.

예컨대 미국의 **개척자 정신**^{frontier spirit}은 바로 이 논리에 토대를 둔 것이다. 구대륙에서 신대륙으로 온 사람들이 앞다퉈 선주민들이 살고 있던 땅을 정복하고 영유한 것은 바로 먼저 도착한 사람에게 우선권이 주어졌기 때문이다. 그들이 뒤로한 고향에는 **먼저 온 사람부터 대접받는다**(아일랜드)와 **가장 먼저 일어난 소가 가장 먼저 아침 이슬 마신다**(잉글랜드), 그리고 **가장 앞선 개가 토끼 잡는다**(스코틀랜드) 등의 훈계가 잔뜩 있다.

러시아에서는 **먼저 온 이리가 가장 살찐 닭 차지한다**, 프랑스에서는 **일찍 깬 새가 벌레 잡는다**라는 말이 널리 인용되고 있다. 중국 『사기』에는 은통殷通이 항량項粱에게, 지금이야말로 진을 멸해야 할 때라고 설득할 때의 이야기가 관용구로 남았다.

남보다 먼저 하면 남을 누를 수 있고, 뒤처지면 남에게 눌린다.

이 말 앞부분은 일본에서도 유명한 속담으로 한자리 차지하고 있다. 남보다 먼저 행하면 남을 누르고 유리해지지만, 늦으면 남에게 눌려 불리해진다는 이야기다.

따라서 유엔도 국제원자력기구도 25~40발의 핵탄두를 갖고 있는 인도나 15~20발을 갖고 있는 파키스탄은 문제아 취급하고 실제 보유하는지조차 불투명한 이라크와 이란, 북한에 대한 사찰은 감행하면서도, 같은 비공인이면서 약 200발의 핵탄두를 갖고 있다는 이스라엘은 미국의 비호하에 있어서 문제 삼지 않는다. 주요 핵탄두 수약 1만 발에 이르는 러시아, 8876발의 미국, 465발의 프랑스, 410발의 중국, 185발의 영국에 대한 사찰 같은 건 아예 논외다.

핵보유국 사이에서조차 선착순 법칙이 관철되고 있는데, 1963년 8월에 부분핵실험금지조약^{PTBT}(지하 핵실험을 제외한 대기권, 우주 공간, 수중 핵실험을 금지하는 조약)이 미국·영국·소련 간에 체결될 때 "흥, 자기들은 실컷 실험을 해서 필요한 데이터를 전부 수집해놓고 후발 주자인 우리의 걸음을 막겠다는 꿍꿍이속인데, 이 무슨 기만이야"라며 중국과 프랑스는 함께하지 않았다.

완전히 똑같은 이유로 포괄적핵실험금지조약^{CTBT}(PTBT에서 금지되지 않았던 지하 핵실험도 금지하는 조약)이 제네바 군비축소회의에서 제안됐을 때 인도는 "조약안은 핵보유국의 이익만 반영하고 있다"라며 거부권을 발동했고, 1996년 9월 유엔총회에서 그 조약이 가결됐을 때는 서명을 거부했다. **먼저 익은 열매가 먼저 먹힌다**라는 속담에 따라 핵 선진국을 잡아먹고 있는 건지도 모르겠다.

또 CTBT가 유엔총회에서 채택된 그다음 해에는 조약 조인調印국인 미국이 7월과 9월 두 번이나 '미임계未臨界' 핵실험을 했다. 핵폭발을 수반하지 않는 실험이어서 조약 위반은 아니라는, 이치에 닿지 않는 핑계를 댄 CTBT가

안고 있는 약점을 세상에 드러냈다. 선수先手 필승의 묘미를 철저히 만끽하고 있는 미국답다. 핵 선제공격권까지 갖고 있다고 큰소리치는 건 미국뿐이다.

한정된 자원을 둘러싸고 다투게 되면 **선착순**은 룰이라기보다 현실이다. 예컨대 매년 대기에 축적돼 지구온난화의 원인이 되고 있는 이산화탄소 가운데 약 4분의 3이 화석연료 연소 때문에, 나머지 4분의 1이 열대우림 벌채 때문에 방출되는 것으로 추측된다. 온실효과가 이산화탄소의 스물다섯 배나 되고 두 배의 속도로 대기에 퍼지는 메탄가스 배출량의 80퍼센트는 인간의 소비와 생활 때문에 발생한다. 오존층 파괴 물질로 널리 알려진 프레온 또한 온실가스다.

이들 가스 배출량이 비약적으로 늘어난 것은 19세기 중반 영국의 산업혁명 이후이니, 지구온난화의 주범은 먼저 공업화를 추진한 선진국들인 것이다. 지구 전체의 자원인 산소를 마음껏 소비하고 산소 공급원인 삼림을 벌채해서 경제 선진국이 되어놓고는, 교토의정서 등을 논의할 때 뒤쫓아 오는 나라들에도 필요한 자원을 이미 펑펑 쓴 자신들에 대한 규제와 마찬가지 수준에서 규제하라고 하는 건 염치없는 짓이다. 그래도 염치가 없기로는, 여전히 지구 이산화탄소 배출량의 25퍼센트를 차지하면서도 의정서에 협약하지 않는 미국을 당할 수 없다.

현재 신뢰할 수 있는 전문가가 지적하길, 긴수염고래를 제외한 고래들이 정도껏 포경해도 될 만한 개체 수를 유지하고 있고, 적정한 수준으로 포획되지 않아 너무 늘어난 고래들이 인간이 소비하는 물고기의 세 배에서 다섯 배나 되는 자원을 먹어치우고 있다고 한다. 고래를 인간의 식재료에서 제외함으로써 동물성 단백질 확보를 위한 가축 사육이 늘고, 거기에 들어가는 곡물 소비 또한 연쇄적으로 늘어 개발도상국들에서 기근이 더욱 확산되고 있다는 것이다. 그럼에도 불구하고 미국, 영국, 네덜란드, 오스트레일리아, 뉴질랜드 등의 일부 나라들이 국제포경위원회를 좌지우지하여 포경을 전면 금지하려는 움직임이 거세지고 있다. 그 배경, 그러니까 고래를 지적 동물로 신성시하고 고래 고기 먹는 것을 야만시하는 운동은 다른 문화에 대한 무지와 몰이해, 오만한 자문화 중심주의에 빠져 사실이나 이치를 냉정하게 받아들일 수 없는 데서 오는 히스테리컬하고 야만적인 처사다.

 지금 소리 높여 포경 반대를 외치는 나라들은 바로 30년 전까지만 해도 앞다퉈 고래를 남획했다. 게다가 그들의 목표는 산업용 원유 자원으로 쓸 고래기름뿐, 고기도 뼈도 모두 폐기 처분했다.(덧붙이자면 포경 찬성국은 일본, 노르웨이, 아일랜드처럼 고래를 식자원으로 삼아온 나라들인데, 일본 등은 고기뿐만 아니라 기름, 뼈, 가죽 등을 자원으로

100퍼센트 유용하게 활용해온 전통이 있다.) 긴수염고래가 절멸 위기에 처한 최대 이유는 지금의 반反포경국들에 의한 남획인 것이다.

일본에 개국하도록 압박한 선박도 고래를 쫓아 일본 근해까지 왔다. 또 포경 선진국들이 포경 반대로 돌아선 것은 석유 자원의 개발 진전과 궤를 같이한다. 원유 자원으로서 고래가 불필요해진 데다, 아마도 목축 국가이기도 한 그들이 식육 수출도 촉진해보겠다는 **일석이조**를 노렸을 것이다.

고래를 남획하여 기선을 제압한 나라들일수록 근본주의적 반反포경의 극단으로 치닫고 있는 것은 역설적이다. 자신들이 지은 죄를 남들이 또다시 짓게 하진 않겠다는 것이라기보다는, 자신들이 뻗어 올라갈 계기를 만들어준 자연의 은혜를 남들은 절대 누리지 못하게 하겠다는 기백이 차고 넘친다. 그러고 보니 오스트레일리아와 뉴질랜드에는 **먼저 배를 탄 사람이 노를 고른다**라는 속담이 있다. 즉, 먼저 온 사람이 룰을 정하는 것이다.

소년은 쉬 늙고 학문은 이루기 어렵다

소년은 쉬 늙고 학문은 이루기 어려우니
한순간 짧은 시간도 가벼이 여기지 마라
연못가의 봄풀이 채 꿈도 깨기 전에
계단 앞 오동잎이 가을을 알린다

시라고 부르기에는 너무 설교 냄새가 나는 이 칠언절구의 첫 구절(少年易老 學難成)만큼은 일본인이라면 대부분 외우고 있지 않을까. 두 번째 행(一寸光陰 不可輕)도 보거나 들으면 "아, 그것" 하고 기억해내는 사람이 많을 것이다. 어조가 터무니없는 구석도 있지만, 어쨌든 이런 뜻이겠다. "젊다고 생각하는 사이 어느덧 나이를 먹는데, 뜻을 둔 학문은 지지부진 나아가지 않네. 늙고 나면 다시 공부하긴 어려운 법. 세월은 가기 쉬우니 짧은 시간이라도 소홀히 하지 말고 공부에 힘써라."

널리 알려진 훈계인데, 많은 사람들에겐 귀가 따갑다. 보편성을 갖고 있을지 모른다는 생각이 들어 우직하게 온 세상 속담을 힘닿는 데까지 긁어모아 살펴봤으나 같은 취지의 속담은 왠지 보이지 않았다.

물론 시간이 너무 빨리 지나가는 걸 한탄하는 **세월이 쏜살같다**는 유의 구절은 많다. 중학교 때 암기하는 Time flies(**시간은 날아간다**)나 Time has wings(**시간은 날개가 있다**)는 영어권이라기보다 유럽 공통 속담이다. 그 밖에 **청춘은 번개처럼 순식간에 지나간다**(러시아 시베리아 예벤키족)/**시간은 백 마리 말이 끄는 마차로도 쫓아갈 수 없다**(폴란드) 등등. 라틴 문학에서 무관의 제왕이라 예찬받는 오비디우스의 시 「사랑의 농간」에도 **세월은 유수처럼 지나간다**라는 구절이 있는데, 이것도 학교에서 라틴어를 고전 필수과목으로 배운 유럽 각국의 속담에 들어 있다.

세월은 사람을 기다려주지 않는다와 꼭 같은 Time and tide wait for no man(**시간은 사람을 기다려주지 않는다**)라든가 Life is short and time is swift(**인생은 짧고 시간은 빨리 간다**)(모두 영국) 등의 속담도 유럽 각국 버전들이 있다.

그럼에도 불구하고 시간을 아껴 공부하라고 훈계하는 속담은 보이지 않는다. 이런 훈계를 감사히 여기는 건 일본인 정도일까. 각고면려刻苦勉勵라고 해서 고생을 무릅쓰고 정성을 다해 부지런히 노력하는 것을 이상적인 삶의 자세로 여기는 일본인의 민족성에 어울리는 것일지도 모르겠다. 하지만 주지하는 대로 이 속담의 출처는 일본이 아니라 중국이다. 원전은 남송의 유학자 주희朱熹가 지은 「우성시偶成詩」다. 오, 주희라면 주자학의 시조, 주자 바로 그 사람이 아닌가.

그는 과거에 합격한 뒤 고위 관료로 중앙정부에서 일했고, 물러난 뒤에는 고향으로 돌아가 학문에만 전념했다. 공허한 자구 주석에 함몰된 공자와 맹자의 가르침을 원점으로 돌아가 재검토하고 그 진수를 밝히려고 했다. 유학의 쇄신을 기치로 내세워 정통성을 쟁취한 주자학은, 원나라 대에 과거 과목으로 채택된 이후 600년에 걸쳐 중국의 공식 학문으로 자리 잡았다. 에도시대 일본에서는 막부의 어용 학문이 되기도 했다.

학문이라고 해도 그 내실은 진리 탐구라기보다는 인생 처세훈과 효율적인 교육 방식 탐구라고 할 수 있다. 과거에 합격하기 위한 '경향과 대책'이라 하면 이해하기 쉬울지 모르겠다. 지극히 타산적인 것이다.

그렇지만 당대로 돌아가보면, 재산이나 문벌이 아니라 뛰어난 식견을 지닌 사람에게 행정을 맡긴다는 취지로 채택한 과거라는 제도는 획기적이었다고 할 수 있다. 학문을 거듭 연마해 뛰어난 식견을 몸에 익힌 사람을 과거로 뽑아서 중앙정부에 채용하는데, 말하자면 출신 성분이 어떻든 열심히 갈고닦기만 하면 사회적으로 출세할 수 있는 여지를 준 것이다.

메이지 이후, 특히 제2차 세계대전 패배 이후의 기적 같은 경제 부흥을 떠받친 일본의 활기는, 한편으로는 과거제도와 비슷한 제도, 그러니까 좋은 대학을 나오면 중앙의 대접받는 관리가 될 가능성이 누구에게나 열려 있어 보였던 그 제도에서 비롯했을 것이다.

그래서인지 어중이떠중이 모두 각고면려, 수험 공부라는 세례를 통과하도록 돼 있는 이 나라에서는, 1000년이나 앞서 주자가 써서 남긴 훈계가 많은 젊은이들에게 현실감 있게 받아들여지고 있다. 여하튼 학문을 익힐 수 있는 시간이 모자라 항상 쫓기는 게 수험생들이다.

앞서 이야기한 **세월은 사람을 기다려주지 않는다**라는 것도 실은 『중국 명시선』에 수록된 도연명陶淵明의 유명한 잡시 한 구절에서 나온 것이다.

> 젊음은 또 오지 않고
> 하루에 두 번 아침을 맞을 수 없다
> 때를 놓치지 말고 부지런히 노력하라
> 세월은 사람을 기다려주지 않는다

이 또한 잘 읽어보면 각고면려를 장려하고 있다. 동아시아권의 풍토병 같은 것인가.

앞서 다른 나라에 유사 속담이 없다고 했는데, 실은 의학의 아버지 히포크라테스가 비슷한 말을 남겼다.

인생은 짧고, 기술은 길다.

의술을 습득하는 데 걸리는 시간이 긴 것을 한탄하는 말인데, 이것이 나중에 라틴어의 **Vita brevis, ars longs**가 돼 서구 각국의 격언이 됐다. 'ars'는 흔히 '학문'이나 '예술'로 해석된다. 다만 학문이나 예술은 선택된 일부 사람들만 할 수 있는 일이어서 만인을 위한 속담이 되긴 어려웠다. 이는 인구 전체의 엘리트화를 지향한 일본이나, 필시 치열한 수험 전쟁을 치르고 있을 한국과 대만에서 **학문은 이루기 어렵다**고 할 때의 '학學'은 아주 다른 뉘앙스다. "뛰어난 학문이나 예술의 영원성 앞에, 인생이란 참으로 덧없도다" 정도의 의미가 아닐까.

모스크바 국립종합대학 창립자이기도 한 로모노소프는 18세기에 활약한 만능 천재로 물리학, 화학 등 러시아 자연과학의 아버지로 칭송받고 있을 뿐 아니라 여러 편의 시도 남겼다. 그중 하나인 「송가」에 아주 유명한 구절이 있다.

학문은 젊은이를 키우고
노인에게 즐거움을 준다

참으로 계몽가다운 그의 이 '학문을 권함'『학문을 권함学文の
すすみ』은 일본 근대의 선구자 후쿠자와 유키치福澤諭吉의 유명한 책 제목은 키케로
의 저 유명한 「시인 아르키아스 변호」에서 가져온 것이라
고 한다.

이 일은 젊은이에게는 양식을, 노인에게는 즐거움을 준
다. 좋은 때를 만나면 그것을 더욱 북돋아주고, 역경을 만
나면 도피처나 위안거리가 되며, 또 가정에서는 오락거리가
되어준다. 공공의 장에서는 훼방꾼이 되지 않고, 함께 밤을
새우며, 여행의 길동무가 되고, 시골에 틀어박힐 때도 함께
해준다.

군이 이야기하자면, 협박조의 속담 **소년은 쉬 늙고 학문
은 이루기 어렵다**(실은 **인생은 짧나니 사랑하라 소녀여**와 빼닮
았다)보다 훨씬 더 학문에 대한 의욕을 불러일으키는 것
같다.

또 근대 러시아문학의 아버지 푸시킨의 비극『보리스
고두노프』의 주인공 보리스 고두노프는 **학문은 급류 같은
인생의 경험을 압축해준다**라는 대사를 내뱉는다. 시간이 없

으니 열심히 공부하라는 "소년은 쉬 늙고" 운운하는 것과
는 달리 학문이야말로 짧은 인생을 더욱 충실하게 만들
어주는 도구라고 이야기한다. '쾌락을 추구하는 유럽, 금
욕을 추구하는 동아시아'라기보다는 유교 학문관의 차이
가 그 배경에 깔려 있다.

학문, 젊은이, 노인이라는 세 가지 키워드가 등장하는
아주 유명한 프랑스 성어가 있다. savoir(능력이 있어서 할
수 있다)라는 동사와 pouvoir(가능성이 있어서 할 수 있다)
라는 동사의 차이를 실로 교묘하게 활용한 관용구다.

Si jeunesse savait,

si vieillesse pouvait.

젊은이는 아직 (경험 부족으로 능력이 없어서) 할 수 없고,

노인은 이미 (능력은 있으나 활력이 부족해) 할 수 없다.

16세기에 활약한 프랑스 휴머니스트 앙리 에스티엔이
쓴 『프레미스』에 등장하는 풍자시의 한 구절이다. 이거야
말로 **소년은 쉬 늙고 학문은 이루기 어렵다**에 가까운 게 아닌
가. 협박적인 어조가 없고 세상 이치를 있는 그대로 수용
하고 있는 것 같아 좋구나, 하고 내심 오래전부터 생각했
다.

한데, 바로 얼마 전 친구와 이런 이야기를 하면서 이 속

담의 또 다른 의미를 알게 됐다. 그녀는 이렇게 말했다.

"그 남자는 말이야, 한 번만이라도 좋으니 한꺼번에 두 여자와 해보고 싶다는 이야기 따위를 버젓이 해요."

"아, 그거야 대대수 남자들이 꿈꾸는 거잖아. 종種 재생산 과정의 암수 간 분업에서 수컷은 가능한 한 많은 암컷과 사귀려는 성향을 갖고 있어. 즉, 다음 세대에 자신의 유전자를 계승하는 개체의 양을 늘리려 애쓰지. 암컷은 가능한 한 우수한 수컷과 사귀려는 성향을 갖고 있어. 즉, 다음 세대의 질을 높이려 애쓰는 거야."

나는 계속했다. "그 증거로 세계적인 베스트셀러를 보면 주인공 남자가 여러 여자를 낚거나 편력한다는 식의 전개가 너무 많아. 인류의 본질 같은 걸 꿰뚫고 있기 때문이 아닐까. 세계에서 가장 오래된 소설이라는 『겐지 모노가타리』도, 세계적으로 200편 남짓의 문학작품으로 만들어졌다는 돈 후안 전설도, 자코모 카사노바의 『회상록』이나 이하라 사이카쿠井原西鶴의 『호색일대남好色一代男』도 여전히 읽히고 계속 무대에 오르거나 영화로 만들어지고 있지. 거꾸로 여자의 이상은 많은 남자와 사귀는 게 아니라 가장 우수한 남자와 사귀는 데 필요한 많은 선택지야. 신랑감을 골라내기 위해 남자들을 경쟁시키는 이야기는 〈가구야 공주〉일본의 설화. 대나무에서 태어난 절세미녀 가구야가 장성하자 명문가의 다섯 자제가 앞다퉈 가구야에게 청혼하는 내용를 비롯해 온 세상에 널려 있잖아."

이렇게 자신만만하게 지론을 폈더니 그녀는 지겹다는 듯 냉랭하게 내뱉었다.

"흥, 그건 대다수 남자들의 이루지 못한 꿈이야. 꿈에 지나지 않아. 그 사람에게 말해줬지. '단 한 명의 여자도 만족시키지 못하는 주제에 불만에 찬 여자를 한 사람 더 늘리겠다는 거야?'라고 말이야."

그런 것인가. '희망과 실제 능력이 일치하지 않는 게 남자라는 존재인 거야' 하고 생각한 바로 그때 머리 한구석에서 러시아 속담이 문득 떠올랐다.

남자는 늘 바라지만 언제나 할 수 있는 건 아니고,
여자는 언제나 할 수 있지만 늘 바라지는 않는다.

오, 인류의 실존적 모순 내지는 신의 얄궂은 장난이 지금까지 수없이 많은 문학작품을 낳은 원천인지도 모르겠다. 조금 감동했다. **젊은이에겐 아직 기술이 없고 노인에겐 이미 힘이 없다**라는 건 바로 이를 두고 한 말이 아닐까 하는 생각이 번쩍 떠올랐다. 그러자 동아시아 버전인 **소년은 쉬 늙고 학문은 이루기 어렵다**에서의 '학'도 의미심장하게 다가왔다.

동서고금에 매매춘을 하는 건 여자가 남자보다 압도적

으로 많다. 그러나 가능한 한 많은 여자와 사귀어보고 싶어하는 남자의 생리로 보건대, 세상에서 가장 오래된 이상 거래는 남자 쪽이 체질에 더 잘 맞는 게 아닐까 하는 생각을 오래전부터 해왔다. 태국에 머문 적이 있는 전직 어느 회사 직원한테서 다음과 같은 이야기를 듣기까지는.

"최근엔 말이죠, 일본을 비롯한 선진 공업국 유한마담들이 태국에 남자를 사러 가죠. 나도 왠지 부러운 장사다 싶어서, 할 수 있다면 아르바이트라도 한번 해보고 싶다고 생각하고 있었죠. 더욱 흥미진진한 건 연줄 같은 걸 통해 남자를 파는 매춘관이라는 데를 들여다볼 기회가 있었단 거예요. 그랬는데……"

여기서부터 그의 목소리가 축축해지기 시작했다.

"내가 들여다본 건 남녀가 정사를 벌이는 곳이 아니라 매춘부賣春夫(매춘남)들의 대기실이었습니다. 소파 베드가 여러 개 놓여 있고 여기저기 매물인 남자들이 축 늘어져 누워 있었어요. 언뜻 보기에도 진이 빠진 것 같아서 동정하지 않을 수 없었죠. 안내해준 사람 이야기로는, 한번 서비스를 하고 나면 다음 서비스를 할 때까지 남창들이 적어도 세 시간은 그렇게 몸을 쉬어야 한대요. 그러지 않고는 장사 도구를 쓸 수 없다는 겁니다."

악녀의 깊은 정

어느 방송국이 먼저 시작했는지 모르겠지만, 신문 사회면 기사를 오려서 보드에 붙여놓고 해설하는 안이한 코너가 순식간에 일본 텔레비전 와이드쇼의 정규 프로그램이 되었다. 아마 취재비도 들지 않을뿐더러 내용에 관한 책임도 지지 않고, 그러면서도 어쩐지 온갖 세상일을 다 파악할 수 있을 듯한 기분이 들어서 그만둘 수 없을 것이다. 시청자 입장에서도 굳이 모든 전국지, 스포츠지를 들여다볼 경제적·시간적 여유가 없으니 괜찮을 것이다. 그렇다고 신문사 쪽이 잠재적 독자를 빼앗긴다고 반발하느냐 하면, 오히려 무료로 광고하는 셈이니 이거야말로 횡재라며 즐기는 듯하다. 그래서 모두가 만족하고 행복하니 좋지 않은가 하고들 있겠지만, 나는 뭔가 한 다리 건너 들은 이야기를 또 한 다리 건너 듣는 듯한, 싸구려 취급 당하는 느낌을 부정할 수 없어서 툴툴거리며 누워 뒹굴었다. 그렇게 어느 프로그램을 보는 둥 마는 둥 하다가 무심결에 벌떡 일어섰다.

미국 여객기가 공중에서 납치되었다는 기사였는데, 9·11 이후 엄중하기 짝이 없는 보안 체제를 빠져나간 창의적 궁리도 궁리지만, 더 탄복한 것은 납치범의 방송 멘트였다.

"승객 여러분, 바로 조금 전 이 여객기는 우리에게 납치되었습니다. 무모한 저항만 하지 않으면 승객 여러분을 해칠 생각은 추호도 없으므로 안심하시기 바랍니다. 이 여객기는 이 순간부터 금연을 해제합니다. 목적지까지 마음껏 흡연을 즐깁시다."

여객기는 예정대로 플로리다공항에 도착했고 납치범인 초로의 남자와 중년 여성 콤비는 흡연 애호가로 보이는 일부 승객들로부터 열렬한 박수를 받으며 투항한 뒤 수갑을 차는 순간 만족스러운 미소를 지었다. 그리고 두 사람의 조기 석방을 요청하는 감형 탄원 운동이 이미 시작됐다…… 대략 이런 내용이었다.

최근 미국의 금연 운동 열풍이 무시무시하다는 생각은 하고 있었지만 흡연자들이 이렇게까지 내몰리고 있었나 하는 생각에 조금 안쓰러웠다. 담배를 즐기진 않지만 20년 전에 돌아가신 아버지가 골초였기 때문이리라.

하루 평균 60개비 이상 담배를 피운 아버지는 늘 주치

의한테서 주의를 받았다.

"최소한 하루 20개비로 줄여도 되지 않을까요?"

아직 세상이 건강 지상주의와 금연 일변도에 물들기 전이었으나 과도한 흡연이 건강에 좋지 않다는 건 상식이 돼가고 있었다. 한번은 여동생과 함께 아버지에게 캐물은 적이 있다.

"저, 아버지. 왜 그토록 담배를 피우세요? 이젠 건강도 좀 생각하셔야죠."

"그건 말이야, 아버지 머리가 너무 좋아 그런 거야."

아버지는 담배 연기를 맛 좋은 듯 마시며 이야기했다.

"뇌세포 움직임이 너무 빨라서 주변에 맞추려면 브레이크를 걸어줘야 해. 온종일 그냥 놔두면 지쳐버려. 한데 담배를 피우면 뇌세포 움직임이 완화돼 아주 좋아져. 그러니 담배를 끊을 까닭이 없는 거야."

아버지는 다시없는 애주가이기도 했다. 그리고 음주를 정당화하는 평계도 확실했다.

"물소 같은 초식동물은 반드시 무리를 지어 생활하지. 사자나 늑대 같은 육식동물의 공격을 받게 되면 무리가 한 덩어리로 도망가. 무리로서의 일체감을 잃어버려선 안 돼. 그래서 무리가 이동할 때는 가장 느린 물소의 속도에 맞추는 거야. 육식동물의 희생양이 되는 건 보통 무리의 맨 끝에서 따라가는 허약하고 느린 물소야. 가장 느린 물

소가 잡아먹히기 때문에 무리의 속도는 오히려 빨라지지.

인간의 머리 회전도 같은 거야. 뇌수도 가장 멍청하고 유약한 뇌세포의 속도보다 빨리 회전할 수 없는 구조로 돼 있어. '알코올을 너무 섭취하면 뇌세포를 파괴한다. 그러니 음주는 적당히 해라' 따위의 그럴듯한 논리를 늘어놓는 자들이 있는데, 물소 무리와 마찬가지로 알코올 때문에 파괴되는 건 가장 약하고 느린 뇌세포야.

말하자면, 그래서 매일 술을 마시면 느린 뇌세포를 파괴해주니까 결과적으로 뇌수 전체의 움직임은 빠르고 효과적으로 되는 거야."

"아버지, 머리 회전이 너무 빠르면 힘들잖아."

"그러니까 그걸 담배로 조절하는 거잖아."

"……."

아마도 아버지의 속내는 '걱정 마, 내 마음대로 하게 내버려둬'라는 것이었으리라.

인류의 흡연 역사는 오래돼, 파푸아뉴기니의 엥가족은 **마시자, 먹자, 생선 먹자**라는 환영의 의미로 **악수하고, 담배 피우고, 토란 드세요**라고 하는 모양이고, 사미족 남자들은 **빵이 떨어지는 것도 괴롭지만 담배가 떨어지는 건 더 괴롭**다며 코담배가 바닥난 고통을 관용구로 만들었다.

도를 넘으면 건강이나 생활에 큰 해를 입을 걸 너무나 잘 알고 있으면서도 좀체 그만둘 수 없는 버릇이 누구나 한두 가지는 있다. 그 전형적인 것이 술, 담배 그리고 도박. 많은 나라에서 술이나 담배의 생산과 판매가 국가의 엄격한 통제를 받고 있거나 국가사업인 것은 국민의 건강관리를 위해서이기도 하지만, 인간의 약점을 이용해 떼돈을 벌 수 있는 분야이기도 하기 때문이리라. 도박이 일본의 많은 자치단체에 중요한 재원이 되고 있는 건 이미 다들 아는 사실이다.

앞서 소개한 사건의 전말에 흥미가 생겨 인터넷으로 속보를 찾아봤다. 영어가 서툰 나조차 납치 도중 흡연 자유구역이 된 기내에서 흡연이 옳으냐 그르냐를 두고 격론이 벌어진 사실을 알 수 있었다. 흡연 반대론자들이 범인들에게 담배는 당신들의 건강을 좀먹는다고 실컷 설을 풀고, 범인과 그들에 가세한 흡연자들이 반론을 폈는데, 그중에 다음과 같은 구절이 있었다.

It's none of your business. Mind your own business!
당신과 관계없지 않은가. 당신 일에나 신경 쓰시지!
Misplaced kindness.
달갑잖게 친절하군.

요컨대 **큰 친절/쓸데없는 도움/악녀의 깊은 정**. 용모가 추한 여자는 정이 너무 깊고 질투가 심해 그 친절이 오히려

78

달갑잖다는 의미의 관용구가 이미 에도시대 중기의 해학 소설과 풍속소설에 등장한 것으로 안다. 러시아에서 이에 상응하는 것이 **곰의 친절**이라는 표현이다. 토끼 뺨에 내려앉은 모기를 친절하게도 곰이 살짝 때려잡으려다 토끼가 승천하고 말았다는 우화에 토대를 두고 있다.

참견에 질린 사람들은 예나 지금이나 세상천지에 있고, 따라서 속담도 많다. **부르지 않는데 굳이 대답하지 마라·요청받지 않으면 도와주지 마라·야위지 않았는데 굳이 살찌우지 마라·졸리지 않으면 눕지 마라**(라오스)/**남이 입고 있는 셔츠 주머니에 손 넣지 마라**(부르키나파소) 등등.

벗인 야마사키 의사도 매번 환자에게 금연을 권하고 있다는 이야기를 들었는데, 어느 날 지금까지 해온 방식이 과연 괜찮은가 하는 회의에 빠지게 됐다고 한다.

환자 중에 심한 골초가 있었다. 폐기종에 걸려 언제 폐암으로 전이되어도 이상할 게 없는 상황이었는데 전혀 끊을 기색이 없었다. 그럴 의욕조차 없었다. 그래도 진찰할 때마다 충고를 했다.

"○○씨, 하루 100개비는 예사로운 게 아닙니다. 아무래도 너무 많이 피우는 겁니다. 조금씩 줄일 수 없겠습니까?"

"선생님, 그게 안 돼요. 오늘은 열 개비만 피우자고 결심을 하면 오히려 한 개비 한 개비가 맛있어서 참을 수 없고 더 피우게 돼요. 마중물 효과라고나 할까요. 그런 날은 정신을 차리고 세어보면 하루 120개비 정도 피웠어요."

"그렇다면 차라리 사흘에 한 번이나 일주일에 한 번쯤 전혀 피우지 않는 날을 정해보면 어떨까요? 보세요, 폐 데이터도 이만큼 나빠졌어요."

하지만 ○○씨는 애써 눈을 피하면서 실실 웃기만 할 뿐 의사 지시에 따를 생각이 전혀 없다고 얼굴에 쓰여 있었다. 생각다 못해 약간 겁을 주기로 했다.

"당신, 그렇게 해서 생명을 단축하고 있는 거예요."

그래봤자 ○○씨는 여전히 들을 생각이 없어 보였다.

"○○씨, 담배를 단념하면 수명이 연장된다고 보장할게요."

그랬더니 돌연 ○○씨가 대들었다.

"그래요, 선생님! 맞아요! 바로 그거예요!"

야마사키 의사는 기뻤다. 호박에 침 주기 꼴로 꿈쩍도 않던 상대가 뜻밖에도 반응을 했으니 당연했을 것이다. ○○씨는 그런 야마사키 의사의 처지 따위는 신경도 쓰지 않고 완전히 정신이 나간 듯 떠들어댔다.

"지난 일요일에 마침내 돈도 바닥이 나고, 어디 빌릴 데도 없어 하는 수 없이 담배를 한 개비도 입에 대지 않았어요. 몇 년 만이던가. 그날 하루는 정말 길었지, 정말 길었어……. 정말 선생님 말씀대로 담배 안 피우면 인생이

길어져요. 정말 지긋지긋할 정도로 길어져요."

야마사키 의사는 골똘히 생각했단다.

"무조건 모든 이가 좋다고 여기는 것이 반드시 좋은 건 아니라는 거죠."

앞서 이야기한 비행기 납치범들이 투항하게 된 계기는 흡연 반대론자들이 "당신들이 자신의 건강을 해치는 건 자기 마음대로겠지만, 담배를 피우지 않는 사람은 그 연기를 마셔서 결과적으로 건강을 해친 셈이 됐소. 타인의 건강을 해칠 권리가 당신들에겐 없어요!"라고 했기 때문이다.

이런 말을 들으면 분명 흡연자는 마음이 약해진다. 대꾸할 말도 없다. 이 논리를 앞세워 일본에서는 2003년 5월 건강증진법이라는 법률이 시행되었고 금연 구역도 엄청난 기세로 확대되고 있다. 그에 반비례하듯 흡연자들은 점점 어깨를 움츠리고 있다.

가끔 읽는 요로 다케시養老孟司의 대담집 『이야기하면 알게 된다!』에는 다음과 같은 대목이 있다.

요로: 쇼와 30년대1950년대, 도쿄의 폐암 발병률은 런던의 100분의 1이었습니다. 이후 폐암 발병률이 급속히 늘어난 원인을 대기오염으로 봐도 틀리지 않을 겁니다. 세계 어디를 조사해보더라도 그래요. 지금 방콕도 도쿄 비슷하게 돼

가고 있잖아요. 치앙마이도 발병률이 10년 전에 비해 급증하고 있습니다. 과연 자동차가 정말 필요한 것인가, 석유는 향후 40년이면 고갈되는 게 아닌가 하는 이야기도 나오고 있습니다. 자동차를 탓할 순 없으니까 담배를 악당 취급하고 있다는 느낌이 듭니다.

오오모리: 담배는 옛날부터 많은 사람들이 피우고 있었습니다만, 폐암이 급격히 늘어난 것은 최근의 일이죠.^{오오모리}

야스에大森安恵는 당뇨병 전문의, 일본당뇨병·임신학회 명예 이사장.

이건 결국 담배가 폐암의 원인이라는 억울한 누명을 쓰고 있다는 이야기 아닌가. 엉뚱하게 악당 취급을 받고 있다는 건가. 옛날부터 세계 각지에서 이런 부조리를 분하게 여긴 사람들이 있었던지, 이에 관한 속담은 빗자루로 쓸어 담을 정도로 많다.

에도의 원수를 나가사키에서 갚는다(일본)/**낙타를 삼켜도 끄떡없는데 모기 때문에 숨이 막힌다·바다를 삼키면서 실개천 앞에서 움츠린다**(아랍)/**짐을 떨어뜨린 건 당나귀인데 안장 탓한다**(브라질)/**코끼리가 밭을 망치고 나면 아무도 원숭이는 문제 삼지 않는다**(아프리카 하우사)/**저 사람이 접시 깨뜨리고, 이 사람이 찻잔값 물어준다**(베네수엘라)/**접시 탓하며 몽땅 훔친다**(독일).

담배를 폐암의 원인으로 지목한 것은 나치의 의학자들이었고, 세계 최초로 대대적인 금연 운동을 전개한 것도 히틀러가 이끈 나치였다.(로버트 N. 프록터, 『건강 제국 나치스』) 강제수용소에서 대량 학살을 감행하면서 극단적인 건강 증진 운동을 편 것은 참으로 역설적인데, 이건 마술의 속임수와 같다. 화려한 퍼포먼스로 관객을 홀리는 사이에 중요한 트릭을 구사하기 위한 준비를 착착 끝낸다. 사람의 주의력이란 실로 믿을 수 없는 것이어서, 100명이면 100명 모두 절세 미녀의 요염한 춤에 넋을 잃은 동안 거대한 코끼리가 상자 속에 숨어버리는 따위의, 나중에 비디오로 확인해보면 빤하게 드러날 속임수에 모두가 걸려드는 것이다.

담배의 해악은 아주 그럴싸하고 과민하게 이야기하면서, 그리고 금연 운동은 모든 공공장소에서 벌이고 있으면서 왜 그만한 정열과 실행력을 자동차 배기가스나 핵무기 퇴출에는 쏟아붓지 않는가. 마치 담배를 탓하면 훨씬 거대한 해악에 대한 혐오감과 공포도 누그러뜨리거나 잊을 수 있다는 듯하다. 그래, 금연 운동은 **악녀의 깊은 정**이라기보다는 **에도의 원수를 나가사키에서 갚는다**와 같은 것일지 모르겠다.

여우가 설교할 때는 거위를 단속하라(영국)/**여우가 설교를 시작하면 집닭을 단속하라**(스페인 바스크)고들 하지 않나.

태산명동 서일필

F 시의 시영주택과에 어느 날 중년 남자가 찾아왔다.

"최근 시영주택에 들어간 사람입니다만……."

"아, 그때 그분! 57 대 1의 경쟁률을 뚫고 당선됐을 때 기뻐하시던 모습은 시 청사에서도 화젯거리가 됐죠. 어떻습니까, 그 뒤 살아보신 기분이?"

"부탁합니다. 어디라도 좋으니 빨리 다른 곳으로 바꿔주십시오."

"예엣? 그건 또 왜……."

"주택 북쪽 이웃에 목욕탕이 있는데, 내 방 코앞이 바로 여탕이에요. 죄다 훤히 보여 낯 뜨거워서 말이죠. 정신이 산만해져 일을 할 수 없고 내 엄격한 윤리관이 무너질 것 같아 두렵습니다."

남자의 말투가 꽤 절박해 보여 시영주택과 과장 이하 모든 직원이 곧장 그 남자의 방을 찾아가 현장 조사를 했다. 그런데 앞서 이야기한 방 창가에 가본 사람들은 꽤나 맥이 풀렸다.

"아무것도 보이지 않잖아요?"

"아뇨, 그 양복장 위에 올라가서 보세요."

남자가 거드름을 피우며 지시했다. 모두 차례차례 장롱 위에 기어 올라가 바라보았으나 고개를 갸웃거릴 뿐이었다. 마지막으로 기어오른 직원이 부아가 난 듯 말했다.

"아무것도 안 보이잖습니까?"

"좀 더 오른쪽입니다."

"그래도 아무것도 안 보여요."

"좀 더 오른쪽입니다. 오른쪽, 오른쪽."

"우아앗!"

양복장 모서리에서 미끄러져 떨어진 직원의 외마디 비명에 이어 쿵! 하는 소리가 났다.

"아, 아파."

"그렇겠죠. 나는 매일 이런 곤욕을 치르고 있다니까요! 정말이지 참을 수 없어요" 하고 남자는 의기양양하게 내뱉었다.

泰山鳴動鼠一匹(태산명동 서일필)

이 속담은 아마도 이와 같은 사태를 이야기하는 데 적

당하지 않을까 싶다. 거대한 산이 무서운 소리를 내며 요동치자 무슨 일인가 하고 모두 마른침을 삼키며 지켜보고 있었다. 한데 산에서 나온 건 한 마리의 작은 쥐였다. 요란했던 소동에 비하면 그 결과가 맥 빠질 정도로 하찮은 일을 비유할 때 쓰는 속담이다.

자구로 보건대 **인간만사 새옹지마**나 **소인이 한가하면 나쁜 짓을 한다**처럼 옛 중국 고사에서 나온 성어이거나, 공자나 맹자 같은 위인이 가르쳐준 교훈이 바다를 건너 일본까지 전해진 게 아닐까 오래전부터 생각하고 있었다.

하지만 확신에 찬 뇌수는 문제가 있다. 의문을 던질 여지를 없애니까. 따라서 사전을 찾아 확인하려고도 하지 않는다.

다른 성어를 찾아보기 위해 곁에 둔 속담 사전을 팔랑팔랑 넘기는데 "태산명동～" 하는 항목이 눈에 확 들어왔다. 설명에 이런 라틴어가 적혀 있다.

Parturiunt montes, nascetur ridiculus mus.
산들이 산기産氣를 느꼈고, 익살스러운 생쥐 한 마리가
태어난다.

원래 라틴어 기원의 관용구라는 이야기 아닌가. 서둘러 영어 사전에서 '산'이라는 단어가 포함돼 있는 성구를 찾아보니, 오! 분명히 나와 있다.

The mountains have brought forth a mouse.
산들이 쥐를 낳았다.

게다가 바로 **태산명동 서일필**의 의미로 사용한다고 돼 있다. 러시아어 사전도 프랑스어 사전도 마찬가지였다.

이럴 때 나는 괜히 기분이 좋아진다. 보지도 알지도 못했던 타인이 실은 같은 핏줄이었다는 사실을 알았을 때의 가슴 설렘과 닮았다. 역사도, 지리적·기후적 조건도, 문화도 전혀 다른데 같은 문구가 같은 의미로 사용되고 있다는 건 바로 기적이 아니고 무엇이겠는가, 하고 흥분하는 것이다.

그런데 서양 속담은 그 뿌리에 뿌리를 찾아가노라면 대부분 이솝 우화나 그리스신화 또는 성경에 가닿는다. 아니면 신화와 성경과 이솝 우화가 당시 그 지역에 퍼져 있던 구전설화나 관용구를 대거 끌어들여 만든 것이리라.

그런데 이 경우는 기원전 6세기에 활약했다는 이솝의 이야기였다. 하지만 이솝 우화는 편집한 사람에 따라 여러 가지 버전이 있다. 앞에서 말한 이야기가 수록된 것은 기원전 1세기에 로마에서 유명해진 우화 작가 페드르가 써서 남긴 버전뿐이다. 우화의 제목은 「산기를 느낀 산」.

라틴어 관용구로 사람들에게 회자된 것은 역시 기원전 1세기에 활약한 고대 로마 제일의 시인 호라티우스(실은 노예 출신의 그리스인) 덕이 크다. 그 뒤 많은 시인들의 성경이 된 『시론』 중에서 그는 시의 앞쪽에 턱없이 허풍을 떠는 구절을 배치하는 조잡한 시인들을 경계해 Parturiunt montes, nascetur ridiculus mus(태산명동 서일필 같아 꼴사납네)라고 깨우쳤다.

3세기에 호라티우스 해설자로 이름을 날린 포르피리오스는 이 속담이 그리스에 기원을 두고 있다고 했다.

2세기 초에 쓰인 전기 작가 플루타르코스의 『대비열전』(『영웅전』)에도 이 표현이 등장한다.

"이집트 왕 타하의 요청을 받고 급히 구원하러 나선 스파르타의 왕 아기스를 한번 보려고 사람들이 떼 지어 몰려들어 산을 이루었다. 아기스의 빛나는 무훈이 널리 알려져 누구나 명장의 모습을 보고 싶어했던 것이다. 하지만 나타난 것은 풀 위에 누워 있던 거지처럼 누추한 노인. 볼품없는 망토를 걸친 그 남자는 정말로 아기스 왕이었지만, 사람들은 어느 사이엔가 **산들이 산기를 느꼈는데 태어난 건 익살스러운 쥐 한 마리**라는 속담을 떠올렸다."

기록된 사실史實은 기원전 3세기 것으로 보이는데, 플루타르코스가 한 말을 그대로 믿는다면 이 속담은 당시 이집트인들에게 널리 알려져 있었던 셈이다.

플루타르코스는 이야기의 재미를 위해 사실을 희생시킨 것으로 유명한 사람이어서 믿어도 괜찮을지 판단하기 쉽지 않다. 한편으로는 당시 이집트가 이미 헬레니즘(그리스) 문화권에 편입돼 있었던 사실을 생각하면 매우 신빙성이 있다.

그러나 이렇게 되면, 어쩌면 중국이나 인도 주변에서 중근동 내륙 주변으로 이 속담이 전파돼 있었을 가능성도 있다고 생각하게 된다. 실제로 이솝 우화 중에는 인도가 기원이라 여겨지는 것도 몇 가지 있다.

언뜻 보기에 중국이나 일본에서 나온 것으로 생각하지만 실은 서양이 기원이고, 언뜻 보기에 그리스, 로마가 기원인 듯한데 알고 보니 동양이 기원이더라 하는 속담들이 꽤 많다.

그래도 2000년이나 거스르는 먼 옛날에 중근동 주변에서 사용되던 비유가 동쪽 끝 섬나라까지 흐르고 흘러 사람들에게 애용되고 있다니, 인류의 보편성을 증명하는 듯해서 자못 감동적이지 않은가.

물론 유사 속담도 적지 않다. **천둥이 울어도 비는 조금**(스리랑카)/**연기는 풀풀 나는데 고치구이는 눈곱만큼**(그루지야)/**천둥소리 울려 퍼졌는데 죽은 건 가재 한 마리**(우크라이나).

이 리스트에 **대량 살상 무기를 숨기고 있다고 떠들어대며 전쟁을 벌였지만 결국 아무것도 찾아내지 못했다**는 21세기 초의 대사건을 속담화해서 집어넣어도 좋지 않겠는가.

때마침 2003년 11월 4일, 유럽에서 놀라운 여론조사 결과가 나왔다. 조사는 유럽의회 위원회의 요청에 따라 유럽연합 15개국 7600명을 무작위로 추출해 실시한 것인데, 응답자 가운데 53퍼센트가 국제적 위협의 최대 원인을 제공한 국가로 미국을 지목했다. 부시가 '악의 축'이라 떠들던 이란, 북한과 같은, 아니 그보다 더한 위협 요인으로 간주되고 있는 것이다.

덧붙이자면, '이라크'라고 응답한 사람은 52퍼센트로 미국보다 적었다. 더욱이 미국이라는 응답 비율을 높이는 데는 이라크 침공에 가담한 주요 동맹국인 영국의 몫이 컸다. 영국인들의 55퍼센트가 '미국'이라 응답한 것이다.

전 세계에서 낭비되는 총군사비의 40퍼센트 이상을 점하고, 2위 이하 15개국 군사비를 합한 것보다 더 많은 군사비를 쓰는 세계 최강의 압도적 군사 대국 미국이, 어째서 경제력도 군사력도 그 1000분의 1에도 못 미치는 이라크와 이란, 북한 등의 나라를 '악의 축'이라 떠들어대고, 어째서 '테러리즘'에 '글로벌'한 수식어를 덮어씌워 '국제적 위협'이라 소란을 피우는지, 태산명동에 서일필 꼴이로군, 하는 생각이 든다. 마침 프랑스 사회학자이자 역사가인 에마뉘엘 토드가 2002년 출간한 『포스트 엠파이어 미국식 시스템 붕괴에 관한 시론』이라는 저작에서 "국제

테러리즘'이라는 것도, 그것이 '글로벌한 불안정 요인'이라는 것도 모두 미국이 창작한 픽션이자 일종의 신화에 지나지 않는다. 미국이야말로 최대의 글로벌 불안정 요인이다'라고 단언했다. 그 논지가 재미나서 소개한다.

미국은 경제적으로나 정치적으로나 약소한 이류국을 '악의 축'이니 '세계적 위협'이니 과대평가하면서 눈에는 보이지 않는 적인 테러리즘의 세계적 위협을 강조한다. 토드는 이것이 강대한 미국이라는 환상을 유지하기 위한 신화에 지나지 않는다고 생각한다.

그러면 왜 그런 환상이 필요한 것인가. 그것은 쌍둥이 적자를 안고 20세기 마지막 10년간 무역 적자를 다시 네다섯 배로 불린 미국이 과잉 소비에 중독되어 생산하는 것보다 훨씬 더 많은 소비를 계속하지 않으면 파산할 지경에 처해 있기 때문이다. 끊임없이 수입하고 외자를 끌어들여야 하는데 실질적인 경제 역량은 점점 쪼그라들고 있다. 따라서 화폐를 계속 더 많이 찍어낼 수밖에 없어, 세계경제라는 육체에 둥지를 튼 기생충 같은 성격이 점점 더 강해지고 있다.

유럽, 심지어 일본을 포함해 세계는 미국 없이도 잘해나갈 수 있다는 인식에 다가가고 있다. 거꾸로 미국은 세계 없이는 살아갈 수 없다고 자각하기 시작했다. 세계로부터 물자와 돈의 유입이 중단되는 것, 이것이 미국 경제에 가장 큰 공포이며, 바로 이것을 어떻게든 저지하기 위해 세계의 자금과 자원에 대한 통제를 강화하려는 것이다.

중동산 석유가 미국 소비량에서 점하는 비율은 겨우 18퍼센트다. 미국 전문가의 분석에 따르면, 만약 미국 자동차들의 석유 소비량이 유럽 자동차들 수준만 된다면 미국은 중동 석유를 수입하지 않아도 전혀 문제가 없다.

즉, 유럽이나 일본만큼 중동 석유에 의존하지 않아도 되는 미국이 중동에서 존재감을 드러내는 데 집착하는 것은 바로 세계의 돈과 자원에 대한 지배력을 유지하기 위해서다. 말하자면 군사적·정치적으로 중동을 지배하여 다른 두 개의 거대 경제권인 유럽과 일본을 미국의 정치 인질로 붙들어두려는 것이다.

실제로 유럽과 일본이라는 구세계에 경제적으로 의존하고 있는 미국에겐 늘 세계적인 혼돈과 동란 상태가 필요하다. 그래야 구세계에 대한 자신의 군사적·정치적 개입을 정당화할 수 있기 때문이다. 그리고 그 혼돈과 동란의 원인으로 창출된 것이 '국제테러리즘'이라는 신화다.

토드에 따르면 이 '극장화된 군국주의' 전략은 세 개의 축으로 구성돼 있다. ① 문제의 최종적 해결에 절대 도달해선 안 된다. ② 이란, 이라크, 북한 등의 2급 국가들과의 싸움에 집중해야 한다. ③ 군비 확산 경쟁에서 다른 나라들을 크게 따돌릴 정도로 무기 현대화에 힘써야 한다.

미국이 특히 이슬람 색채가 짙은 국제테러리즘과의 싸움을 계속 연출할 수밖에 없는 이유는 그게 이 전략에 딱 맞는 조건을 갖추고 있기 때문이다. 요컨대 국제테러리즘이라는 허구의 정체는 미국의 취약한 경제인 것이다. **유령의 정체는 알고 보니 마른 억새더라**라는 이야기랄까.

먹을 가까이하면 검어진다

미국 어느 주에서 해시시를 피운 죄로 체포된 청년 두 사람이 재판을 받았으나, 판사는 초범이라는 이유로 검사의 구형을 유보한다고 판결했다.

"자네들은 아직 학생이고 미래가 있는 몸이다. 교도소에서 지내기보다 스스로의 힘으로 교정해가는 게 좋겠다. 이번 주말에 꼭 거리에 나가 마약 퇴치 운동에 나서기 바란다. 자신들의 아픈 경험을 통해 마약이 얼마나 위험한 것인지 사람들에게 이야기해보라. 그 얘길 듣고 마약은 절대 하지 않겠다고 생각하는 사람이 늘면 그만큼 좋은 일이 어디 있겠나. 다음 공판은 다음 주 월요일이니 꼭 그때 성과를 보고해주기 바란다."

한 주 뒤 월요일, 피고인 젊은이들이 다시 재판정에 섰다.

"자, 주말을 어떻게들 보냈나?" 하고 판사가 묻자 피고

중 한 사람이 먼저 대답했다.

"말씀하신 대로 거리에 나가 사람들에게 호소했더니 제 얘길 들어준 사람 중에 열일곱 명이나 앞으로 절대 마약에 손을 대지 않겠다고 맹세했습니다. 보세요, 이게 그걸 입증하는 그들의 서명입니다."

"호오, 열일곱 명이나! 그것 정말 대단하군."

판사는 탄복한 듯 한바탕 칭찬을 늘어놓은 뒤 물었다.

"그런데 자네는 무슨 얘길 했나?"

"예, 아주 간단한 도면을 이용했습니다."

청년은 다소 자랑스레 이야기를 늘어놓기 시작했다.

"두 개의 동그라미를 그려 보였습니다. 큰 것과 작은 것이죠. 그리고 큰 원을 가리키면서 이것이 마약을 하기 이전의 뇌 크기라고 했고, 작은 원을 가리키면서 마약을 계속하면 뇌가 이렇게 좋아든다고 설명했습니다."

"과연, 대단하군."

판사는 만족한 듯 열심히 고개를 끄덕이며 두 번째 피고에게 물었다.

"그런데, 자네는 어떤 성과가 있었지?"

"예, 판사님. 저도 주말에 힘껏 노력했습니다. 제 이야기를 들은 156명이나 되는 사람이 앞으로 영원히 마약엔 손대지 않겠다고 맹세했죠. 이게 그들의 서명입니다."

"뭐? 156명이라고?"

판사는 놀란 나머지 앉아 있던 의자에서 굴러떨어질 뻔했다. 판사는 가까스로 평상심을 회복하고 물었다.

"그, 그, 그, 그래, 무슨 얘길 했나?"

"뭐, 대단한 얘길 한 건 아닙니다."

그다지 싫지 않은 표정을 지으며 청년은 이야기를 계속했다.

"저도 저 친구와 꼭 같은 도면을 사용했죠. 큰 원과 작은 원을 그린 도면입니다. 먼저 작은 원을 가리키며 이건 교도소에 들어가기 전의 항문이라 설명하고, 다음에 큰 원을 가리키며 이건 교도소를 나올 때의……."

그래서 **좋은 사람과 함께 있으면 천국에서 살 수 있고 나쁜 사람과 함께 있으면 몸을 망친다**(방글라데시)/**물은 그릇 모양에 따라 네모나게도 동그랗게도 된다**(중국)고 한다. 액체는 용기 형상에 따라 어떤 모양이든 될 수 있다는 뜻인데, 사람은 사귀는 동료나 환경에 따라 선하게도 악하게도 된다.

이런 유의 격언은 역사가 긴 중국에 많은데, 특히 유명한 것은 진나라 대의 『부자(傅子)』에 나오는 **인주를 가까이하는 자는 붉어지고, 먹을 가까이하는 자는 검어진다**라는 이야기다. 이게 일본에 전해져 **인주와 섞이면 붉어진다**라는 생략형으로 널리 퍼졌다. 이는 **송진을 만지면 손이 더러워진다**라는 영국 속담이나 **방앗간 옆을 지나가면 가루투성이가 된**

다라는 중앙아시아 타지키스탄 속담을 빼닮았다. 유사 속담은 5대륙에 수없이 퍼져 있다.

예컨대 몇 년 전 일본 축구 협회 대표 감독 자리에서 쫓겨난 브라질인 파르칸 씨가 홧김에 협회의 체질을 비난할 때 "썩은"이라는 표현을 썼는데, 설명을 전혀 듣지 않아도 누구나 금방 납득했다. 썩은 과일에 닿으면 과일이 금방 썩는 건 평소 친숙한 현상이기 때문이다. 덧붙이자면 유럽 각국에는 **썩은 사과는 옆에 있는 사과도 썩게 만든다**라는 속담이 있는데, 이것은 중국에서 일본으로 건너온 **복숭아 하나가 썩으면 백 개가 상한다**라는 속담과 상통한다.

냄비 만지면 그을음이 묻고, 악에 손대면 생채기 난다라는 속담이나, **늑대 무리에 있으면 늑대처럼 울게 된다**라는 속담 모두 위구르, 아프가니스탄 그리고 유럽 각국에 있다. **개와 함께 자면 일어날 땐 벼룩도 함께**라는 속담도 러시아, 우크라이나, 네덜란드, 영국 등 유럽 공통이다. 어디에선가 생겨나 전파된 것인지, 아니면 우연히 똑같은 표현이 따로 만들어진 것인지 확실하지 않다.

생나무도 마른나무 옆에 두면 불에 탄다라는 속담이 서로 멀리 떨어진 세르비아와 필리핀에도 있는데, **사람은 사귀는 사람대로 간다**와 같은 뜻으로 쓰이는 게 희한하지만 어쩌면 필연이라는 느낌이 든다. 그만큼 인간의 보편적 진리를 꿰뚫고 있다는 것. **사귀는 사람을 보면 당신이 어떤 사람**

인지 알 수 있다라는 프랑스 속담도 전 세계에서 통용된다.

이라크 침공의 대의명분으로 삼은 대량 살상 무기는 아직 발견하지 못했고, 단지 야쿠자가 싸움을 걸기 위한 트집 잡기 같은 것이었음이 명백해진 지금, 전쟁 시작 전에는 "위험한 독재자가 대량 살상 무기를 은닉하는 것은 국제사회의 평화와 안전을 위협하는 것이므로 이를 적발하려는 미국에 협력하는 건 당연하다"라고 이야기했던 고이즈미 총리도 "이라크 사람들을 돕는 재건 인도 지원을 위해 그에 합당한 자위대를 파견한다"라고 어느새 논리를 바꿔치기했다.

2003년 12월 8일 정부가 자민당의 내각, 관방, 외교 합동부회에서 실시한 파견 계획 골자에 따라 자위대 활동 내용을 보면, 이라크인들을 위한 인도 재건 지원 활동과 더불어 이라크 특별조치법(이라크에서의 인도 재건 지원 활동 및 안전 확보 지원 활동 실시에 관한 특별조치법)에는 명기돼 있지 않은 "미군 등의 치안 유지 활동 후방 지원에 상응하는 안전 확보 지원 활동"도 포함되었고, "미군의 무기 및 탄약 수송도 가능"하다고 한다. 다음 날인 9일 대국민 설명에서는 "무기·탄약 소송은 하지 않겠다"라고 고이즈미 총리는 공언했으나 그다음 날인 10일에는 후쿠다 관방장관이 "그 가능성은 부정할 수 없다"라고 정정하는 형편이었다. '인도 재건'이라는 입에 발린 말을 아무리 해본

들 미국의 요청으로 이라크에 파병했고, 미군과 영국군에 협력하는 이상 '테러리스트'뿐 아니라 게릴라와 현지인들에게도 미국, 영국과 한편으로 간주될 건 불을 보듯 뻔하다.

그 증거로, 알카에다로 보이는 조직으로부터 "자위대가 이라크 땅에 한 발자국이라도 내디디면 일본 수도에서도 테러가 발생하게 될 것이다"라는 범행 예고 성명까지 나왔다. 최근에는 이탈리아도 대규모 자폭 공격을 당해 파견 부대원들이 많은 피해를 입었고, 스페인 첩보원들도 다수 살해되었다. 일본 외교관만이 아니라 콜롬비아, 폴란드 등의 병사들도 저격당했다. **사냥꾼 곁에 있으면 사냥꾼이, 어부 곁에 있으면 어부가 된다**(미얀마)는 것이고, **백조와 함께 있으면 백조로, 까마귀와 함께 있으면 까마귀로**(태국) 간주되는 것이다.

게다가 수치상으로는 서른 몇 개 나라들이 이라크에 파병해 점령군을 구성하고 있다고 돼 있지만 그 실체가 미군이라는 건 세상이 다 알고 있다. 제2차 세계대전 직후부터 20세기 말까지 미국과 행동을 줄곧 함께해온 캐나다, 프랑스, 독일도 파병하지 않았다. 냉전이 끝난 뒤에는 미국과 대단히 사이가 좋아진 러시아의 모습도, 그리고 걸프전쟁 때는 미국에 협조한 중국의 모습도 이라크에는 없다. 요컨대 대국이라 불리는 나라들이 이번엔 모두 미국과 거리를 두고 있다. 유엔 회원국의 3분의 2가 인력을 파견하지 않고 있는 것이다.

이라크에 파병한 나라들은 달러 차관에 의존할 수밖에 없는 체코, 폴란드, 불가리아 등 옛 동유럽 국가들과, 우크라이나, 벨라루스, 키르기스스탄, 우즈베키스탄 등 옛 소련 붕괴와 함께 독립한 나라들로, 모두 경제적·정치적 토대가 불안정하여 미국에 의존해 가까스로 정권을 유지하고 있는 나라들이거나 콜롬비아, 니카라과 등 미국의 개입 덕에 권력을 쥔 세력이 집권하는 나라들이다. **고목도 산에선 한몫한다**는 이야기가 딱 들어맞는 상황에서 이라크에 파병하는 것은 "노!"라고 할 수 없는 약소국임을 보여주는 증거다.

기억하겠지만 미국과 영국이 이라크 침공을 시작하기 전부터 많은 전문가와 학자들이 "베트남의 악몽을 되풀이하는 건 아닌가" 하고 우려를 표명했다. 점령에 저항하는 게릴라전이 일상화되면 전황이 질질 늘어질 테니 결국 미군은 철수할 수밖에 없지 않을까. 그러나 미군과 영국군이 겨우 한 달 남짓 만에 너무 순조롭다고 할 정도로 이라크 전역을 손쉽게 제압함으로써 그런 우려는 기우에 지나지 않았다는 듯 일소되었다. 하지만 부시가 전투 종결을 선언하자마자 분명해진 사실은, 우선 이라크에 레지스탕스 게릴라가 존재한다는 것이었다. 그리고 두 번째로 미군과 영국군은 그런 게릴라전에 전술적으로도 정신적으로도 준비돼 있지 않았다는 것이다.

지금 이라크에서 전개되고 있는 상황을 한마디로 이야기할 순 없다. 다만 분명한 것은 이라크 관련 뉴스 제목에서 "주민에게 음식, 의료 지원"이라거나 "생명선 복구" 또는 "이라크 국민정부 수립 절차"와 같은 평온한 말들이 사라졌다는 것이다. 대신 매일 등장하는 것은 미군과 영국군 병사들뿐만 아니라 미국, 영국에 협조하는 나라의 병사와 민간인에게까지 습격이 따르고 희생자가 나온다는 뉴스다.

또 한 가지 애초 예측하지 못했던 게 있다. 4, 5월경만 해도, 이라크에 설사 레지스탕스 게릴라가 있다고 해도 그건 후세인파 잔당들이 조직한 산발적인 것으로, 이라크 전역에서 벌어지는 일은 아닐 것이라고 생각했다. 몇 개월 지나면 흔적도 없이 소멸할 것이라고들 본 것이다. 민족성으로 보건대 베트남 사람들과는 달리 아랍인들은 현실적으로 결속력이 없고 게다가 조직 행동이 서툴다면서.

일찍이 제1차 세계대전 중에 아랍인들이 오스만투르크에 대항해 끈질기게 싸웠던 것도, 팔레스타인과 아랍 사람들이 이스라엘에 맞서 이미 50년 이상 싸움을 이어가고 있다는 사실도 잊은 모양이다. 바로 이런 데서 결코 무시할 수 없는 아랍인의 민족성이 드러난다고들 이야기하는데도 말이다.

확실히 역사적으로 볼 때 아랍인들은 상관의 명령에 무조건 따른다는 근대적인 군대 특유의 기풍이 희박하다. 누가 가장 위대하며, 누가 누구 뒤를 따라야 하느냐를 두고 다툼이 생겨 수습할 수 없는 지경이 되는 것 같다. 대군의 병사로서 커다란 포괄적 계획에 따라 참모의 지휘 하에 조직적으로 움직이기보다는 기동력 있는 소그룹 또는 개별 병사로 움직이는 편이 더 효율적이고 효과적이다. 바꿔 말하면, 게릴라전에 아주 적합한 민족성이라고 할 수 있다.

테러 행위가 알카에다 용병 또는 후세인 파 잔당만의 소행이라고 보는 건 사실과 동떨어진 시각이다. 분명히 전쟁 직전에 이라크 국내에는 많은 의용병들이 몰려들었다. 그 가운데 일부는 고용된 자들일 것이고 일부는 자신의 사상과 신조에 따라 모여든 자들일 것이다. 하지만 대다수는 타국에 사는 이라크인들로, 조국의 위기를 걱정해 되돌아온 사람들이었다.

더욱이 공습이나 토벌 작전으로 가족이 벌레처럼 죽임을 당하고 생활 기반과 주택이 파괴되었으며, 문화재는 불타거나 도난당했다. 미군이 사용한 열화우라늄탄으로 온 나라가 오염됐고, 유일한 자원인 석유는 강탈당했다. 완전무장한 병사들이 들이대는 총구에 끊임없이 위협당하며 긍지에 상처를 입은 이라크 국민들의 증오는 미국과 영국의 점령이 길어질수록 날로 커지고 있다. 침략과 점령의 공범이 된 나라들에도 증오의 창끝이 향하는 게 당연하지 않겠는가. **파리와 함께 나가면 쓰레기장으로 데려간다**(불가리아)는 이야기다.

저항 게릴라에 대한 공감이 확산되고 있다. 아이들이 게릴라의 전령 역할을 하고 있고, 폭약이 설치된 건물 주변에는 "○○걸음 앞에 폭발물이 설치돼 있다"라는 아랍어 벽보가 도배돼 있어 아랍어를 알기만 하면 위험을 피할 수 있다. 그럼에도 불구하고 주민들은 점령자들에게 그 사실을 알려주지 않는다. 그런 사정은 영국 신문들이 자주 소개하고 있다. 이미 미국과 영국은 늪에 빠져 있는 것이다.

더욱이 유엔헌장은 침략군과 점령군에 저항하기 위한 무력행사를 정당한 권리로 인정하고 있다.

따라서 이라크 파병을 최종 결단하기 전에 고이즈미 총리는 반드시 체호프의 다음과 같은 훈계를 곱씹어보기 바란다.

아무리 훌륭한 여자도 형편없는 남자와 함께 있으면 형편없어진다.

103

하늘은 스스로 돕는 자를 돕는다

오랜 세월 동안 사연이 쌓이고 쌓여 아내에게 전혀 고개를 들 수 없게 된 남자가 있었다. 게다가 바로 전날 구조 조정이라는 명목으로 해고까지 당했다. 오늘은, 정말 오늘은 아내에게 실직당한 이야기를 털어놔야겠다고 마음먹었으나 차마 입 밖에 내지 못한 채 일주일 이상 질질 끌고 말았다. 여느 때처럼 출근 시간에 집을 나와 시간을 죽이다가 귀가하는 수를 썼으나 너무 지쳤다. 그렇게 술도 마시고 놀다가 밤늦게 돌아오기를 계속하다 보니 그게 뜻밖에도 굳어져 섣불리 일찍 귀가할 수도 없었다. 아침에 허둥지둥 집을 나와 한밤이 지나 귀가하니 아내와는 변변히 이야기할 시간도 없었다. 또 집을 나온 뒤 시간을 죽이는 데 돈이 들기 때문에 수중에 있던 돈도 금방 줄었다. 이제 한계에 도달해 더는 아내를 속이기 어려웠다.

회사가 입금해주는 봉급이 끊겼음을 아내가 알아차리고 수상히 여겨 직접 들춰내는 일만은 어떻게든 막아야 했다. 입금일은 매월 25일이니 이제 코앞이었다. 오늘은 23일. 아니, 23일이라면…… 그렇군, 마누라 생일이 아니냐. 이건 하늘이 도운 거야, 뻔히 알면서 이 기회를 놓치면 안 되지, 하고 남자는 생각했다. **하늘은 스스로 돕는 자를 돕는다**고, 스스로의 힘으로 사태를 적극 타개해야지. 생일 선물을 사 가면 일찍 귀가해도 부자연스러울 게 없지. 그래, 그렇게 하는 거야, 신혼 시절 이후 처음이니 "무슨 바람이 불었어?" 하고 의심할 게 뻔하지만 그럴 때 잘린 걸 자백하면 돼. 그래, 그렇게 하자, 하고 남자는 마음먹었다.

괜찮은 목걸이라도 하나 살까 하는 생각으로 백화점에 갔는데 때마침 가전제품 코너를 지나다가 헤어드라이어가 눈에 확 들어왔다. 거기서 남자는 아내가 최근 머리를 손질할 때마다 드라이어가 낡아 쓰기가 어렵다고 투덜댄 사실이 떠올랐다. 그래그래, 스팀 기능이 있는 모델을 갖고 싶어했지. 바로 이거야, 이거. 근데 뭐, 3만 5800엔이라고……. 쳇, 그런 돈이 있을 리 없지. 그래도 이걸 갖고 가면 마누라가 좋아할 텐데. 하지만 소비세 포함해서 4만 엔 이상 지출은 아프지, 너무 아파.

한참 망설인 끝에 남자는 재빨리 주변을 살피더니 진

열대 위의 헤어드라이어를 외투 주머니에 슬쩍 집어넣고는 뒤도 돌아보지 않고 출구를 향해 쏜살같이 달렸다. 그러나 금세 억센 남자 두 명한테 붙잡혀 백화점 사무실로 끌려갔다. 남자는 점장으로 보이는 사람 앞에 끌려가 심문을 당하게 됐다. 점장처럼 보이는 이 사람, 실은 백화점 창업자이기도 한 독단적 원맨 사장의 말썽꾸러기 건달 자식으로, 어울리지 않는 일을 맡아 따분해서 견딜 수 없던 참이었다. 그때 마침 심심풀이가 나타난 것이다.

"이자는 내게 맡겨."

경비원들을 물리친 뒤 둘이 남게 되자 남자는 허접스러운 제안을 했다.

"저기 말이야, 이 엿 같은 드라이어, 너의 그 엿 같은 거시기에 걸고 출구까지 나를 수 있다면 네게 주지."

경솔을 탓하며 몹시 의기소침해 있다가 희망의 등불이 켜지자 남자는 힘이 뻗쳐올랐고, 그 힘을 자신의 거시기에 집중해 헤어드라이어를 가게 출구까지 거뜬하게 운반했다. 건달 같은 점장은 박수갈채를 보내며 열광했다.

"하하하하, 대단하군, 이 자식. 드라이어는 네 거야. 자, 갖고 가."

최신형 헤어드라이어에 아내도 좋아 어쩔 줄 몰랐다.

"그런데 괜찮아, 당신? 이렇게 비싼 거. 수입이 끊겼다던데."

아니, 이미 사정을 훤히 알고 있었다는 이야기 아닌가. 오랜만에 부부 대화가 활기를 띤 저녁이었는데, 밤이 되자 남자는 아내와 잠자리를 함께하지 않고 다른 방에서 잤다. 다음 날도, 그다음 날도. 예전처럼 한밤중에 귀가한 것도 아닌데 웬일인지 아내를 피했다. 그런 식으로 일주일이 지났다. 마침내 아내는 남편이 도대체 왜 그러는지 자기 눈으로 직접 확인해보기로 마음먹고 한밤중에 남편 방에 몰래 들어갔다. 그러고는 눈앞에 펼쳐진 광경을 보고 잠시 말을 잃었다.

남편은 아랫도리를 벗은 채 거울 앞에 서 있었다. 거기까지는 뭐 그럴 수 있겠는데, 문제는 거시기 끝에 뭔가를 달고 있다는 거였다. 자세히 들여다보니 그건 역기에 다는 웨이트였다. 달려 있는게 16킬로그램쯤 될까. 옆에는 24킬로그램과 32킬로그램짜리 웨이트가 놓여 있었다.

이윽고 제정신이 든 아내는 남편을 다그쳤다.

"무, 무, 무슨 짓 하고 있어, 당신!"

"당신 말이야, 트레이닝 방해하지 말라고."

아내를 쳐다보지도 않고 남편은 말했다.

"우리 집 냉장고도 낡아서 이제 슬슬 갈 때가 됐잖아."

남자가 냉장고도 같은 방법으로 손에 넣었는지는 잘 모르겠지만 운명(신이어도 좋다)은 노력하는 인간을 돕는 법이다. 행운은 근면과 노력에 대한 포상이라고 설파하는 속담은 세계 5대륙에 써어나갈 정도로 많다.

예컨대 아메리카 대륙에서는 **조용한 바다에선 신이 지켜주지만 거친 바다에선 스스로 내 몸을 지킨다**(과테말라)라든가, **신에게 기도할 때도 망치질을 게을리하지 마라**(콜롬비아)라든가, **신에게 빌려면 해먹에서 내려와라**(베네수엘라) 등 여러 속담이 운명에만 내맡기는 태도를 경계한다. 아프리카 대륙에서는 **지나가려는 자만 보내준다**(스와힐리)며, 운명을 개척하려는 주체성이 중요하다고 강조한다.

유라시아 대륙 북동부에서는 **진인사대천명盡人事待天命**(중국 고대부터 전해오는 격언으로, 진나라 대의 『여씨춘추呂氏春秋』 등에 기록돼 있다)이라고, 인간은 힘을 있는 대로 다 쓰면 그 뒤엔 조용히 천명을 기다리는 수밖에 없다고 가르친다. 같은 유라시아 대륙 서쪽에서는 지금은 견원지간이 된 이슬람과 유대 민족이, 서로 말하는 방식은 달라도 자조自助 노력을 장려하고 있다. 예를 들면 이슬람인들은 **신의 가호를 받으려면 행동하라**(아프가니스탄)거나 **당신이 행동하면 신이 축복해준다**(이란)고 한다. 유대인에겐 **행운은 스스로 구하는 자만 도와준다**(이디시)가 있다.

구하라 그리하면 너희에게 주실 것이요 찾으라 그리하면 찾아낼 것이요 문을 두드리라 그리하면 너희에게 열릴 것이니 구하는 이마다 받을 것이요 찾는 이는 찾아낼 것이요 두드리는 이에

계는 열릴 것이니라(『마태복음』 제7장 7~8절)라는 신약성경의 구절이 너무도 유명한 만큼 기독교권에서는 이런 유의 속담이 예상외로 많다. 예컨대 가톨릭권인 프랑스에서는 **각자 자기 운명의 설계자다**라고 하고, 프로테스탄트권인 독일에서는 **근면은 성공의 어머니**라고 하며, 정교권인 러시아에서는 **신에게 의지하라, 그래도 나쁜 짓은 하지 마라**라고 하고, 잉글랜드 국교회권인 영국에서는 **최적의 일을 하면 신도 최선을 다해 도와준다**라고 한다. 어느 것이나 정도의 차는 있지만 자기 운명을 모두 하늘에 맡겨버리진 말라고 훈계하고 있다.

자본주의경제가 일찍 발달한 네덜란드에서는 **신은 일하는 사람을 돕는다. 왜냐하면 가장 실패율이 낮은 투자니까**라는 속담이 퍼져 있으며, 사회주의 중국을 건설하려 한 마오쩌둥은 곧잘 '자력갱생自力更生'을 이야기했다.

원래 **하늘은 스스로 돕는 자를 돕는다**라는 속담은 한문에서 차용한 것도, 일본 고유의 것도 아니다. 새뮤얼 스마일스가 1859년에 쓴 『자조론』을 나카무라 마사나오中村正直가 1871년에 『서국입지편西國立志編』이라고 일본어로 옮겼는데, 그 책의 핵심이라 할 만한 명문장 Heaven helps those who help themselves(하늘은 스스로 돕는 자를 돕는다)가 그 시초다. 이 구절은 메이지 시대에 교과서에서 즐겨 인용했는데 그것이 순식간에 퍼졌다. 『서국입지편』은 메이지유신 직후 일본에서 100만 부나 팔린 베스트셀러로, 구미 열강의 위협에 휘둘리면서 상대의 힘의 원천이 자조 정신이라고 보고 적극적으로 도입하려 애쓴 모습을 엿볼 수 있다.

그런데 스마일스는 이 구절을 벤저민 프랭클린의 『리처드의 달력』(1736) 속의 「God helps those who help themselves」에서 차용했다. 그러면 프랭클린은 또 어떻게 했느냐 하면, 당시 유럽에 널리 퍼져 있던 격언을 자신의 책에 인용한 듯하다.

그렇지만 자조 노력, 자력갱생을 장려하는 속담은 설교 냄새가 너무 나서 이렇게 열거하는 것만으로도 이미 숨이 막힌다. 한데 유사 속담 중에서 강요하는 느낌이 전혀 없는 게 있다.

산이 마호메트에게 오려고 하지 않으면 마호메트가 산에게 가야 한다.

이 속담을 어릴 적에 처음 들었을 때는 마호메트한테서 예수나 부처에게는 없는 매력을 느꼈다. 어쩐지 얼이 빠진 듯 유머러스한 이 명문구가 영락없이 이슬람 성전 코란에 수록돼 있을 것이라고 멋대로 믿었다. 한데 실은 그게 아닌 모양이다. 근대 서구 철학의 효시 프랜시스 베이

컨이 1597년 『수상록』에 수록한 「용기에 대하여」라는 제목의 짤막한 글에서 이 일화를 소개한 뒤 세상에 널리 퍼진 듯하다.

그 글에 따르면 마호메트는 민중을 향해 "저 산을 움직여 보이겠노라" 하고 호언했지만 산은 꿈쩍도 하지 않았다. 그러자 마호메트는 조금도 당황하지 않고 앞의 저 말을 내뱉었다는 것이다.

그렇다면 프랜시스 베이컨은 어디서 이 전설과 조우한 걸까. 이런저런 소문들이 떠돌고 있다. 예컨대 중근동 일대의 민담에 자주 등장하는 사랑스러운 덜렁쇠 주인공 호자 나스레딘 설화에 비슷한 이야기가 있다.

어느 날 호자가 자신이 성자라고 허풍을 떨었다.

"그렇다면 기적을 보여 입증하라."

상대가 추궁하자 꼬리를 뺄 수 없게 됐다.

"보라, 저기 야자나무가 서 있다. 저것을 이쪽으로 불러들이겠노라."

엄청 허세를 부렸다. 물론 몇 번이나 불러봤지만 야자나무는 꿈쩍도 하지 않았다. 그러자 호자는 야자나무 있는 곳으로 걸어가면서 "예언자나 성자는 오만방자한 족속들이 아니다. 겸허함이야말로 성자의 징표지. 만일 야자나무가 내 쪽으로 오지 않는다면 내가 야자나무 있는 곳으로 가겠다"라며 져놓고도 억지를 부렸다고 한다.

재미있는 건, 마르코 폴로가 옥중에서 구술한 것으로 전해진 『동방견문록』에도 비슷한 이야기가 실려 있다는 점이다. 이 책의 1판은 1484년에 나왔다.

이쪽 버전은 이렇다. 바그다드의 어느 신발 만드는 장인이 이슬람의 신분 높은 승려에게 기독교가 이슬람교보다 낫다고 말해 말다툼이 벌어졌다. 말로만 해서는 설득하기 어려워진 신발 장인은 기적을 행해 보였다고 한다. 즉, 실제로 산을 움직였다는 것이다. 이 버전에서는 움직인 게 '산'이다.

'야자나무'를 '산'으로 바꾼 배경에는 "산을 옮길 만큼 큰 신앙"(신약성경 『고린토인들에게 보낸 첫째 편지』에 나온다. 이것이 바뀌어 나중에 **신앙은 산도 움직인다**라는 속담이 됐다)이라는 기독교적 발상법의 필터가 설치돼 있었을 것이라고 오래전부터 생각했다.

그런데 운문 비슷한 옛 터키 속담에 이런 게 있었다.

　　산이여, 산이여, 떠나라 산이여! 산이 떠나지 않으면 성자가 떠나리로다.

즉, '산'은 이미 이슬람권 버전에도 있었던 것이다. 그 때문에 '산'과 '야자나무'가 바뀐 데 정신이 팔려 별로 신경쓰지 않았던, 이슬람권 버전과 기독교권 버전 간의 훨씬 더 중요한 차이에 눈이 갔다. 전자가 '기적은 일어나지 않고 성자가 움직인다'는 것인 데 비해 후자는 '기적이 일어나고 산이 움직인다'는 것이다. 기독교권인 유럽이 신의 기적을 갈망하던 암흑의 중세기에, 유라시아 대륙을 종횡무진 누비면서 활발하게 상업 활동을 전개하고 있던 이슬람은 인간의 힘을 훨씬 더 믿고 있었던 듯하다.

이미 고대 그리스의 아이스킬로스가 **신은 스스로 돕는 자를 사랑한다**라는 글귀를 남겼는데, 고대의 인간중심주의 정신이 다시 유럽을 사로잡은 것은 르네상스 이후의 일이다. 그때까지는 아랍어권이 그리스와 로마의 유산을 짊어지고 있었던 사실을 아마도 속담도 뒷받침하는 것이리라.

나무를 흔드는 원숭이

닭 머리가 될지언정 소꼬리가 되지는 마라

옛날 옛적 어느 나라에 미카엘이라는, 지성도 교양도 별 볼일 없는 평범한 사람이지만 남보다 갑절은 더 인색하고 교활하고 소심한, 그러나 야심만큼은 만만한 남자가 있었다. 이런 남자일수록 출세를 잘하는 법이어서 마침내 그 나라 넘버투 자리까지 올라갔다. 그 나라는 군주제를 시행하고 있었고 넘버원은 국왕이어서 그보다 더 높은 지위에 오를 수 없었던 미카엘은 재상으로서 국왕을 받들고 있었다.

재상이 되었다고는 하나 미카엘은 어떤 강렬한 욕망의 포로가 돼 몸부림치며 괴로워하고 있었다. 왕비의 아름답고 풍만한 젖가슴을 마음껏 구석구석 핥아보고 싶다는 허접스러운 생각에 사로잡혀 있었던 것이다. 물론 실제로 그렇게 했다간 극형을 당할 게 뻔했다. 하지만 위험한 욕망이었기에 망상은 날로 부풀어 잠도 제대로 못 자고 식

욕도 떨어졌으며 안색도 눈에 띄게 나빠졌다.

어의御醫 사이먼이 걱정이 돼 진찰을 해보자고 했다. 대충 진찰을 해보니 육체적으로는 아무 문제도 없었다. 사이먼은 정신적인 데 원인이 있다고 결론지었다. 그리하여 결국 미카엘은 사이먼에게 속내를 털어놓고 말았다. 히죽거리며 이야기를 다 들은 사이먼은 말했다.

"제가 그 소원을 이루어드릴 수 있을지도 모르겠군요. 다만 최근에 돈 나갈 데가 많아서 금화 천 냥 정도만 있으면 도움이 되겠습니다만."

당연히 미카엘은 얼씨구나 하고 사이먼의 제안에 홀딱 넘어갔고, 정말로 자신의 꿈을 이루어주면 반드시 금화를 주겠노라고 다짐했다.

다음 날 사이먼은 가려움증을 유발하는 약을 제조하여 수하 간호사에게 건네고는 왕비가 목욕할 때 왕비 브래지어에 아주 조금 떨어뜨리라고 일러두었다. 브래지어를 착용하고 얼마 뒤, 미칠 듯한 가려움증이 왕비를 덮쳤다. 시간이 갈수록 가려움은 점점 참을 수 없을 지경이 됐다. 마침내 국왕 부부의 침소로 불려간 사이먼은 왕비를 진찰한 뒤 말했다.

"이 가려움증을 없애려면 100만 명 중 한 사람에게만 있는 특수한 타액, 신선한 타액을, 황공하기 그지없으나, 왕비마마의 가려운 부분에 세 시간에 걸쳐 계속 발라야

합니다. 다행히 재상 미카엘이 그 귀중한 타액을 지니고 있사옵니다."

국왕은 곧장 미카엘을 불러 왕비의 가슴을 정성 들여 핥도록 명했다. 미카엘은 황공해하며 고개를 숙인 채 눈에 띄지 않도록 사이먼이 미리 조제해준 가려움 제거 약을 입에 넣었다. 그리고 탐스럽게 부푼 왕비의 젖가슴을 세 시간 동안이나 만끽했다.

그리하여 실컷 욕심을 채운 미카엘이 자기 방으로 물러 나오자 문 앞에서 사이먼이 기다리고 있었다. 약속한 금화 천 냥을 내놓으라는 것이었다. 하지만 이미 오랜 욕망을 채운 미카엘은 시치미를 뗐다.

"아니, 뭐라고? 나는 국왕 전하의 명령을 따랐을 뿐이네만."

사이먼도 공범인 이상 절대로 국왕에게 일러바칠 순 없다는 걸 알고 하는 소리였다. 이런 사악한 지혜만큼은 잘도 짜내는 남자였다. 가엾게도 사이먼은 풀이 죽어 물러났다.

다음 날 사이먼은 또 그 간호사를 부르더니 이번엔 국왕이 목욕할 때 국왕 팬티 사타구니 부분에 예의 그 가려움증 유발 약을 듬뿍 묻혀놓으라고 했다. 잠시 뒤 미카엘이 국왕 침소로 불려간 건 굳이 말할 것도 없겠고…….
여섯 시간이 지나도록 가려움증이 없어지지 않는 국왕의

사타구니와 항문을 구석구석 핥으면서 미카엘은 자신의 운명을 저주했다. "아, **국왕의 넘버투를 하느니 동네의 넘버원이 되는 게 낫다**는 게 맞을지도 모르겠네. 고향에 돌아갈까."

평범한 남자의 머리에서 떠오른 말이니 결코 독창적일 리 없다. 아마도 플루타르코스에서 통째로 따온 게 아닐까.

플루타르코스의 『대비열전』(『영웅전』)에 따르면, 가이우스 율리우스 카이사르는 갈리아 원정길에 알프스를 넘을 때 어느 볼품없는 촌락을 지나가게 됐다. 그때 잠시 멈춰서서 다음과 같이 혼잣말을 했다고 한다.

로마에서 넘버투에 만족할 양이면 차라리 이 작은 마을에서 넘버원이 되는 게 낫다.

하지만 정말로 카이사르가 그런 말을 내뱉었는지 몹시 의심스럽다. 플루타르코스는 흔히 말하는 역사학자가 아니기 때문이다. 그는 역사적 사실을 성실하게 발굴해 정확하게 기록할 목적으로 역사 이야기나 전기를 쓴 게 아니다. 고대의 영웅과 유명인에 얽힌 일화 및 전설을 조합해 생생한 인물상을 창출하여 독자들에게 도덕적 본보기를 제공하는 것, 그것이 플루타르코스의 목적이었다. 따라서 역사적 사실의 정확성 면에선 전혀 신뢰할 수 없는 것이다. 그 대신 이야기로서는 엄청 재미있어서 사람들 기억에 쉬 남고, 결국 지금도 계속 사람들 입에 오르내리고 있다.

그래서, 카이사르는 실제로는 그렇게 이야기하지 않았을지도 모른다. 하지만 영웅의 명예욕이나 기개를 참으로 그럴듯하게 포착해낸 덕분에 그 독백은 다음과 같은 말로 순식간에 세상에 퍼졌다.

> 시골에서 일인자가 되는 게 도시에서 이인자가 되는 것보다 낫다.

유럽 여러 나라의 관용구집을 뒤져보면 거의 빠짐없이 이 말이 등장한다.

그런데 카이사르가 실제로 이 유명한 말을 했다면 그것은 기원전 58년부터 기원전 51년 무렵의 일이다. 허구라면, 플루타르코스가 그것을 지어낸 시기는 150년 뒤인 서기 2세기, 고대 로마의 5현제 시대가 된다.

그런데 카이사르가 이 독백을 내뱉었을지 모를 시점보다 300년이나 앞서 로마에서 동쪽으로 멀리 떨어진 곳에서 똑같은 말을 내뱉으며 동분서주한 남자가 있었다.

차라리 닭 머리가 될지언정 소꼬리가 되지는 마라.

그 남자의 이름은 소진蘇秦. 기원전 4세기 무렵 서쪽 대국 진나라에 대항해 동쪽 6개국이 남북으로 동맹을 맺자는, 저 유명한 '합종책'을 설파한 정치가다.

앞서 말한 독백은 소진이 연나라의 문후文候, 조나라의 숙후肅候, 한나라의 선혜왕宣惠王, 위나라의 양왕襄王, 제나라의 선왕宣王, 초나라의 위왕威王 등 6개국 지도자들에게 진나라의 속국 신세로 떨어지지 마라, 소국이더라도 독립국 왕으로서의 긍지를 갖고 대항하라고 합종책을 유세하고 다닐 때 호소하던 문구인 것 같다. 지금으로 치자면 유럽 나라들이 유럽연합으로 결집하여 미국에 맞설 경제적·사회적 기반을 결국 만들어낸 것처럼 일본도 속국에서 벗어나 아시아 나라들과 공동체를 만들자고 호소하는 것과 같다.

이 고사는 사마천이 기원전 2세기에서 기원전 1세기에 쓴 『사기』의 「소진열전蘇秦列傳」에 소개돼 있다. 그러나 사마천 또한 동양의 플루타르코스 같은 인물, 아니 플루타르코스 쪽이 더 나중이니까 '서양의 사마천'이라고 해야겠지만, 아무튼 많은 역사학자들은 이 고사가 실제로 있었던 일인지 의심하고 있다. 지금은 합종책이 단지 전설에 지나지 않는다는 이야기도 나오고 있다.

그래도 마치 소진이 한 것처럼 전해지는 이 명언은 "큰 집단의 말단으로 따라다니기보다는 작은 집단의 우두머리가 되어라" 하는 의미에서 지금도, 예컨대 월급쟁이를 그만두고 사업을 벌이려는 사람이 **일국일성—國—城**의 주인과 함께 자신을 질타할 때 흔히 가져다 쓰는 관용구가 됐다.

기이하게도 동서양이 모두 같은 뜻의 관용구를 찾아내 사용한다. 그토록 권력의 정점에 서는 게 좋을까.

분명 위에 서야만 잘 보이는 것도 있을지 모르겠다. 예컨대 러시아제국이라는 대집단의 정점에 섰던 알렉산드르 2세는 **농민이 아래서부터 스스로 해방하기를 수수방관하며 기다리기보다는 위에서 해방시켜주는 게 낫다**고 이미 1856년 3월 30일 모스크바의 크렘린궁전 큰 홀에 도열한 귀족들 앞에서 연설했다. 러시아 각지에서 농민반란이 일어나고 국민들 사이에 농노제가 폐지될 것이라는 소문이 난무하자, 이를 우려한 귀족들의 불안을 진정시켜달라고 모스크바 지사 자크레프스키가 간청하여 열린 연설이었다. 자크레프스키 자신은 완강한 농노제 옹호자였으므로 연설을 듣고 몹시 경악했을 것이다.

5년 뒤인 1861년 알렉산드르 2세는 마침내 농노해방령을 공포했다. 바로 그런 견해를 토대로 한 것이었다. 이 결론의 바탕이 된 것은 비밀경찰한테서 들은 보고였다.

당시 제3과로 불리던 비밀경찰은 국민 각계각층의 정치사상을 면밀히 관찰하고 분석한 연차 보고서를 황제에게 직접 제출했다. 1839년도 보고에서는 불온해진 농노들의 움직임에 대해 다음과 같이 기술한다.

"국민의 의식은 지금 단 한 가지 목적, 즉 농노제 폐지로 수렴되고 있습니다. (…) 늦건 빠르건 어떤 계기라도 잡아 착수해야 합니다. 바라옵건대 서서히 그리고 신중하게 착수해야 합니다. 국민이 아래서부터 시작하는 것보다는 그쪽이 훨씬 낫습니다. 정부 주도로 큰 소동 없이 몰래 단행되어야만 현명하고 참신한 것이 될 수 있습니다. 농민층이 지금 언제 폭발할지 모르는 화약 같은 존재라는 사실을 누구나 인정하는 만큼 개혁은 피할 수 없는 일입니다."

비밀경찰의 보고를 냉정하게 받아들여 역사적 결단을 내린 알렉산드르 2세의 영특함은 지금도 찬사를 받고 있다. 확실히 정점에 서 있었기 때문에 잘 보였을 것이다. 그러나 그것은 또 한편으론, 권력을 빼앗길까 두려워 늘 신경을 곤두세워야만 하는 고단함도 짐작하게 해준다.

실제로 이 해방령이 공포된 지 56년째 되는 해에 군주제가 폐지되었다. 알렉산드르 2세로부터 3대째 황제인 니콜라이 2세는 가족과 함께 혁명정권의 손에 참살됐고, 로마노프왕조는 막을 내렸다.

고르바초프가 대통령을 사임하여 70여 년에 걸친 소련

의 역사가 막을 내린 방식도 알렉산드르 2세를 본뜬 것이라고 할 수 있다.

덧붙이자면, 알다시피 로마제국 일인자가 된 카이사르는 원로원에 가던 중 정적들에 에워싸였다. 습격자들 속에서 아끼던 조카의 얼굴을 발견하고는 절망한 나머지 저항을 포기했고 **브루투스여, 너마저**라는 독백과 함께 숨을 거두었다.

또 합종 동맹의 우두머리가 돼 6개국 재상을 겸했던 소진은 라이벌인 장의張儀의 연횡책에 패배해 도망자 생활을 하다 결국 자객 손에 죽임을 당했다.

그런데 기원전 1세기의 로마와 기원전 4세기의 중국에서 같은 속담이 정말로 우연히 생겨난 것일까. 이런 의문을 갖는 것은, 비슷한 관용구들이 세계 각지에 있기 때문이다. 예컨대 **사자 꼬리가 되기보다는 개의 머리가 되는 게 낫다·말 꼬리가 되기보다는 개 머리가 되는 게 낫다**(영국)/**큰 배의 일꾼이 되기보다는 작은 배의 주인이 되는 게 낫다**(마케도니아)/**큰 연못에서 작은 고기로 사느니 작은 연못의 큰 고기가 되는 게 낫다**(노르웨이)/**큰 물고기 꼬리보다는 멸치 머리**(스페인)/**1년 암탉으로 사는 것보다는 하루라도 수탉으로 사는 게 낫다**(이탈리아)/**철갑상어 꼬리가 되는 것보다 꼬치고기 머리가 되는 게 낫다**(러시아)/**용의 꼬리가 되는 것보다 당나귀 머리가 되는 게 낫다**(네덜란드)/**밑바닥 귀족이 될 바에야 농민 부대 우두**

머리가 되는 게 낫다(프랑스).

이런 속담들은 모두 로마제국 붕괴 뒤 인류사적으로 극히 최근에 등장한 국가들에 전해졌으므로, 예의 저 플루타르코스가 전한 카이사르의 명대사가 대대로 입에서 입으로 옮겨 다니며 변형된 것이라고 생각할 수 있다. 아니, 꼬리와 머리로 비유하는 방식으로 유추하건대, 어쩌면 사마천이 전한 소진의 대사가 퍼져 굳은 것일지도 모르겠다. 실크로드가 지나는 위구르의 관용구에 **황소 다리가 되느니 송아지 머리 되는 게 낫다**라는 게 있기 때문이다. 아니 아니, 이것이야말로 소진이 남긴 명언의 종자 구실을 했을지도 모른다.

하지만 소국의 우두머리라도 대국의 속국으로 지내는 데 만족한다면 별 의미가 없다. 요즘 부시의 사타구니와 항문을 구석구석 핥듯 받들어 모시는 고이즈미의 꼴을 지켜보노라면 자꾸 그런 생각이 든다.

달콤한 말에는 독이 있다

S는 아침부터 싱글벙글 웃었다. 주변 사람들 눈에 띄지 않도록 고개를 숙이고는 있었지만 어젯밤 K의 자태가 떠올라 자꾸 우후후 하고 기쁨이 소리가 되어 새어 나왔다. 나는 어찌 이리도 운이 좋을까. 20년 만에 드디어 사업이 본궤도에 오르자, 몸을 아끼지 않고 내조한 늙은 아내가 심근경색으로 죽어주었다. 쇼크를 받아 일주일을 울면서 보냈으나, 그 덕에 자신보다 열두 살이나 어린 띠동갑의 절세미인 K와 거리낌 없이 재혼할 수 있었다.

"오늘은 컨디션이 좋은 것 같군."

K에게 말을 건네자 돌아보며 빙긋 웃었다. 여기는 신혼 여행지 하와이의 호텔 부지 안에 있는 골프장이다. 주변 남자들의 시선은 자연스레 K에게 쏟아졌다. 정말 꼭 껴안아주고 싶은 멋진 여자다. 그래도 공은 잘 날리고 있다. 골프장은 미국 본토 부자들의 말쑥한 저택들이 늘어선

하와이 고급 별장가 한가운데에 있다. 한 채에 수백만 달러, 아니 수천만 달러는 할 것이다.

"K, 조심해요. 저택 창문만 깨도 100달러로는 감당 못 할 테니까."

한데 바로 그 직후 K가 날린 공이 유난히도 멋들어진 저택의 거대한 창유리에 보기 좋게 명중했다.

"아얏, 그러니까 내가 이야기했잖아!"

무심결에 거칠게 소리 지르자 K 양이 울상을 지었고, S 는 황급히 위로했다.

"괜찮아요, 나도 함께 가서 사과할 테니까. 자, 가요. 서 두르는 게 좋아."

그렇게 말하면서도 도대체 얼마나 내놓으라고 할지 몰 라 전전긍긍했다.

호화로운 현관문 옆에 있는 인터폰을 눌러 신분을 밝 히고 창유리 건으로 사죄하겠다고 하자 "들어오세요"라 는 소리. 문을 밀고 안으로 들어가니 큰 홀이 나왔고, 거 대한 창유리가 산산조각 나 흩어져 있었다. 그리고 창가 에는 아주 유서 깊어 보이는 도자기가 딱 둘로 쪼개져 있 었다. S와 K의 얼굴에서 핏기가 싹 가신 건 당연했다.

"그러니까, 당신들이 이 창과 도자기를 깼단 말이로군."

쉰 바리톤 목소리의 주인은, 소파에 걸터앉은 앙상하게 마른 노인이었다. 몹시 화려한 보랏빛의 흐트러진 민무늬

실크 가운을 걸치고 있었다.

"이거, 죄송합니다. 모쪼록 용서해주세요. 결코 악의를 가졌던 건 아닙니다."

부부는 남자 앞에서 글자 그대로 머리를 조아렸다.

"아, 됐으니 고개를 들게나. 나는 오히려 당신들에게 감사하고 있어요."

노인은 묘한 말을 했다.

"무엇을 감추겠나, 나는 말이야, 실은 마신이라네. 이 도자기에 2000년이나 갇혀 있었는데 당신들 덕에 자유를 얻었어. 사례로 소원을 들어주겠네. 주인 양반의 소원 하나, 부인의 소원 하나, 그리고 마지막으로 내 소원 하나."

"그럼 말씀하신 대로 감히 부탁드리겠습니다."

S는 마신의 마음이 바뀌기 전에 틈을 주지 않고 말했다.

"제 소원은 매년 1억 달러씩 계속 받는 것. 그것도 죽을 때까지 계속 말입니다."

"그건 쉬운 일이지."

노인은 그렇게 말하고는 손가락을 딱! 하고 울리며 신이 난 듯 선언했다.

"희망대로 될 거야. 매년 크리스마스이브에는 자네의 은행 계좌에 1억 달러가 입금될 걸세. 자, 그러면 부인의 소원은?"

"가능하다면 이 저택과 같은 급의 호화 저택을 런던과 파리, 뉴욕, 밀라노, 도쿄에 한 채씩 갖는 것."

"그것 또한 쉬운 일이로군. 그래도 욕심이 없는 부부로군."

노인은 다시 손가락을 딱 하고 울렸다.

"이걸로 부인의 소원은 이루어졌어요."

"그러면, 어르신께서 바라는 건?" 하고 쭈뼛쭈뼛 이야기하는 S.

"우리는 당신과 달리 마법을 쓸 수 없으니 너그럽게 봐주십시오."

노인은 알았다는 듯 고개를 끄덕이더니 잠시 입을 다물고 있다가 매섭게 S를 응시하는가 싶더니 결심한 듯 단숨에 털어놓았다.

"생각 좀 해보게. 나는 이 갑갑한 도자기 속에 2000년이나 갇혀 있었어. 그동안 여자는 구경도 하지 못했지. 2000년 만에 본 여자가 부인일세. 벌써 발광할 듯한 욕정이 느껴지는군. 어쨌든 부인과 섹스를 하게 해줘."

수억 달러의 지출을 각오하고 있던 S는 맥이 빠질 정도로 안심했지만, 이건 아내인 K의 결심에 달렸다.

"그렇군요. 큰돈을 듬뿍 받은 데다…… (K 쪽을 흘끗 보면서) 호화 저택을 다섯 채나 선물로 받았으니…… (K가 동의의 뜻을 표했으므로 한숨을 돌리면서도 마음은 편치 않게)

130

뭐, 나로서는 아내만 싫다고 하지 않으면……" 하고 미처 말을 끝내기도 전에 노인은 K를 껴안듯 해서 2층 침실로 데려가버렸다. 그리고 엄청난 정력을 발산하며 꼬박 두 시간 동안 쉬지 않고 일을 치렀다. 마침내 기력을 다해 K 한테서 몸을 빼면서 물었다.

"그런데, 당신 남편은 도대체 몇 살인고?"

"그게 말이죠…… (소리를 내기조차 힘든 듯 K는 속삭였다) 5월 말이 되면 마흔셋이 되나."

"뭐라고? 기특한 놈이군. 마흔셋이나 됐는데도 아직 마신이 정말 있다고 믿다니."

바로 그렇게 **욕심에 눈이 먼다**. 너무 욕망에 사로잡히면 인간은 눈이 흐려진다. 정상적인 판단력이 무뎌진다. **고양이는 우유를 보면 막대기로 매 맞을 걸 잊어버린다**(인도)/**목구멍(탐욕)엔 죽음이 보이지 않는다**(소말리아)는 것이다.

그래서 대다수 사기꾼은 봉으로 삼을 상대의 물욕이나 육욕 또는 명예욕이나 권력욕 등 세속적인 욕망을 적당히 자극하여 사태를 객관적으로 살필 힘을 마비시키고, 거꾸로 큰 지출과 손실을 무릅쓰게 만드는 것이다.

세상에 그토록 대단한 횡재가 아무런 대가 없이 기다렸다는 듯 굴러올 리가 없다. **돈벌이 이야기에는 독이 있다 · 조심하라, 재미난 이야기와 달콤한 국물을**(속언)/**아름다운 장미**

에는 모두 가시가 있다(5대륙 모든 나라에 이 속담이 있는데, 기원은 중앙아시아인가?)/**달콤한 꿀에는 꿀벌**(타지키스탄)/**복어를 먹고 싶은데 목숨은 아깝고**(일본)/**사랑에는 으레 방해꾼이 있다**(불가리아)/**겉은 보살 같고 속은 야차 같다**(일본)가 말해주듯 부푼 욕망은 경계심을 간단하게 해제한다.

그러나 **백 가지 명령도 탐욕만큼 사람을 움직이진 못한다**라고 인도 고전에 나와 있듯이, 인간은 욕구 때문에 움직인다. 명령에 따르는 것도 욕구를 충족하기 위한 경우가 많다. **의義는 군자를 움직이고 이익은 소인을 움직인다**고 한나라의 왕충王充도 『논형論衡』에서 이야기하고 있다.

그리고 탐욕에는 제한이 없다. **한 마디寸를 얻으면 한 자尺를 갖고 싶고, 한 자를 얻으면 한 발尋을 갖고 싶다**(인도네시아, 말레이시아)는 것이고, **걸인의 깡통은 그만 채워도 될 만큼 다 차는 법이 없다**(그리스)는 것이다. 돈과 쓰레기는 모이면 모일수록 더러워진다. **부富는 탐욕의 어머니**(콜롬비아)인 것이다.

따라서 과도한 탐욕이 몸을 파멸로 이끈다고 경고하는 속담도 많다. **목구멍보다 큰 걸 삼키면 숨이 막힌다**(소말리아)는 것이고, **살찐 양은 오래 살지 못한다**(우즈베키스탄)는 것이다. 실제로 이탈리아인, 프랑스인, 중국인 등 미식을 즐기는 대식가들이 많은 민족은 평균수명이 짧다.

욕심 많은 뿔매 가랑이 찢어진다는 뿔매가 두 마리의 멧돼지를 발톱으로 움켜쥐고 둘 다 놓치지 않으려고 안간힘을 쓰지만 놀란 멧돼지들이 서로 다른 방향으로 도망가면 가랑이가 찢어져 죽는다는 재미있는 설화에 토대한 것인데, 별로 유명하지는 않다. 등에도 별도 욕심 부리면 결국 다 놓친다고 훈계하는 **등에 벌 잡지 마라**(일본)가 널리 쓰이긴 했는데, 이것도 메이지유신 무렵 유럽 각국에서 애용되던 If you run after two hares, you will catch neither의 번역판 **두 마리 토끼를 쫓다가 한 마리도 못 잡는다**가 퍼진 뒤에는 완전히 죽어버린 듯하다.

이처럼 욕심 부리며 한 번에 여러 가지 일을 하려 하면 실패한다고 이야기하는 속담은 적지 않은데, 특히 영어 속담에는 **구혼자가 많이 붙는 처녀가 최악의 남자를 고른다/먹어버린 케이크는 손에 쥘 수 없다/화로에 말편자를 너무 많이 넣지 마라/의자 두 개 사이에 앉으면 엉덩방아 찧는다**와 같은 유형이 많다.

그런데 이라크 재건과 석유 사업 이권을 독점한 데다, 재건 자금과 인원을 내놓으라고 국제사회를 압박하는 부시는 영어 실력도 교양도 정말 한심한 수준이다. 이라크에 방대한 규모의 채권을 갖고 있는 프랑스, 독일, 러시아, 중국이 거기에 반발하는 건 당연하다. 최대의 이라크 채권을 포기하면서까지 미국의 그런 요구에 고분고분 응하는 나라는 일본뿐이다. 국제사회에서 일본이 바보로 취급

당하는 것은 노예근성 때문이지, 결코 정규군대(즉, 국가라는 이름으로 사람을 죽여도 좋다는 허락을 받은 군대)가 없어서가 아니다. 하긴 국익을 아무렇지도 않게 포기하는 정치가들일수록 국익이나 애국주의를 함부로 고취하는 게 정석이긴 하다.

이라크에 일본 자위대를 파견한 것은 미국의 명분 없는 이라크 침공을 정당화해주거나 이라크에서의 미국 권익을 지켜주기 위해서가 아니라 '국제 공헌'(명예욕)과 '국익 중시'(물욕)를 위해서다. 이는 사기꾼의 문법에 충실하게 대중의 욕망을 자극함으로써 자신의 큰 욕심을 교묘하게 숨기면서 채우는 수법이다. 바로 앤 모렐리의 『전쟁 프로파간다 열 가지 법칙』에 쓰인 대로다.

그 토대가 된 건 아서 폰슨비가 쓴 『전쟁 때의 거짓말』이다. 폰슨비는 제1차 세계대전 전후에 영국 정부의 전쟁 동원 정책에 과감하게 반대한 정치가다. 그는 국가가 "국민에게 의분과 공포, 증오를 불어넣고 애국심을 선동해서 많은 지원병을 그러모으기 위해 '거짓말'을 퍼뜨렸다"라고 비판했다. 그는 정부가 국민을 전쟁에 동원하기 위해 이용하는 거짓말에 열 가지 패턴이 있다는 걸 발견했다.

모렐리는 앞의 저서에서 폰슨비가 도출해낸 열 가지 의식 통제 레토릭을 소개한다. 그러면서 두 차례의 대전에서부터 걸프전쟁, 나토군의 코소보 폭격, 미국의 아프가니스탄 공습에 이르기까지, 전쟁 당사국 정부가 퍼뜨리는 수많은 거짓말을 구체적으로 거론한다. 물론 지금의 이라크 침공과 그 뒤의 점령 정책에서 부시와 블레어, 고이즈미가 뱉어내는 대사가 거기에 적힌 패턴과 너무나 잘 맞아떨어져 겁이 날 정도다.

백 년을 하루같이 속으면서도 각국의 국민들이 학습 능력이 전혀 없는 것도 분한 노릇이니, 우선 이 열 가지 패턴만큼은 명기해두고자 한다.

먼저 전쟁을 시작하는 위정자는 반드시 "우리는 전쟁을 벌이고 싶진 않다"(제1법칙)라고 주장한다. 싸움을 미워하고 평화를 위해 최대한 노력했음에도 "적들이 일방적으로 전쟁을 바라고 있다"(제2법칙)라고 한다. 이놈 저놈 가릴 것 없이 "적의 지도자는 악마와 같은 인간"(제3법칙)이기 때문에 "우리는 영토나 패권을 위해서가 아니라 위대한 사명을 위해 싸우는 것"(제4법칙)이라며 자신들의 전쟁이 신성함을 강조한다. 히틀러의 측근 괴링조차 자국 노동자들을 향해 "독일은 전쟁을 바라지 않는다. 하지만 유럽을 전쟁의 불길에 휩싸이게 하려는 자들이 있다면 우리 독일은 방어를 위해 일어설 것"이라고 선동했다.

그러나 실제로 전쟁이 일어나면 일반 시민의 살상에 관한 정보도 입수된다. 반전反戰 기운이 퍼지는 걸 막기 위해 "우리도 본의 아니게 실수로 희생자를 만들어내기도 한다. 하지만 적은 고의적으로 잔학 행위를 저지르고 있다"(제5법칙)라며 자기변명과 동시에 적의 사악함을 강조한다. "적은 비열한 무기와 전략을 동원하고 있다"(제6법칙)라며, 마치 자신들은 정정당당하고 비열하지 않은 무기를 쓰고 있는 듯한 어법을 구사한다. 그럼에도 "우리가 받은 피해는 적고, 적에게 입힌 피해는 심대하다"(제7법칙)라며 수치를 조작한다. "예술가와 지식인들도 정의로운 싸움을 지지하고 있다"(제8법칙)라며 어용 문화인과 어용 작가들을 동원해 이러나저러나 "우리의 대의는 신성한 것"(제9법칙)이고 바로 그래서 전쟁한다는 걸 기회가 있을 때마다 선전한다. 따라서 국민 된 자로 이 전쟁에 협력하는 것은 당연하며, "이 정의로움에 의문을 던지는 자는 배신자"(제10법칙)가 되고 비非국민이 된다.

영리한 매는 발톱을 숨긴다

이번 5월에 만 여든 살이 되는 T 옹. 세간에서 'S 재벌'이라 일컫는 S 그룹 회장으로, 지금도 정재계에 알게 모르게 영향력을 발휘한다. '애니멀' 또는 '몬스터'로 불리는 요상한 인물인데, 그 과거에 대해서는 아직 이런저런 설들이 분분하다. 전쟁고아였는데, 패거리와 함께 군 은닉 물자를 암시장에 내다 팔아 번 큰돈을 독식하고 그것을 밑천으로 고리대업을 했다. 왕족 출신 M에게도 거금을 주고 얽어매서 그 딸을 약탈했다던가. 대륙에서 철수한 뒤주둔 중이던 미 점령군 고관에게 빌붙어 몇 가지 모략 사건에서 심부름을 해준 대가로 특별한 이권을 얻어 한국전쟁 때 떼돈을 벌었다던가. 그리고 그것이 'S 재벌'의 밑천이 됐다던가.

어쨌든 그 자산은 천문학적 규모라는 소문이 돌고 있다. 또 색을 밝히는 것도 '애니멀'이라는 별명이 붙을 정도

여서 처첩의 수만 두 자릿수에 이르고 자식 수도 장난이 아닌 모양이다. T 옹이 늙어가자 T 옹 사후 유산상속을 둘러싸고 벌어질 아수라장을 가십 전문 매체들이 목을 빼고 기다리고 있다.

지금 법정 상속자들의 최대 관심사는 T 옹이 최근 저택에 들어앉힌, 아직 스무 살도 안 된 여자. 다른 여자들한테는 눈길 한 번 주지 않고 오직 그 어린 여자에게만 모든 걸 쏟아붓고 있는 모양이다. 여자는 기가 올라 제멋대로 구는데도, 모두 찍소리도 하지 못하고 고분고분 토를 달지 않는 상황이다. 오래 살아온 T 옹에겐 그게 또한 신선하고 귀여워 여자가 하자는 대로 하는 게 즐거워 어쩔 줄 모르는 듯.

T 옹이 여자 하자는 대로 하는 이유가 또 한 가지 있다. 여자를 만족시켜줄 수 없어 뒤가 켕기는 것. 그게 서지 않은 지 벌써 3년이 됐다. 이 여자라면 서겠지 하고 몇 번이나 도전해봤지만 아직 제대로 되질 않는다.

주치의에게 상담하니 기후요법을 권했다.

"하야마에 별장을 갖고 계시잖아요. 쇼난 앞바다 요트에서 한번 해보시는 건 어떨까요? 바닷바람은 때때로 기적을 가져다주지요."

T 옹이 사회적으로 성공해온 비결은 빠른 결단과 실행력이다. 이번에도 바로 그다음 날 오후 T 옹은 여자와 함

께 요트 침실에 있었다. 그리고 놀랍게도 바닷바람이 기적을 가져다주었다!

3개월 정도 지난 어느 날 여자가 "어떡해요, 어쩐지 토할 것 같아. 생리도 멈춘 것 같고요" 어쩌고 하는 게 아닌가. 이런 수작을 들은 T 옹, 기뻐 어쩔 줄을 몰랐다. 부랴부랴 병원까지 시중들며 함께 갔을 정도. 여자가 진찰을 마치고 나가자마자 의사는 진찰실로 T 옹을 불렀다. 덮어놓고 축복해줄 것이라 기대했으나 의사는 T 옹을 의자에 앉히고는 천천히 이야기를 시작했다.

"이런 일을 하고 있노라면 스트레스가 쌓이죠. 제 스트레스가 환자분들에게 악영향을 끼치지 않도록 될수록 빨리 해소하려고 노력합니다."

"……."

"그런데 제 경우는 사냥으로 스트레스를 해소해요. 표적을 겨냥할 때 집중하면 평소의 잡념이 머릿속에서 확 날아가버리죠."

"그것보다 선생, 저 아이가 임신한 건지 아닌지 그걸 우선 분명히 말해주시오."

안달하며 재촉하는 T 옹을 의사는 조용히 타일렀다.

"예, 지금 그것과 관련해서 말씀드리고 있는 겁니다. 조금만 더 참고 들어주세요. 언젠가 홋카이도 삼림지대로 사냥을 갔는데 노렸던 표적들이 모조리 빗나갔습니다. 멋진 사슴을 놓쳐버렸을 때 왈칵 피로가 몰려와 나무 그늘에서 쉬고 있었는데 돌연 눈앞에, 한 5~6미터 정도 앞이었던 것 같은데, 곰이 나타난 겁니다. 엄청나게 큰 곰이었는데 나를 향해 걸어와요. 당황했지요. 한편으론 엽사로서 흥분했습니다. 서둘러 총을 손에 쥐고 곰의 미간을 겨냥해 방아쇠에 힘을 주었습니다. 찰칵하는 소리가 나고 탕 하는 총성에 이어 곰이 털썩 자빠졌습니다. 달려가 살펴보니 틀림없이 미간에 명중했습니다.

그렇지만 뭔가 이상했어요. 마음에 걸린 건요, 저 찰칵하는 공허한 소리였습니다. 탕하는 총성도 여느 때와 약간 다른 느낌이었고요. 총을 살펴보니 탄창이 장전돼 있지 않은 게 아닙니까. 앞서 나무 그늘에서 쉴 때 비어버린 탄창을 빼두었던 거죠. 새것을 넣기 전에 곰이 나타나서 허둥지둥 총을 쐈지만 총알이 없었던 겁니다. 그 생각이 떠오르자 더욱 의심이 들었습니다. 이상하잖아요. 있을 리 없는 총탄이 곰의 미간에 명중했다, 어떻게 그런 마술 같은 일이 벌어졌다고 생각합니까?"

"하하하하, 그거야 간단하잖나. 자네 뒤에 또 다른 엽사가 있었고 그자가 곰을 쏘아 죽인 게 뻔하잖은가."

"과연 대단하시군요. 정곡을 찔렀습니다. 지금 진찰해드린 아가씨는 분명히 임신하셨습니다만, T 선생님이 분비하신 액체에는 이미 5년 정도 전부터 정자가 들어 있지 않았습니다."

"......"

　1940년대에 상하이에서 활약한 인기 작가 장아이링張愛玲
도 대표작 『금쇄기金鎖記』에 썼듯이 "밀통을 하는 자는 눈
치채지 못하게 하는 법"이다. 더 오래된 중국 속담에 따르
면 쥐를 잡는 고양이는 울지 않는다고 한다.

　그렇지만 후자는, 굳이 말하자면 긍정적인 이미지를 전
면에 내세우고 있다. 영리한 매는 발톱을 숨긴다거나 마루 밑
장사라는, 능력 있는 자일수록 함부로 그 능력을 과시하
지 않는다는 교훈을 담고 있다.

　유사 속담은 수없이 많다.

　고운 얼굴은 가만히 있어도 세상이 칭찬한다(지금은 성추행
에 가까운 속담이지만, 광고도 텔레비전도 겉모습을 중시하는
건 변함이 없다)(일본)/복숭아와 자두는 아무 말 하지 않아도 그
아래에 저절로 길이 생긴다(지금은 도로 건설에 모여드는 기업
과 국회의원들 애긴가)(중국)/진짜 영웅은 나야말로 영웅이라
는 이야기 따위 하지 않는다(북한 김씨 부자에게 딱 들어맞는다)
(필리핀)/좋은 고기는 바다 깊은 곳을 헤엄친다(몰타)/뭔가를
만들어내는 사람은 뭘 만들지 이야기하지 않는다(스와힐리)/좋
은 술에는 간판이 필요 없다(술집이 와인 표시로 포도를 그린
간판을 입구 근처에 설치해서 손님을 끌어들이는 걸 빈정대고

있다)(오스트리아)/**가득 찬 항아리 물은 넘치지 않는다**(물을 채운 항아리를 머리 위나 어깨에 이고 나를 때 물이 꽉 차 있으면 표면장력 때문에 넘치지 않고, 물이 적으면 출렁이면서 흘러넘친다)(스리랑카)/**바느질할 줄 모르는 처녀가 노래 좋아한다·젖이 나오지 않는 암소가 잘 운다**(이것도 여성해방운동가들이 히스테리를 일으킬 것 같은 성별 분업주의를 바탕에 깐 성희롱일지 모르겠으나, 몇 백 년이나 이어져온 전통 생활 습관인 걸 어쩌랴)(몽골)/**조용히 흐르는 곳은 바닥이 깊다**(러시아)/**얕은 여울일수록 물소리 요란하다**(일본) 등등.

자신의 존재감을 소리 높여 과시하는 자의 무기력을 비웃고, 남몰래, 그러나 착착 일을 완수해가는 사람의 실력과 겸허를 예찬하고 있다.

그리고 최근에야 깨달았다. 일본이라는 나라 또한 세계에 드물 정도로 겸허한 **마루 밑 장사**라는 것을. 능력이 남아돌 정도로 많은데 손발톱을 숨기는 미학을 바탕에 깔고 살아가는 나라라는 것을. 나요, 나요 하며 각국이 자국의 존재감을 과시하려고 서로 침을 튀기는 가운데, 이만큼 자신의 '국제(미국) 공헌'을 끝까지 감추고 있는 나라도 드물지 않을까.

일본은, 장기간에 걸친 불황으로 국민은 피폐한데 사회 복지 예산은 점점 삭감하고 노후 연금까지 축소해가면서 2002년 10월 현재 300조 엔이나 되는 미국 국채를 보유하고 있다. 일찍이 하시모토橋本龍太郎 총리는 일본에 대한 미국의 요구가 너무 말이 안 되니까, 일본이 사들여 떠받치고 있는 미국 국채에서 손을 떼겠다는 오프더레코드성 발언을 했다가 권좌에서 밀려났다는 이야기가 현실감을 띨 정도다. 재정 적자와 무역 적자라는 쌍둥이 적자를 안고 있는 미국의 국채를 계속 보유하는 것은 재정 정책의 상식에 반하고, 일본의 국익을 희생시키는 이상한 '공헌'이다.

그것만으로는 질리지 않는지 일본 정부와 일본은행의 미국 국채 매입은 여전히 계속되고 있다.

예컨대 2002년부터 계속되던 엔화 강세가 올해 2월 초부터는 약세로 돌아섰다. 이것은 일본 정부와 일본은행이 최근 실시해온 33조 엔에 이르는 '엔 매도, 달러 매입' 정책, 그러니까 미국 국채 매입을 통한 시장 개입이 효과를 발휘한 덕이라고 한다. 하지만 3월 들어서 다시 엔 강세, 달러 약세 기조가 되살아나 정부와 일본은행의 '엔 매도, 달러 매입'식 개입을 전하는 뉴스가 많이 들린다.

"2003년도 개입 실적이 20조 엔을 돌파했고, 올해부터는 1월과 2월 겨우 2개월 동안에만 10조 엔을 넘었으며, 3월 첫 주에만 3조 엔이라는 어마어마한 규모다."(2004년 3월 1일 자 〈석간 후지〉)

사카키바라 에이스케榊原英資가 일찍이 대장성 재무관

시절이던 1997년부터 2년간 4조 5000억 엔이나 되는 비정상적인 시장 개입을 했다가 '미스터 엔'으로 불린 적이 있다. 그때를 훨씬 상회하는 개입을 한 탓에 현 재무관 미조구치 젠베溝口善兵衛를 두고 미국 경제지 〈비즈니스위크〉는 아시아판 3월 22일 자에서 "미스터 달러"라며 이죽거렸다. 영국의 경제지는 "터무니없는 달러 매입으로 미국 경제를 떠받치는 미조구치 재무관이 (미국) 대통령 선거의 열쇠를 쥐고 있다"라고까지 야유했다.

2004년 2월 11일 자 〈뉴스위크〉를 보면 투자가 피터 터스커 씨한테서 "일본 정부는 국내에서는 세출을 억제하면서 해외에는 수십조 엔이나 되는 거금을 태연히 투자하고 있다. 일본 대형 수출 기업의 이익을 지키고 미국 중산층의 과잉 소비를 받쳐주기 위해서다"라는 이야기까지 들으며 '칭송'을 받고 있다. 묵묵히 '엔 매도, 달러 매입'을 계속한다. 눈물겹지 않은가. 일본 정부의 '엔 매도, 달러 매입' 개입이 미국의 경상 적자를 메워주는 구도가 된 것이다. 미국의 이라크 침공을 마루 밑에서 떠받치고 있는 일본, 아름답지 않은가.

아무리 개입해도 전쟁이 공공사업인 미국은 앞으로도 계속 군사비를 목욕물처럼 펑펑 낭비할 것이다. 아프가니스탄도 이라크도 진흙탕이 돼가고 있기 때문에 군사비는 팽창 일변도다. 미국 병사의 사상자 수도 계속 늘고 있어 아무리 언론을 통제하고 세뇌해도 부시 지지율은 내려갈 뿐. 이것을 막기 위해 다시 재정지출을 계속하는 이상 달러 약세는 앞으로도 계속될 것이다. 이대로 가면 미국 국채가 폭락할 수도 있다. 이미 바닥이 안 보이는 상태다. 이 이무기 상태의 블랙홀에 일본 국민의 혈세와 연금 기금, 우편저금 등을 무제한 쏟아붓고 있기 때문에 현재의 일본 국민 생활뿐 아니라 장래의 국민 생활까지 전망이 어두운 것이다. 이거야말로 자기희생의 본보기가 아닐까. 일본의 국채를 싸게 산 외국 투자자들은 하락하기만 하는 미국 국채 따위를 끌어안으면 안을수록 떼돈을 벌기는커녕 큰 손해만 본다.

정부도 일본은행도 "국익을 위해서"라고 말을 하지만, 물론 일본의 국익이 아니라 미국의 국익을 두고 하는 이야기다. 일본의 대형 수출 기업에겐 엔화 약세가 이익이 될지 모르나 그것이 전 국민의 이익으로 연결되는 건 아니다.

달러 약세는 미국 제품의 수출을 촉진하는 한편 미국에 투자하고 있는 외국자본이 빠져나가는 계기가 된다. 달러 약세는 미국 경제를 더욱 불안정하게 만들고 기축통화로서의 달러의 지위를 위태롭게 만든다. 달러가 기축통화이기 때문에 달러로 결제되는 채무가 이익이 되는 구조다. 달러는 세계 각지에서 통용되고 있고, 그 일부가 본국인 미국으로 다시 흘러들지 않는데, 그 부분만큼 채무 지불 의무가 발생하지 않기 때문이다. 빌린 돈을 전혀 갚지 않아도 되는 너무나도 유리한 입장인 것이다. 이 지위를 어떻게 해서든 지켜나가야 한다. 바로 이 때문에 '국제 테러리즘'과의 전쟁이라는 시나리오를 그리고, 약소국과 끊임없이 전쟁을 벌이며 미국의 존재감을 세계에 계속 주장하고 있는 것이다.

그러나 그러기 위해서는 달러 수준을 유지해야만 한다. 시장 지상주의자들인 네오콘신보수주의자이 시장 개입에 의존하고 있는 역설적인 구도. 그 궂은일을 마치 미국을 위해서가 아니라 자국을 위해 하는 양 묵묵히 연기하는 부하가 고이즈미의 일본이다. 아, 얼마나 감동적인 미담인가. 흐르는 눈물을 주체할 수 없네.

게는 제 껍데기에 맞춰 구멍을 판다

잘생긴 젊은 남자가 현관 벨을 누른다. 안에서 문을 연 건 한낮엔 걸맞지 않은 짙은 화장을 하고, 교외 주택단지에는 어울리지 않는 화려한 옷을 입은 여인이었다. 확 풀어헤친 가슴을 보란 듯 갑자기 들이미는 형국이었으므로 남자는 저도 모르게 흠칫했다. 목구멍이 바짝 말라왔다. 그래도 어떻게든 할 말을 짜냈다.

"시, 시, 시, 시 수도국 직원인데요, 계량기 정기 검침을 하러 왔습니다."

"어라, 그게 정말이라는 증거 있나요?"

여인은 남자의 얼굴과 몸을 재빨리 훑어보면서 말했다. 그러고는 쩔쩔매는 남자를 더욱 몰아붙였다.

"적어도 당신이 색마가 아니라는 증거는 없잖아요. 아이 불결해! 지금 이 방에 나 한 사람밖에 없다는 점을 노린 거죠? 억지로 밀고 들어와 내 정조를 빼앗으려는 거죠? 남편은 시간을 정확하게 지키는 사람이어서 오늘 밤 7시 15분에 딱 맞춰 귀가하리라는 걸 뻔히 알고 눌어붙을 작정이잖아요?"

사람의 언동이라는 건 결국 당사자의 바람이나 가치관, 상상력의 범위를 벗어날 수 없다. 따라서 타인의 마음을 읽으려 하다가 사람들은 종종 자신의 마음을 드러내고 만다. **작은 새는 작은 둥지밖에 못 만든다**(크로아티아)/**손발을 뻗어봤자 융단 길이 안짝이다**(이란)라는 것이고, **옷은 옷감 크기에 맞춰 만든다**(스리랑카)는 것이며, **실개천은 바다가 될 수 없다**(스리랑카)는 것이다.

게는 제 껍데기에 맞춰 구멍을 판다. 사람은 제 마음만큼 집을 일군다. 따라서 집의 크기는 마음의 크기다.

다쿠안澤庵宗彭 스님도 『동해야화東海夜話』에서 그렇게 말했다. 하지만 **게는 제 껍데기에 맞춰 구멍을 판다/새는 날개에 맞춰 둥우리를 만든다**는 식의 이야기는 이미 에도 초기 무렵부터 퍼져 있었던 듯하다. 하이카이俳諧, 즉 연속된 노래 형식의 유희성 전통문학 『게후키구사毛吹草』나 해학적인 단카 풍자집 『요모노 아카四方のあか』에도 등장한다.

강가에 사는 게의 생태를 관찰해보면, 게가 드나드는

구멍은 정말 게 등딱지 크기에 맞춰 뚫어놓은 것 같다. 생물학적으로도 맞는 속담인 셈인데, 물론 게나 새에 가탁해 사람은 자신의 정신적 역량에 걸맞은 언동밖에 할 수 없다는 이야기를 하고 있는 것이다. 거꾸로, 구멍을 보면 등딱지의 크기나 모양을 알 수 있다. 언동을 통해 그 사람의 심성도 짐작할 수 있다는 이야기다.

2004년 4월 8일 밤, 이라크의 무장 단체가 사흘 이내에 일본 자위대를 철수하지 않으면 인질로 잡고 있는 일본인 세 명을 불태워 죽이겠다고 밝혔다. 그 뉴스로 세상이 한창 시끄러울 때 고이즈미 총리는 아카사카 프린스호텔에서 아베 간사장과 함께 신문사 간부 몇 명과 회식을 하고 있었다. 알자지라 방송이 외무성에 일본인 구금 정보를 전한 것이 오후 6시 20분. 6시 30분에는 〈아사히신문〉 국제부에도 같은 뉴스가 들어왔다. "6시 40분 호텔 회식장에 나타난 총리는 제1보를 듣고 있었을 텐데도 얼굴색 하나 바꾸지 않고 맥주와 와인을 마시고 스테이크를 다 먹어치웠다" "총리는 평소와 다름없이 말이 많은 데다 기분이 썩 좋았다" "일본·북한 관계에서부터 재상론까지 종횡으로 설을 풀며 열변을 토하는 총리 곁에서 아베 간사장의 휴대전화가 계속 울렸고, 아베 씨는 몇 번이나 자리를 떴다. '이제 슬슬' 하고 아베 씨가 재촉하는 이야기를 들은 게 8시 반쯤이었다"라고 10일 자 〈마이니치신문〉은 전했다. 7시에는 관저에 이라크의 일본인 인질 사건 대책실이 꾸려졌으나 관저의 주인은 거기에는 들르지도 않고 대기하고 있던 기자들에게 "비열한 테러리스트들에게 굴복해 자위대를 철수시키는 일은 없을 것"이라는 말만 하고 오후 8시 58분 도쿄 히가시고탄다에 있는 임시 관저로 가버렸다.

인질의 가족들은 분명 간담이 서늘했을 것이다. '테러리스트'라는 말이 무장 단체를 자극해 인질 석방 교섭을 질질 끌게 만들었다고, 석방에 한몫한 성직자협회의 쿠바이시 씨도 나중에 이야기했다. 설령 속으로 그렇게 생각했다 하더라도 교섭을 벌일 때는 상투적으로 적당히 얼버무리는 게 기본 원칙이다. 고이즈미 총리로선 인질의 목숨보다는 럼스펠드 미 국방장관한테서 감사와 상찬을 받는 게 훨씬 더 중요했겠지.

그건 그렇다 치고, '테러리스트'라는 건 사전을 찾아봐도 "정치적 목적을 위해 폭력 내지는 폭력을 행사하겠다는 위협을 호소하는 사람 또는 그 집단"을 가리킨다. 이 말뜻에 따르면 유엔과 국제 여론을 무시하고 이라크가 대량 살상 무기를 은닉하고 있다며 야바위꾼에게나 어울릴 이유를 내세우고 대량 살상 무기를 총동원해서 경제제재로 피폐해진 이라크를 침공한 미국의 부시야말로 세계 최강의 테러리스트다. 비열함에서도 이라크 무장 저항 단체보다 몇 배나 앞선다.

게다가 미군은 바로 그 시기에 팔루자 시민에 대해 손 바닥으로 하늘 가리는 식의 제노사이드집단 학살를 거듭 자행하고 있었다. 공습은 모스크와 병원, 구급차도 빼놓지 않았다. 700명 이상이 죽고 2000명이 다쳤다. 그중 어린 아이, 여자, 노인이 대부분을 차지했다. 더운 이라크에서는 사체의 부패가 빠르게 진행됐다. 그러나 미군에 포위되었기 때문에 교외 묘지에 매장할 수 없어 사람들은 축구장을 파헤치고 시신을 묻었다. 이라크 전국에서 보내온 의약품, 구급차, 식량도 미군의 출입 금지로 팔루자 시내에 들어갈 수 없다. 이런 현실을 어떻게든 세계에 알려 봉쇄를 풀어야 한다는 것, 이것이 이번에 빈발한 외국인 구금을 감행하도록 현지 주민들을 몰아간 동기였다. 고이즈미 총리는 부시라는 비열한 테러리스트에 굴복해 이라크에 자위대를 이미 파견했다.

"인질이 된 그들은 자위대의 활동을 방해했다"라는 비난도 눈에 띄었다. 하지만 지금까지의 실적으로 보건대 NGO에 맡기면 연간 1억 엔 이하의 예산으로 10만 명분의 급수를 할 수 있는데, 자위대는 연간 350억 엔이 넘는 예산으로 1만 6000명분밖에 공급하지 못한다. 민간에 맡기는 게 훨씬 더 효율적이고 싸게 먹히는 것이다. 실질적으로 인도 지원에 공헌해온 건 민간 자원봉사 활동이며,

미국과 영국을 뒤따르는 자위대 파견으로 일본에 대한 이라크인들의 감정은 극도로 악화됐다. 이번 인질 사건은 그 점을 여실히 보여준다. 사실은 자위대 파견이야말로 민간 자원봉사 활동을 방해하고 있는 것이다.

야마구치 외상 등 국민의 세금으로 조성된 공적 비용으로 자신들의 안전을 지킬 수 있는 정치가와 공무원들이, 사건이 발생한 지 얼마 지나지도 않은 시점에 자국민 보호의 한계와 (자원봉사자들의) 자기 책임에 대한 이야기를 잇따라 쏟아냈다. 이것은 필시 인질 구출에 속수무책인 자신들의 무능을 자각하고 약삭빠르게도 인질이 죽어가는 걸 방치하기로 결단함으로써 미리 책임 회피를 위한 예방선을 쳐놓겠다는 심산이었을 것이다. 하지만 이것은 의도와는 달리 국민의 생명과 안전을 지키는 일이야말로 나라의 본업이라는 자각이 결여돼 있음을 보여주는 가소로운 짓이었다.

원래 국가가 일방적·일원적으로 경찰과 군대를 보유하고 징세권을 위임받는 것은 무엇보다 국민의 생명과 안전을 보장하는 의무를 지고 있기 때문이다. 아베 간사장 등은 '자국민 보호'를 자위대의 해외 파병이나 최신 무기 구입을 위한 구실로밖에 생각하고 있지 않지만, '자국민 보호'는 정부가 져야 할 가장 중요한 책임, 무조건적인 의무의 하나다. 근대적 국민국가의 근간, 존재 가치 그 자체인 것이다. 요컨대 고이즈미 정권은 정부 수뇌로서의 최소한의 '자기 책임'을 방기하고 있는 것이다.

『홍루몽紅樓夢』에 **아무리 머리 좋은 아내라도 쌀이 없으면 죽을 쑬 수 없다**라고 나와 있듯이, 타인을 공격하는 데 자신을 핑계로 삼는 건 어쩐지 싸구려로 보인다. 그러나 이것은 꽤 보편적인 현상으로, 세계 각지에 유사 속담이 퍼져 있다. **대머리 악마의 머리 빗질하랴 · 숯 자루에서 흰 밀가루를 꺼낼 순 없다**(프랑스) 등등.

그래도 안심할 수 없었던지 정부는 인질의 '자작극설'까지 꺼냈다. 하지만 그 결과 인질 구출에 전력투구하고 있는 척 자작극을 벌인 자신의 비열함과 추악함도 함께 드러냈다. **가시투성이 고슴도치는 가시투성이 산사나무 속에서 산다**(영국).

원래 정부의 책임 회피를 은폐하고 모든 것을 인질의 책임으로 돌리기 위해 내뱉은 난처하기 짝이 없는 '자기 책임론' 또는 '자작극설'을 일부 언론과 식자들이 더욱 부추겼다. 그중에서도 눈에 띄는 건 관료 출신 평론가나 유력 신문의 정치부 출신 논설자들이다. 그들은 "대피 권고를 무시했으니 자업자득이다"라며 겨울 산에서 조난당한 등산객에 비유해 인질들을 비난했다. 그들은 기자클럽에 기생하면서 위에서 던져주는 정보 부스러기를 받아먹는 데 익숙한 데다, 정부 요인과 가깝게 지내야 사내 지위가 향상되는 사풍에 푹 빠져 있다. 전쟁의 진실은 공격하는 쪽에서 알려주는 대본영 발표만으로도 충분하다고 생각할 게 틀림없다. 자위대의 보호를 받으며 취재하고, 정부의 대피 권고가 나오면 말귀를 잘 알아듣고는 일렬로 나란히 자위대 비행기를 얻어 타고 전장에서 일제히 철수한다. 말하자면 **제 소매 길이만큼만 팔을 편다**(스페인). 그들은 공습의 대지에서 살아가는 사람들의 공포와 슬픔과 고뇌야말로 전장의 현실이라는 점은 물론이고, 신변의 위험을 돌보지 않고 어떻게든 그런 참상을 전하기 위해 지옥 같은 현장으로 달려가는 다른 저널리스트의 기개를 이해할 수 없을 것이다. **악한 사람은 선한 사람이 하는 일을 알 수 없고, 쥐는 코란 성전을 모른다**라는 방글라데시 속담도 있다.

그들은 회사가 부담하는 무장 경호원의 보호를 받으며 취재하는 데 길들었다. 이들은 몇 개월이나 육체노동 아르바이트로 비용을 마련하고, 신변 안전과 계획을 스스로 마련해야 하는 사람들의 책임감 넘치는 자유로운 취재를 시샘하고 곡해할지도 모르겠다.

정부와 보수 언론에 편승해 일부 시정잡배들까지 인질과 그 가족들을 "자업자득" "일본의 수치"라며 두들겨 패는 모습도 기이하다. 인간으로서 최소한 지녀야 할 생각과 상상력의 결여. 그러나 곰곰이 생각해보면 빈둥거리며 텔레비전만 보고 있는 그들에겐 전쟁으로 가족과 집을 잃고 몸과 마음에 상처를 입은 아이들을 어떻게든 도와주려고 굳이 위험한 지역에 뛰어든 다카토오 씨의 마음 깊숙한 데서 용솟음치는, 그만두려야 그만둘 수 없는 생각을 영원히 이해할 수 없을 것이다. 열화우라늄탄 피해로 고통과 번민 속에 죽어가는 아이들의 실태를 자신의 눈으로 확인하여 세상에 알리려고 달려간 이마이 군의 용기와 정열도 마찬가지다. 그런 우아하고 높은 기상이 없으니 **없는 소매를 흔들 순 없다**(일본)/**돌에서 물을 짜낼 순 없다**(러시아)고 하는 것이다.

그런데 일본 정부의 '구출 비용' 청구는 선진 각국 언론들의 비웃음을 샀다. 미국의 한 시민이 그 일로 일본 정부에 항의하고 인질로 잡혀 고생한 사람을 동정하여 일본 대사관에 2000달러짜리 수표를 보내자 대사관은 이를 되돌려보내는 수치스러운 짓을 거듭하고 있다. '구출 비용'을 청구하자고 처음 입 밖에 낸 건 공명당 후유시바 간사장. 역시 권위 있는 교조의 한마디다. 아무리 터무니없는 억지 호령일지라도 신자들이 일사분란하게 결속해서 따라주는 정교일치의 종교 정당답게 민주주의와 정치의 기본을 가볍게 짓밟아버린다. 종교는 믿는 자들만 구원한다지만, 정치는 지지하는 자도 지지하지 않는 자도 똑같이 차별하지 않고 구원해야 함을 대원칙으로 삼고 있다. 설령 정부가 정말로 인질 구출에 공헌했더라도 청구권이 발생하지 않는 비용인 것이다. 하물며 일본 정부는 이번 인질 석방에 무엇 하나 기여한 게 없다. 정부가 기댄 곳은 미국 군과 첩보 기관 그리고 점령 당국으로, 모두 이 일에 역효과만 낸 대상들뿐이다.

인질들은 그간의 활동을 이해해달라고 납치범들을 스스로 설득해 난관을 헤쳐나왔다. 가족들이 알자지라 방송을 통해 호소하고, 지원자들이 자위대 철수를 요구하는 시위와 비정부기구 네크워크를 통한 측면 지원도 벌였다. 인질범들로부터 그들을 인도받을 때 입회했던 성직자 협회의 쿠바이시 사제도 단언했다.

"우리가 일본 정부보다 인질을 더 많이 생각한 것 같아요. 일본 정부는 아무런 접촉도 하지 않았습니다. 우리가 석방을 위해 전력을 기울인 것은 일본 정부를 위해서가 아니라 정부의 자위대 파병에 반대하는 일본 국민을 위해서입니다."

인질이었던 야스다 씨와 와타나베 씨도 분명히 말했다.

"죽음을 면한 건 우리가 무기를 갖고 있지 않았기 때문입니다."

"일본 정부는 아무것도 하지 않았습니다."

아이자와 외무성 부대신 일행은 어쩐 일인지 바그다드가 아니라 암만에, 아마도 일등석에 앉아 날아가서는 알자지라 방송을 보는 것 외에 한 일이 아무것도 없었던 것 같다. 호텔 귀빈실에 숙박하면서 마시고 먹고 한 비용과, 인질들을 그들이 원하지도 않은 전세기에 태우고 호화스러운 병원에서 강제적으로 진찰을 받게 한 비용은 구출 뒤에 발생한 것으로, 정부가 아무것도 하지 않았음을 덮어 감추기 위한 홍보비였지 구출 비용이 아니었다. **도둑질하지 말라고 관리들은 이야기하지만 부의 대부분은 관리들이 가로채 간다**고 티베트 속담도 이야기한다.

그래도 이처럼 정부가 아무것도 하지 않았다는 사실은 까맣게 모른 채, 그야말로 자업자득으로 파산한 대기업을 구제하고, 낙하산 관료들에게 고액 봉급을 주며, 거액의 달러를 매수하고, 백해무익한 거대 토목공사를 하는 데 투입되는 세금에는 관대했던 국민이 웬일인지 이 대목에서는 별안간 세금 사용에 엄격한 잣대를 들이댔다. 아마도 그 정도의 적당한 거금이 아니면 상상력이 발휘되지 않는 모양이다. **사람은 자기 머리보다 높이 뛸 수 없다**(러시아)/**눈으로 이마 위를 볼 순 없다**(우크라이나)는 것이다.

아랫목 대장

아빠는 엄마가 하라는 대로 하는데, 엄마는 늘 나를 위해서라면 죽어도 좋다는 이야기를 한다. 내가 바라는 건 뭐든 사주는 것이다. 지금까지 나온 게임은 전부 갖고 있고, 자동차는 지금의 메르세데스가 스물세 대째며, 회사도 아빠와 엄마의 집안 연줄로 일류 회사에 들어갔지만 내 마음에 들지 않는 일이어서 관뒀다. 바로 다른 회사에 넣어줬지만 거기도 그만뒀고 지금 있는 곳은 열한 번째 회사다.

어릴 때부터 죽 그런 식이었다. 만화에 나온 시베리안 허스키라는 개가 갖고 싶다고 했더니 금방 사줬다. 작고 귀여웠는데 어느 사이엔가 크게 자라 우람해지니 싫어졌다. 돌을 던졌더니 우우— 짖으며 달려들어 물려고 했다. 엄마는 놀라 달려 나왔고, 개를 처분해버렸다.

다음에 〈용감한 조리〉라는 텔레비전 애니메이션을 보

158

고 "조리 같은 피레네 개가 갖고 싶어요" 하고 졸랐더니 그
것도 금방 사주었다. 봉제 곰인형처럼 귀여웠지만 엄청 커
져서는 쉴 새 없이 침을 흘리는 놈이었다. 몹시 더워 보이
고 불결해서 싫어졌는데 엄마는 곧바로 나의 그런 기분
을 알아차리고 동물 관리 센터에 넘겼다.

하지만 엄마에게 아무리 조르거나 떼를 써도 절대로
내게 주지 않는 게 있다. 그것은 여자. 엄마가 좋다며 추
천하는 여자들에겐 마음이 전혀 동하지 않는다. 내 마음
이 동하는 여자는 항상 엄마 마음에 들지 않았다.

"너는 세상 물정 모르니까 조심해야 해. 인생 망치는 수
가 있어."

그러고는 반드시 이렇게 덧붙였다.

"그러지 않으면 아빠처럼 평생 눌려 살게 될 테니까 조
심해야 돼."

자못 나를 위해서 그런다는 투로 이야기하지만, 자신
의 이야기를 고분고분 듣지 않는 타입을 싫어하는 것이
다.

내가 여자에게 신중한 것은 엄마의 말 때문이라기보다
는 아빠가 걸핏하면 술에 취해 이렇게 투덜대기 때문이
다.

"너, 여자 조심해. 엄마 같은 여자한테 붙잡히면 인생
종 치니까 말이야."

아빠에 따르면, 젊었을 때 엄마의 순진 가련한 용모(지금은 상상도 할 수 없을 것이라고 아빠는 꼭 덧붙였다)에 깜빡 속아 구애를 했고, 그것 때문에 자신은 운이 다했다는 거다.

"처음 제1보가 중요한 거야. 상대가 어떻게 나올지 철저히 지켜본 뒤에 해도 늦지 않으니깐 말이야."

아빠의 그런 이야기를 떠올린 것은, 오늘 골프장에서 돌아오는 길에 들렀던 바에서 카운터 건너편에 앉아 있던 여인이 정말 멋졌기 때문이다.

앗, 눈이 맞았다. 윙크를 했어. 어떡하지.

"처음 제1보가 중요한 거야"라는 아빠의 비장한 이야기가 이명처럼 귀를 울렸다. 그 제1보를 어떻게 밟아야 할까. 그래, 아빠는 "상대가 어떻게 나올지 철저히 지켜본 뒤에 해도 늦지 않아"라고 말했어. 최초의 1보는 그녀가 걸음을 내디딘 뒤에 해도 되는 거야……. 생각을 이리저리 굴리고 있는데 돌연 강렬한 향수 냄새가 코를 찔렀고 "곁에 앉아도 될까요?"라는 오싹한 알토 목소리가 내 귀를 간질였다. 건너편 여인이 어느새 내 곁에 걸터앉아 있었다. 보면 볼수록 괜찮은데, 이거. 뭔가 재치 있는 말로 받으려 했으나 말이 나오지 않았다.

"한잔 사주지 않을래요?" 하며 여인은 내 얼굴을 빤히 들여다봤고, 내가 눈을 깜빡거리는 사이 바텐더에게 "이

분과 같은 걸로 부탁해요" 하고 주문해버렸다. 바텐더가 주문대로 잔을 갖고 오자 내게 건배하자는 눈짓을 보내더니 마음대로 자기 잔을 내 잔에 쨍하고 부딪치고는 단숨에 쭉 마셔버렸다.

"아니, 이건 스크루드라이버잖아?" 하고 약간 놀란 척하더니 이내 나를 흘깃 바라보고는 "한 잔 더해도 괜찮겠죠"라며 가볍게 시비 걸듯 말했다. 바텐더가 준비한 두 번째 잔도 단숨에 비워버렸다. 그러더니 갑자기 내게 안기듯 기대오면서 "별명이 '여자 죽이기'라잖아요, 이 칵테일. 책임지세요. 아, 다리가 휘청거리네……."

이런 식이었고, 한 시간 뒤 나는 그녀의 맨션 거실에 들어서고 있었다.

내가 소파에 걸터앉자 여인은 "미안해요, 잠시만 기다려주세요" 하더니 방을 나갔다. 그리고 2, 3분 지났을까. 거실 문이 열리며 알몸의 여인이 나를 향해 곧바로 달려들더니 내 무릎 위에 앉아 키스 공세를 퍼부었다. 그래서 나도 제1보를 내디뎌도 괜찮지 않을까 생각했다. 이런 찬스를 놓치면 안 되지. 물론 엄마와 아빠가 걱정스러워하는 얼굴이 떠올랐다. 그걸 떨쳐버리고 용기를 쥐어짜내 나는 제1보를 내디뎠다.

"자기 휴대전화 번호 좀 알려줄래요?"

집에서는 제멋대로인 마더 콤플렉스가 있는 자식이나 거드름 피우는 폭군 남편이, 맨션 가격을 흥정하거나 회사 또는 관청에 요구 조건을 주장하는 등 가족을 대표해 분발해야 할 때는 맥 빠질 정도로 패기 없는 모습을 보이는 게 익숙한 풍경이 되긴 했다.

아내와 자식들에게 으스대는 남편과 부하에게 군림하는 상사일수록 겉보기에만 대단할 뿐 정작 나가서는 막가는 상대를 만나면 이해심이 깊어져 줄줄 다 양보해버리는, 최소한 해야 할 이야기도 하지 못하는 **아랫목 대장**(일본)인 경우가 많다. 그것은 일본 사회와 일본인에 한정된 일이라기보다는 인류, 아니 동물 전체의 보편적 진실일지도 모르겠다.

고교 영어에서 아랫목 대장에 상응하는 것으로 외워야 하는 Every cock is bold oh his own dunghill(**수탉은 자기 똥 무더기 위에서는 용감하다**)는, 영국이 기원이라기보다는 유럽 각지에서 널리 인용되던 속담이다. 예컨대 크로아티아에는 **어떤 수탉도 자기 거름 더미에서는 주인**이라는 아주 비슷한 관용구가 있다. 또 크로아티아 속담 **새끼 돼지도 자기 우리 안에서는 멧돼지**는 터키와 중앙아시아에도 있다.

자기 영역에 있다가 바깥으로 나갔을 때 공포나 불안을 느끼는 건 모든 생물에게 적용되는 진리일 것이다. 세계 각지에는 동물에 비유한 속담이 많다.

니카라과 속담 **난폭한 황소도 낯선 땅에서는 얌전하다**에서는 황소가 등장하며, 스페인 바스크 지방에서는 **바깥에선 비둘기, 안에선 까마귀**처럼 새에 비유한다. 또 파키스탄에서는 **집에선 호랑이, 밖에선 양**이라 한다.

그래도 **빌려온 고양이**처럼 고양이에 비유하는 예는 일본에만 있는 것 같다. 다섯 마리의 고양이와 동거하고 있는 나는 내 영역 바깥으로 나갈 때의 상태, 즉 글자 그대로 빌려온 고양이 상태를 잘 알고 있기 때문에 정말 적확한 비유라며 감탄한다. 그런데 타국 속담에는 고양이로 비유한 게 눈에 띄지 않는다. 오히려 개에 비유한 속담이 중앙아시아에 엄청 많다. 남이 없을 땐 집안사람에게 한껏 허세를 부리다가 남이 보는 순간 패기가 사라지는 사람을 보고 아프가니스탄에서는 **제 동네에선 개도 사자가 된다**고 하고, 파키스탄에서는 **제 동네에선 개도 호랑이 기분**이라고 하며, 인도에서는 **제집에선 개도 호랑이**, 투르크메니스탄과 타지키스탄에선 **제집에 있으면 개도 왕후장상**이라고 한다.

그러나 지금도 여러 마리의 개와 동거하는 나는 산책할 때 멀리 가려고 하는 개의 습성을 잘 알고 있다. 자기 영역에서 멀어지면 멀어질수록 개들은 의기양양해진다. 아무래도 개에 비유하는 건 잘못된 게 아닐까 생각한다.

그렇지만 완전히 부시의 개로 '포치'라는 별명이 붙은

고이즈미를 보노라면 그런 속담이 정말 놀랄 만큼 딱 들어맞는다. 얼마 전 북한 방문 때는 내내 **제 나라에선 술탄인 듯 으스대고 타국에선 벌벌 떤다**라는 아프가니스탄 속담 그대로 처신했다.

술탄은 중세 이슬람권의 절대군주로 치외법권 같은 존재다. 자국에서는 야스쿠니 신사 참배가 위헌이라는 판결이 나와도 시치미 뗀 얼굴로 무시하고, 헌법은 물론 이라크 특별조치법까지 위반하며 이라크에 자위대를 파견하고, 완전히 파탄 난 연금법 개정안을 파시스트적으로 심의 중단 및 강행 통과시키고, 30년 전 자신이 근무한 실적도 없는 회사에 복지연금을 적립하게 한 범죄행위를 부끄러움 없이 저지르면서도 자기만은 법을 지키지 않아도 된다는 듯 오만불손하게 구는 이 남자가 김정일과 대면한 순간 주눅이 들어 최소한의 요구조차 입 밖에 내지 못한 채 돌아왔으니 참으로 가소롭다.

자국민이 납치당한 지 30년 가까이 지나도록 방치해온 정부도 정상이 아니지만(마찬가지로 1970, 1980년대에 자국민이 납치된 레바논 정부는 일본보다 훨씬 경제력이 떨어지는데도 곧바로 북한까지 날아가 과감하게 교섭을 해서 피랍된 사람들을 모두 데리고 돌아갔다), 자국민을 납치당한 나라의 원수가 두 번이나 납치국에 가서 그쪽 정상과 회담했는데도, 그쪽이 일본에 넘겨줘도 큰 문제 없다고 판단한 다섯 명과 그 가족 다섯 명밖에 데려오지 못한 것은 한심하다. '히노마루'^{일장기}니 '애국심'이니 하며 국내에서는 엄청 위세 좋게 '국가 위신'에 잡착하던 고이즈미는 전형적인 **아랫목 대장**이었다.

게다가 열 명이나 되는 행방불명자들에 대해 김정일이 "다시 조사하도록 지시했다"라고 답변하자 더는 따지지 않았고 언제까지라고 기한조차 설정하지 않았다. 명실공히 독재자인 김정일이 명령만 하면 즉각 모든 자료와 정보를 가져올 수 있었을 텐데도 말이다.

고이즈미는 지난번 방북 때도 회식을 거절하고 도시락을 갖고 가서 별실에서 점심 식사를 했다고 들었다. 이번에도 마찬가지로 소금 간을 한 주먹밥을 갖고 간 모양이다. 웃을 때도 한쪽 뺨만 웃는다던가, 좀스런 위신을 연출하고 있다. 회식 같은 건 대범하게 척척 응하면 좋지 않은가. 상대를 치켜세우고 기분 좋게 만들어 의표를 찌르면서 내실을 취하는 두뇌 플레이야말로 외교다. 도취한 듯 웃는 얼굴 아래 냉철한 이를 감추고, 풀솜에 싼 바늘로 상대를 찌르는 외교의 기본을 모르고 있는 것 같다. 미국에 과도하게 종속되고 의존한 나머지 스스로의 식견과 힘으로 상대국을 냉정하게 분석하고 자국에 조금이라도 이익이 되도록 하는 훈련이 절망적일 정도로 안 되어 있는 것이다.

그 점에선 일본보다 압도적으로 불리한 입장일 수밖에 없는 북한은 교섭 상대인 고이즈미의 처지를 철저히 분석했다. 연금 국회에서 실수해 체면이 깎이고, 참의원 선거를 앞두고 안달하며, 정권 연명을 위해 김정일에 매달리는 상태가 된 고이즈미의 처지를.

고이즈미 총리는 스스로 귀중한 카드를 낭비했다. 그는 '인도적 지원'이란 명목으로 북한에 쌀 25만 톤과 1000만 달러 상당의 의약품 지원을 약속해버렸다. 실상은 '몸값' 외에 다른 것이 아니었다. 유괴범에게 한번 몸값을 지불하면 어떻게 되는지는 불을 보듯 뻔하지 않은가. 김정일은 납치된 일본인들이 굉장한 카드라는 걸 또다시 분명히 깨달았을 것이다. 앞으로도 일본은 계속 조금씩 몸값을 뜯기게 될 것이다.

또 북한이 가장 두려워할 '경제제재'와 '일본 항만 기항 금지'라는 카드도 아예 포기해버렸다. 고이즈미는 북한이 '평양 선언'을 위반하지 않는 한 제재를 가하지 않을 것이라고 했다. 이미 말기 증세를 드러내고 있는 김정일 정권의 연명을 도와주는 것이나 다름없다. 납치 피해자들은 물론이고 조국을 낙원이라 믿고 북한으로 돌아간 전 재일 동포들에게, 그들의 일본인 아내들에게, 그리고 북한의 대다수 국민에게 국민 감시망과 강제수용소망을 둘러쳐 놓은 지금의 체제가 유지되는 한 기아와 고통도 끝나지 않을 것이다.

납치 문제의 완전한 해결도 아마 현 체제가 붕괴하지 않는 한 달성할 수 없을 것이다. 그리고 이미 그 붕괴는 시작됐다. 한반도 분단과 비극의 원인에 역사적으로 깊이 관련돼 있는 이웃 나라로서 북한의 붕괴 또는 남한으로의 흡수가 가능한 한 일반 국민의 희생과 고통을 최소화하는 쪽으로 진행되도록 노력하는 것은 당연할 것이다. 그렇다 하더라도 적어도 현 정권의 연명을 도와주는 짓만은 해서는 안 될 것이다. 방위비 이권 속에 둥지를 틀고 있는 군수 기업과 정치가들에겐 김정일 체제가 존속되는 것이 유리할지도 모르겠지만.

그러고 보면 북한이 핵탄두를 보유했다고 슬쩍슬쩍 드러내 보여도 미국 정부의 대응은 이라크에 비해 훨씬 더 관용적이다. 아마 미사일방어체제를 일본과 한국에 팔아먹는 데 아주 좋은 구실이 되기 때문일 것이다. 북한이 한국과 통일이라도 하면 동아시아에서 미국의 존재 가치는 날아가버릴 것이다.

그래, 그런 것인가. 고이즈미는 **빌려온 고양이**여서 김정일에게 부드러웠던 게 아니라 부시의 충견이어서 그렇게 처신할 수밖에 없었는지도 모르겠다.

자업자득

    후쿠오카로 출장 간 야마다 씨. 애먹겠다고 생각한 협의도 잘 타결돼 본사에 보고했더니 사장이 직접 감사를 표했다. 자신에게 후하고 남에겐 엄격한 사장으로선 드물게도 입에 침이 마르도록 칭찬을 했다.

    "이 정도면 이번 보너스는 기대해도 좋겠군. 승진도 틀림없어" 하고 야마다 씨도 기고만장해졌다. 평소 언제나 회사 규정보다 싼 숙박업소에 머물며 비용을 남겼으나 이번엔 규정의 두 배나 하는 고급 호텔에 묵기로 했다. 자신에게 상을 주고 싶었던 것이다.

    프런트에서 싱글룸 열쇠를 받을 때 목덜미에 시선을 느꼈다. 로비 소파에 기모노 차림의 여인이 앉아 있었다. 눈이 마주친 순간 여인이 미소 지었다. 아찔했다. 서른두세 살쯤 될까. 늘씬한데 육감적이다. 이 정도로 괜찮은 여인을 우연히 만난 것도 자신에 대한 포상이 아닐까. 야마다 씨는 '언제나 겁이 많고 신중한 내가 어떻게 된 거야' 하고 스스로도 놀라 기막혀하면서도 아주 자연스럽게 여인에게 다가갔다. 여인도 사뿐 일어나 야마다 씨와 뺨을 맞대며 그의 팔을 자신의 팔로 감았다. 곁에서 보면 마치 기다리고 있던 연인이나 금실 좋은 부부 같았다.

야마다 씨는 여인과 함께 프런트로 가서 수줍음을 감추고 쓴웃음을 지으며 태연히 거짓말을 했다.

"이야, 이런 일도 있군요. 출장소에서 아내와 합숙하게 되다니. 가능하다면 방을 트윈룸으로 바꿀 수 있을까요?"

"죄송합니다, 야마다 씨. 트윈은 오늘 공교롭게도 다 나갔습니다. 하지만 더블침대라면 가능합니다. 어떻게 할까요?"

"아, 그걸로 부탁해요" 하고 말하자 프런트의 남자는 정중하게 새 방 번호를 알려주면서 키를 건넸다. 기분 탓인지 남자 직원이 터져 나오는 웃음을 필사적으로 억누르는 듯 보이기도 했으나, '그래 봤자 나와 여인을 두고 추잡한 망상에 사로잡혔던 걸 얼버무리려는 것이겠지' 하고 야마다 씨는 생각했다. 야마다 씨 자신이 이미 망상의 포로가 돼 있었다.

과연 망상대로 농밀하고 정열적인 하룻밤을 보낸 야마다 씨는 다음 날 아침 프런트에서 숙박비를 지불하려다 당황했다.

"잠깐, 어떻게 된 거지 이거? 72만 6000엔이라니, 도대체. 컴퓨터 고장 난 것 아니오? 나는 하룻밤밖에 자지 않았어."

"야마다 씨, 그렇지만 사모님은 저희 호텔에 이미 3주간이나 숙박하고 계십니다만……."

야마다 씨의 경우 죄 없는 가벼운 거짓말이 큰 손실이 따르는 화를 부른 것이다. **속이는 자도 때로 속는다**(영국)/**행동거지는 뱀이 되어 그 주인을 무는 수가 있다**(세네갈)/**제 목 제가 조른다**(일본), 또는 에도시대 놀이딱지에도 종종 등장한 **제 몸에서 나온 녹**(일본)을 실행한 것이다.

이처럼 자신의 행위는 결국 자신에게로 되돌아온다, 나쁜 짓 하면 몇 배가 돼 자신에게 되돌아온다고 이야기하는 속담은 세계 곳곳에 무진장 널려 있다.

재난을 부르는 자 재난에 운다(헝가리)/**감옥을 만들면 그 자신이 갇힌다**(방글라데시)/**남의 집 부수면 자기 집도 부서진다**(아프가니스탄)/**남 욕보이려 하면 자신이 욕본다**(덴마크)/**솥 속에 넣은 대로 먹는다**(쿠르드)/**남 다치게 하면 자신도 다친다**(스웨덴)/**남의 운 빼앗으면 제 운이 달아난다**(카자흐스탄)/**심술궂은 짓 하면 심술궂은 일 당한다**(이탈리아)/**자신이 지은 죄를 남더러 갚으라고 할 순 없다**(파키스탄)/**저주는 어린 새처럼 제 둥우리로 돌아온다**(아일랜드)/**주먹으로 벽을 쳐봤자 제 주먹만 아프다**(스와힐리)/**저주는 저주하는 자의 머리 위에 떨어진다**(노르웨이)/**타인의 불행을 바라면 자신의 불행이 먼저 온다**(방글라데시)/**피는 피를 부른다**(네덜란드)/**콧대를 높이면 머지않아 빈털터리가 된다**(세르비아)/**남에게 나쁜 짓 하면 남이 내 집에 돌을 던지는 나쁜 짓을 해도 어쩔 수 없다**(마다가스카르) 등등.

자신의 언동 때문에 자신이 재난당하는 걸 경계하는 속담으로 지금도 일본에서 자주 인용되는 사자성어 가운데 원래 불교 용어였다가 널리 퍼진 **인과응보**(선악의 인연에 따라 길흉화복의 업보를 받는다,『법화경』)와 **자업자득**(자신의 행위에 대한 업보는 자신이 받게 돼 있다,『정법염처경』)이 있다. 그런데 한국, 중국, 태국, 베트남 등의 모든 불교문화권에서 이 성어가 사용되고 있느냐 하면 꼭 그렇지도 않다. 하지만 성경에서 기원한 같은 취지의 속담, 특히 다음의 네 가지는 기독교 문화권 여러 나라에서 그대로 또는 형태가 약간 바뀌어 널리 사용되고 있다.

남을 심판하는 대로 너희도 심판받을 것이다.(신약성경『마태복음』제7장 2절)

칼을 쓰는 자는 칼로 망한다.(『마태복음』제26장 52절)

사람은 자기가 심은 대로 거두게 될 것이다.(신약성경『갈라디아인들에게 보내는 편지』제6장 7절)

그들은 바람을 심어 회오리바람을 거둘 것이다.(구약성경『호세아서』제8장 7절)

재미있게도, **자기가 뿌린 씨앗의 열매**라거나 **뿌린 것은 거두어들여야 한다**라는 말이 바로 자업자득이라는 뜻이다. **바람을 심은 자는 회오리바람을 거둔다**라는 속담은 악행의 응보는 몇 배나 커져 돌아올 것이라는 뜻인데, 아프가니스탄과 파키스탄 등 중앙아시아뿐 아니라 시리아, 이라크, 이집트 등 서아시아, 그리고 북아프리카에 걸친 이슬람권에서도 널리 사용되고 있다. 성경 자체가 이 지역의 전승 문화에 뿌리를 두고 있다는 사실을 이야기하는 것이어서 흥미진진하다. 아마도 **엉겅퀴를 심는 자는 가시를 거두게 될 것이다**(카자흐스탄)라는 속담은 그 변형이리라.

이야기가 갑자기 바뀌지만, 십수 년 전 베니스 거리를 거닐다가 호주머니에 있던 동전을 왕창 흘린 적이 있다. 바닥에 납작 엎드려 필사적으로 동전을 줍고 있자니 마침 그곳을 지나가던 이탈리아인이 지껄인 이야기가 **씨 뿌리는 자는 거둘 것이다**라는 것이었다.

그런데 남을 해치려다 오히려 자신이 화를 당한다는 비유로 일본에서 종종 쓰는 **하늘에 침 뱉기**(하늘에 침 뱉으면 제 얼굴에 떨어진다)는 **바람 불어오는 쪽을 보고 침 뱉는다/하늘에 돌 던진다/누워 침 뱉으면 제 몸에 떨어진다** 등 유럽 여러 나라에 그와 꼭 같은 속담들이 있다. 또 **우물에 침 뱉으면 자신이 그 물을 마시게 된다**(핀란드)/**위를 보고 누워 오줌 누면 남보다 자신이 먼저 다 젖는다**(세네갈)/**위를 향해 똑바로 쏜**

화살은 쏜 자의 머리에 박힌다(영국)도 유사 속담으로 간주할 만하다.

남을 저주하면 무덤이 둘쯤 되면 종교권의 차이를 넘어 지구 이곳저곳에 거의 같은 속담들이 많다. 여기서 '무덤'은 무덤구덩이나 함정을 뜻하는데, **(자신의) 무덤을 판다**는 식으로도 흔히 사용된다. **무덤을 파지 마라, 자기가 떨어진 다·악한 짓 하지 마라, 악한 곳에 떨어진다**(이란)/**남을 저주하려 우물 파는 자는 제가 그 속에 빠진다·남의 무덤 파지 마라, 자신이 거기 떨어진다**(러시아).

미국 국민이 전쟁 의존증에 걸린 군산복합체 대리인을 선거에서 뽑았기 때문에, 미국의 공격에 먹잇감이 된 나라의 국민들이 당한 재난은 헤아릴 수 없이 크다. 이번 이라크전쟁에서도 어림잡아 계산해도 전사한 미군 병사의 적어도 열 배가 넘는 이라크인들이 목숨을 잃었고, 또 그 열 배가 넘는 사람들이 다치거나 가족과 재산을 잃었다.

이제 미국 국민이 장기간에 걸쳐 전쟁의 응보를 받게 될 것이다. 테러 위협이 날로 거세질 것이다. 그렇지만 역시 최대 피해자는 병사와 그 가족들이다. 살아서 돌아온다 하더라도 병사들 다수는 장애자가 됐다. 일례로 걸프전쟁에서 귀환한 60만 미군 중 45만 명이 미군과 다국적군이 사용한 열화우라늄탄과 여러 화학·생물학 무기에 피폭돼 정체불명의 건강 장애에 시달리고 있다.

베트남 귀환병인 조엘 안드레아스가 쓴 『전쟁중독』에 따르면 몸이 성하더라도 "귀환한 병사들 뇌리에는 자신이 싸운 전쟁의 악몽이 계속 남아 있다"라고 하고, "50만 명에 이르는 베트남전쟁 귀환병들은 무서운 전쟁 기억으로 고통 받고, 트라우마 같은 스트레스 증세에 시달리고 있다"라고 한다. 퇴역 군인 담당국에 따르면 전쟁이 끝나고 나서 자살한 베트남 귀환병 수는 베트남 전쟁에서 사망한 미군의 두 배가 넘는다.

미국에서 심각해지고 있는 군인 출신의 홈리스 문제에 대해서 〈로스앤젤레스 타임스〉가 2004년 5월 30일 자 기사 「자유를 위해 전장에 갔다가 귀환하면 거리 생활자」에서 다뤘기에 간략하게 소개한다.

연방 정부 데이터에 따르면 병역 체험자는 전체 인구의 9퍼센트인데, 전체 홈리스 가운데 병역 체험자의 비율은 23퍼센트이고, 남성 홈리스로 한정하면 병역 체험자의 비율이 33퍼센트나 된다. 그중에는 30년 가까이 로스앤젤레스 거리에서 생활하는 베트남 귀환병도 있고, 지난여름 이라크에서 부상당했지만 의료보장을 받지 못해 거주지에서 쫓겨났거나 행방불명된 사람들도 있다.

국세조사국과 퇴역 군인 담당국 등 정부 기관이 실시한 광범한 조사에 따르면, 홈리스가 된 퇴역 군인 중 47퍼센트가 베트남 귀환병인데, 제2차 세계대전에 종군한 경험자들까지 있다고 한다. 상시적으로 30만 명이나 되는 군인 출신자들이 일상적으로 홈리스 생활을 하고 있고, 1년 안에 거주지가 없어지는 군인 출신자는 50만 명에 달한다. 이라크와 아프가니스탄에서 전쟁이 계속되는 지금 세대의 병사들이 귀환하면 어떤 사태가 벌어질지 사회복지 관계자들은 벌써 전전긍긍하고 있다.

사람들이 홈리스가 되는 이유는 비싼 집 임대료, 실업, 약물 남용 등 다양하며, 부시나 고어처럼 연줄이나 돈으로 병역을 회피할 수 있는 엘리트 가정 자식들에 비해 징병당한 사람은 원래 가난한 계층 출신이 많다는 이유도 있다. 또한 귀환병들의 경우 이런 원인들 외에 전쟁 상처, 외상후 스트레스 장애, 가족과의 균열 등을 더 들 수 있다.

왜 전쟁터에서의 공포와 악조건을 참아낸 그들이 무사히 귀환한 조국에서 사회에 적응하지 못하는 걸까.

전쟁터로 파견된 장병들은 적의 살상을 주요 임무로 삼는다. 무장한 군인이든 침략자에 저항하는 민간인이든, 적은 적이니 죽이지 않으면 자신이 죽임을 당한다. 자신이 살아남기 위해 계속 죽여야만 한다. 그 때문에 전장은 선혈과 상처와 죽음과 사체로 가득 차 있다. 사체는 바로 얼마 전까지 담소를 나누던 벗일 수도 있다.

이토록 많은 사체와 조우할 기회는 선진국에 사는 한

없다. 죽음과 이웃하며 살아가는 생지옥 속에서 동물적 본능에 눈뜨는 사람들도 있다. 자신의 죽음을 피하고 계속 살아가기 위해 적을 살상할 뿐 아니라 새로운 생명을 창조하려는 본능이 꾸역꾸역 고개를 처든다. 바로 그래서 모든 전쟁에서 병사들에겐 급격하고 강렬한 성욕이 싹튼다. 그리고 전쟁이 폭력인 만큼 성적 욕구도 폭력적 양상을 띠게 된다.

제2차 세계대전 중 패전국 장병들이 저지른 성범죄를 말하자면, 일본군이 한반도와 중국 대륙에서 저지른 부녀 폭행과 일본군 위안부 문제는 일부나마 사회적으로 규명돼 있으나, 전승국 장병들이 저지른 그에 못지않은 성범죄는 여전히 은폐돼 있다.

예컨대 제2차 세계대전 중의 데이터조차 아직 공개돼 있지 않다. 그러나 전쟁 직후 독일에서 전승국 병사들의 자녀가 250만 명이나 태어난 사실(대다수는 강간이 원인이었다)만 봐도 그 무서운 실태를 엿볼 수 있다.

아부그라이브 수용소의 이라크인 수용자 학대의 대부분이 성적 학대였던 이유도 거기에 있을 것이다. 학대에 관여한 젊은 병사들이 정신이상자도 사디스트도 아닌, 본국에서는 점잖고 평범한 젊은이들이었다는 사실도 충격적이다. 아마 평범한 생활을 계속했더라면 착실한 사회인이 됐을 것이다.

그리고 그들의 이상행동은 전장이라는 비정상적 환경 속에 내던져진 적 없는 사람들은 영원히 이해할 수 없다. 단절감에 고통받고 전장의 무서운 기억에 부대끼면서 사회 부적응자가 돼가는 자들이 앞으로도 계속 나올 것이다.

6월 5일 자 〈헬스데이뉴스〉는 이라크와 아프가니스탄에서 돌아온 귀환병들이 온갖 외상후 스트레스 장애를 앓고 있으면서도 병자로 낙인찍힐까 두려워 고민을 마음 깊숙이 숨기는 바람에 증세가 더욱 악화되는 경향이 있다고 보도했다. 자업자득이라 해도 그 응보를 받는 건 전쟁을 강행하고 전쟁으로 떼돈을 번 권력자들이 아니라 언제나 사회의 약자들이다.

그런 고통스러운 경험을 두 번 다시 되풀이하지 않기 위해 일본 헌법에는 부전不戰 조항이 생겼고, 타국에서 사람을 죽일 수 있는 군대를 보유하고 싶어 안달인 권력자들 움직임에 쐐기를 박아놓았다는 사실을 잊어서는 안 된다.

머리만 숨기고 꼬리는 드러낸다

할리우드의 미녀 배우 M은 자택에서 파티 여는 걸 무척 좋아한다. 파티에 나오는 요리가 호평을 얻어 매번 그걸 즐기는 사람이 많았다. 그런데 갑자기 M이 파티 개최를 중단했다. 배우 P는 M을 만날 때마다 채근했다.

"당신 파티에 나오던 닭고기 구이가 꿈에도 나타나. 정말 먹고 싶어!"

감독인 D는 농을 섞어 협박했다.

"당신 때문에 금단증세로 고생하고 있어. 어떻게 좀 해줘."

영화 평론가 S에 이르면 "인생의 큰 낙을 하나 빼앗겼어" 어쩌고 하면서 과장되게 탄식을 내뱉는다. 그때마다 M은 힘없이 웃어 보이며 "조만간에" 하고 발뺌할 뿐이었다. 마침내 친한 벗인 T가 걱정이 돼 M에게 물었다.

"도대체 어떻게 된 거야? 어디 아픈 데라도 있어?"

"아니."

"그렇담 왜?"

"잘랐어, N을. 요리 솜씨는 최고였지만……."

M은 머뭇거리다 한숨을 푹 쉬었다.

"손버릇이 나빴다거나?"

"아니, 그건 전혀 문제없었어……. 다만 말이지…… 벌써 이 집에서 40년이나 일했다느니 어쩌니 하며 여기저기 나발을 불고 다니잖아."

이처럼 본인은 철저히 감추거나 거짓말을 해서 덮어둘 작정이던 게 생각지도 않은 데서 들통나버리는 일이 흔히 있다.

머리만 감추고 꼬리는 드러낸다(일본). 위험을 만나 풀밭에 머리를 처박은 꿩이, 제가 아무것도 볼 수 없으니 남도 자기를 볼 수 없을 거라 믿고는 꼬리가 몽땅 드러났는데도 태평스레 있는 데서 나온 속담이다. **구멍에 가장 먼저 들어가도 꼬리가 바깥에 남아 있다**라는, 완전한 닮은꼴 표현이 아프리카 세네갈에도 있다.

감 훔쳐 먹고 씨를 치우지 않는다(일본)/**사슴 잡아먹고 뼈를 남긴다**(사하)는 씨와 뼈(구체적인 흔적)를 통해 감과 사슴(범죄의 전모)을 찾아내는 전 세계 범죄 수사의 기본을 연상하게 한다. 부분은 감출 수 있어도 전체를 감출 순 없다. 용의주도한 완전범죄도 범인의 의도와 달리 뜻밖의 단서로 덜미가 잡히는 경우가 종종 있다.

몸은 숨겼으나 그림자를 드러낸다(일본)라는 유사 속담은 전 세계에 퍼져 있다. 물론 러시아에도 **그림자를 깔보면 그림자한테 배신당한다**라는 속담이 있는데 푸틴 대통령은 잊어버린 모양이다.

러시아 남부의 북오세티아에 있는 인구 겨우 3만 5000의 작은 도시 베슬란에서 무장 단체가 학교를 점거할 때부터 인질 수가 354명이라는 보도가 계속 흘러나왔다. 사건은 당국이 우발적이었다고 밝힌 비참한 결말로 막을 내렸는데, 희생자 수가 당국의 발표만 해도 300명을 넘었고, 사체 안치소에 있는 미확인 시신이 200구 이상이었다. 총격전 때 무장 단체가 인질 약 300명을 방패로 삼은 지하실에서는 아직 사체를 꺼내오지 않아 사망자 수는 모두 700명에 육박할 지경이다.

11년제 보통학교에서 한 학년에 세 학급, 한 학급의 학생 수는 30명 안팎이라 하니 거기에 교직원을 더하면 그것만으로도 가볍게 1000명을 넘는다. 9월 1일은 입학식겸 개학식이 열린 날이어서 친인척들이 행사에 참석하고 있었으므로 그 지역 주민들은 인질 수가 1200명이 넘는다는 걸 잘 알고 있었다. "이런 거짓말쟁이!"라며 텔레비전 방송 요원들에게 대든 주민이 많았다고 현지 특파원이

보도했다. **목구멍 몰래 약을 삼킨다**(스리랑카)와 같은, **코가 모르게 향수 냄새를 맡는다**(우즈베키스탄)/**죽은 코끼리(궂은일)를 연잎(임시방편)으로 감춘다**(태국)/**코끼리를 소쿠리로 감춘다**(캄보디아)처럼 완전히 숨길 수 없어 반드시 드러나게 돼 있는 거짓말을 러시아 당국은 왜 계속 발표했을까. 러시아 대형 언론들은 그것을 또 왜 계속 보도했을까.

하나는, 무시무시한 보도 통제하에 있었다는 점이다. 예컨대 진실에 다가가려던 최대 매체 〈이즈베스티야〉의 샤키로프 편집장이 사건 직후 해고당했다. 과감한 체첸 취재로 유명한 바비츠키는 사건 발생 현장으로 가는 비행기를 타려고 했으나 폭발물 소지 혐의가 있다는 말도 안 되는 이유로 저지당했다. 명물 여기자 폴리트코프스카야(『체첸, 중단할 수 없는 전쟁』의 저자로 러시아 저널리스트 연맹으로부터 황금펜상, 앰네스티로부터 인권보도상, 국제논픽션상의 율리시스상을 받았다)도 탑승을 거부당해 우회 경로로 다른 비행기를 탔으나 기내에서 자행된 독살 미수 사건으로 지금 생사의 기로를 헤매고 있다. 그녀와 같은 매체 〈노바야 가제타〉의 한 기자는 그 전에 방사성물질 탈륨을 강제로 마셔 독살당했다.

당국은 상황을 파악하지 못하고 있었나. 급히 폴리트코프스카야 대신 다른 기자를 현지에 파견한 〈노바야 가제타〉는 있을 수 없는 일이라고 전했다. 진압군의 습격이 끝난 직후 현지 기자회견에서 푸틴 대통령의 고문 아슬라 노프는 사망자 수 등에 대한 질문을 요리조리 피해 가다가 왜 곧바로 무장 단체와의 협상을 서두르지 않았느냐는 질문에 "내가 그들에게 전화해서 거래 대상이 뭐냐고 물으니 '1200명의 인질이다. 대부분은 아이들이다'라고 그자들이 대답했다"라고 말했다. 결국 진실을 무의식중에 내뱉는 실언을 하고 만 것이다.

그 뒤 석방된 인질들의 입을 통해 "뉴스에서 인질의 수가 354명이라고 몇 번이나 보도했기 때문에 범인들이 격앙했고 그래서 인질에 대한 그들의 태도가 험악해졌다"라는 이야기가 흘러나왔다. 첫날은 화장실에도 갈 수 있었고 물도 마실 수 있었으나 뉴스가 나간 다음 날부터는 모두 금지됐다. 인질들은 자기 오줌을 받아 마시며 갈증을 달랠 수밖에 없었다.

"습격은 있을 수 없다. 어디까지나 평화적으로, 인명 안전을 최우선으로 하겠다"라고 되풀이 선언했으면서도 러시아 당국이 왜 전혀 협상을 벌이지 않았는지, 왜 이구동성으로 "그들이 무엇을 요구하고 있는지 알 수가 없다"라는 식의 이야기만 하고 있었는지 괴이쩍은 일이다.

사건 발생 직후 범인들이 협상 상대로 지명한 4인, 즉 북오세티아공화국 자소호프 대통령, 잉구슈공화국 쟈지코프 대통령, 소아과 의사 로샤리, 하원의원 M. 아우셰프 모두 학교에는 가려 하지 않았다. 로샤리는 베슬란까지는 갔으나 학교에 들어갈 생각은 전혀 없었고 쟈지코프는 아예 전화도 받지 않고 휴대전화도 끊어버린 채 스페인으로 날아가버렸다. M. 아우셰프는 감기에 걸려 누워 있는 상태.

학교에서 범행 집단이 전화를 거는 걸 곁에서 지켜본 교장은 석방 뒤 "그때는 등골이 오싹했다. 이제 끝났구나 싶었다"라고 말했다. "정부는 우리를 버렸다"라며.

또 "테러리스트들이 전화선을 절단했다"라고 한 당국의 발표도 거짓이었다. 그들은 학교 유선전화뿐 아니라 휴대전화 번호까지 알려주며 당국이 연락해오기를 기다렸다고 교장은 전했다.

푸틴 대통령이 현지에 도착한 건 사건 해결 뒤인 한밤중이었고, 머문 지 두 시간 만에 크렘린으로 되돌아갔다. 현지 주민들한테서 "우리에게 얼굴을 보여주는 게 싫은 게지, 살금살금 마치 좀도둑처럼. 비겁자!"라는 욕을 먹었다.

러시아 주요 언론들은 범행 집단이 흉포하고 광신적이어서 협상의 여지가 전혀 없었다고 보도했으나, 사건 이틀째인 9월 2일, 잉구슈공화국의 전 대통령 R. 아우셰프가 홀로 학교에 들어가 교섭한 끝에 스물여섯 명의 유아와 한 살 미만의 어린이를 안고 있는 어머니들을 석방한 사실은 보도하지 않았다.

협상에 응할 생각이 전혀 없었던 당국에 남은 길은 습격뿐이었음에도 "습격은 예정돼 있지 않던 우발적인 것"이라 우기기에는 무리가 있다. 실제로 현지에서는 습격 준비가 착착 진행되고 있었다. 학교 인근 직업학교에는 사령부가 설치되었고 러시아 전역에서 내무부와 군 특수부대가 속속 도착했다. **한 움큼 진실이 산 같은 거짓말을 이긴다**(시베리아)고 하는데, 거짓말을 이기는 산만 한 사실이 있었던 것이다.

사건이 발생하자마자 러시아 당국은 "체첸 독립파의 범행이며, 알카에다 등 국제 테러 조직 멤버도 있다"라고 단정했다. 하지만 영국 BBC가 교내에 들어간 R. 아우셰프를 취재한 결과 "범행 집단 중에는 체첸인과 잉구슈인이 하나도 없었다"라는 말을 들었다. "내가 체첸어와 잉구슈어로 이야기해보니 알아듣지 못했다"라고 했다. 마찬가지로 인질이었던 초등학생 여자아이가 "나는 전에 체첸에 살았던 적이 있는데, 범행 집단이 서로 주고받는 말은 체첸어가 아니었다"라고 증언한 것도 그것을 뒷받침한다.

그럼에도 당국은 "테러리스트는 모두 서른두 명, 교내에서 확인된 테러리스트 사체는 서른 구, 아랍계 열 명과 흑인 한 명이 섞여 있었다"라고 발표하고 몇 명의 체첸인 이름을 밝혔다. 하지만 그중 크라예프라는 인물에 대해서는 현지 친척들이 "오래전에 체포당했는데 무슨 소리야"
하고 떠드는 바람에, 러시아 연방보안국(KGB 후신)이 3년
전에 그를 과격파 일당으로 체포 구금했다고 자신들 월보
에서 자랑스레 보고한 사실이 드러났다. **거짓말쟁이는 속이
는 상대를 바보라 여긴다**(부르키나파소)고들 하지만, 거꾸로
거짓말쟁이는 기억력이 좋아야 한다(고대 로마의 철학자 쿠인틸
리아누스)는 사실을 증명한 결과가 됐다.

그건 그렇다 치고, 크라예프는 사건을 일으키기 위해
일부러 석방한 걸까, 아니면 고문사한 시신을 사건 뒤 현
장에 갖다놓은 걸까, 그것도 아니면 전혀 다른 사람일까
하는 온갖 억측을 불러일으켰다.

또한 당국은 범인 유류품 속에 코란이 있었다고 주장
한다. 하지만 무슬림이라면 하루에 다섯 번, 비상시에도
세 번은 기도를 하는데, 그들이 기도하는 모습을 본 인질
은 없었다. 당국이 주장하듯 순교자가 되려는 무슬림이었
다면 기도를 빼먹은 건 이상하다.

아랍인설이나 흑인설에 대해서, 석방된 인질 그 누구
한테서도 이를 뒷받침할 만한 증거를 입수하지 못했다.
또 〈이즈베스티야〉는 "사체가 검게 탔기 때문에 흑인으로
오인됐다"라고 보도했다. 이에 대해 미국과 유럽 언론은
"아랍계가 있다는 발표는 러시아가 체첸과의 전쟁을 '국
제 테러 전쟁'이라며 정당화하고, 미국과 유럽의 비난을

피해 가면서 부시의 지지를 얻으려는 것"이라고 분석했다.

오직 한 명, 구속당한 범행 집단의 남자(시신으로 발견된 크라예프의 동생)가 저토록 격렬한 총격전 뒤에도 유일하게 살아남았는데 전혀 다치지도 않았다는 사실 역시 꽤나 부자연스럽다. 6일 밤 러시아의 각 텔레비전 방송들은 이 남자가 체첸 독립파 마스하도프 전 체첸공화국 대통령과 바사예프 야전군 사령관의 지시로 사건을 저질렀다고 진술하는 모습을 담은 화면을 거듭 내보냈다. 범행 목적에 대해 그는 "(북오세티아, 체첸 등을 포함한) 카프카스 지역 전체로 전쟁을 확대하기 위한 것"이라고 말했다. 그러나 체첸 국내에서 격렬하게 대립하고 있는 온건파인 마스하도프와 강경파 바사예프를 하나로 뭉뚱그리고 있어 진술의 신빙성에 의문을 표하는 소리도 많다. 이 보도에 호응이라도 하듯 러시아 연방보안국은 8일 바사예프와 마스하도프 체포에 기여하는 유력한 정보 제공자에게 3억 루블_{약 150~160억 원}의 상금을 주겠다고 발표했다. 이것도 푸틴 대통령이 4일에 있었던 대국민 텔레비전 연설에서 이 사건이 "북카프카스 유혈 분쟁을 불러일으키는 것이 목적"이라고 단정한 것과 너무나 잘 부합한다. 거짓으로 둘러대는 솜씨가 너무 형편없다. **거짓말도 머리가 좋아야 제대로 한다**(몰타)는 걸 증명했을 뿐만 아니라 **머리카락 하나로 산을 감춘다**(태국)처럼 작은 거짓말로 큰 진실을 은폐하려

한다는 걸 웅변으로 이야기해주었다. 푸틴에게 필요한 것은 '테러의 말살' 같은 게 아니라 '체첸 독립파의 권위 실추와 말살'이라는 게 뻔히 들여다보인다.

18세기 이후 러시아에 병탄된 코카서스에서 끊임없이 독립을 추구해온 긍지 높은 체첸 사람들은 스탈린에 의해 중앙아시아로 강제 이주당했다. 그 과정에서 인구의 절반이 죽어나가는 등 민족 절멸 위기를 몇 번이나 맞닥뜨리면서도 독립을 향한 희망을 버리지 않았다. 1991년 소련 붕괴 뒤 더 거세진 그 움직임은 1994년에 독립파 마스하도프 대통령을 탄생시키기에 이르렀다. 선거는 유엔 등의 국제 감시단이 지켜보는 가운데 민주적으로 치러져 옐친도 마스하도프에게 축전을 보냈을 정도다. 그러나 러시아는 체첸의 평화적인 독립을 깨뜨리기 위해 별도의 괴뢰정권을 날조해 10만 군대를 일본 이와테 현 정도 크기에 인구 80만의 작은 나라 체첸에 투입했다. 러시아군은 최근 10년간 4만 2000명의 어린이들을 포함해 일반 시민 20만을 살육했다. "체첸에 비하면 내전 당시의 유고는 유치원 유희" "푸틴의 출신 모체인 특무기관이 체첸에 세운 체르노코조보Chernokozovo 강제수용소에 비하면 이라크 아부 그레이브 수용소는 일급 호텔"이라고 인권 단체 사람들이 평할 정도로 처참한 학대와 인권침해가 계속 자행되고 있다.

러시아 국내에서 잇따른 테러와 이번에 발생한 학교 점거 사건은, 푸틴 정권이 자행한 민족 청소에 대한 작은 저항이며 복수라고 생각하는 사람이 많다. 하지만 푸틴 자신이 체첸전쟁에서 강경 자세로 좋은 평가를 받아 옐친한테서 권력을 물려받은 뒤 '테러 사건'이 일어날 때마다 인기몰이를 해온 정치가라는 점을 생각하면, 테러 사건이 가장 필요했던 사람이 바로 푸틴이 아니었나 하는 생각을 떨칠 수 없다.

국민의 귀를 막아둔 상태에서 흉악한 테러 사건이 일어나고, 범행 성명도 없는데 당국은 체첸인들의 범행이라고 단정한다. 그것을 신호로 러시아군이 대규모로 체첸을 공습하고 소탕 작전을 벌이는 무서운 인권 유린이 잇따르지만 '체첸인들이 저지른 테러'라는 발표 직후여서 러시아도 국제사회도 비난의 목소리를 높이기 어렵다. 그리고 테러 사건은 범인을 확정하지도 못한 채 종결된다. 이런 식의 개입을 반복하면서 푸틴이 체첸 민족의 절멸, 그리고 자기 정권의 안정을 꾀하는 게 아니냐는 생각을 하게 만드는 사태가 계속되고 있다.

◆ 사건 당시 뒤엉킨 정보를 토대로 쓴 것입니다. 그 뒤에 일부 다른 사실들이 확인되기도 했지만, 당시 쓰인 그대로 실었습니다.(고분샤 편집부)

엎질러진 물은 다시 담을 수 없다

예전에 절세 미모로 찬탄을 자아냈던 늙은 여배우가 할리우드에서도 인기 있는 성형외과를 찾아가 주름을 제거해달라고 했다. 왕년의 스타였던 만큼 원장이 직접 내용과 수순을 정성껏 정중하게 설명했는데, 여배우는 몹시 성가시다는 듯 말을 잘랐다.

"그런데 말이죠, 어려운 건 몰라요 나는. 어쨌든 부탁해요."

속으로 울컥했지만 원장은 그래도 정중하게 덧붙였다.

"덧붙여 말씀드리면, 저희의 시술 결과가 마음에 드시지 않을 경우 100퍼센트 변상해드리니까 안심하십시오."

"어머 놀랍네요. 양심적이군요. 내 돈을 전액 되돌려주신다니."

"아뇨, 돌려드리는 건 주름입니다!"

말 그대로 주름 제거 수술은 처진 피부를 잡아당겨 남는 부분을 귀 뒤쪽에 모아 고정함으로써 주름이 보이지 않도록 하는 것이다. 일단 제거한 주름을 얼굴에 원래대로 되돌릴 수 있는지는 모르겠으나, 한번 그릇에서 흘러넘친 액체는 도로 주워 담을 수 없다는 게 오랜 세월 세상의 상식이었다. 그것을 보여주는 속담의 대표 격이 **엎질러진 물은 다시 담을 수 없다**라는 것이다.

옛날에 주나라 여상呂尙이라는 남자가 돈도 없는 주제에 책만 읽을 뿐 일을 하지 않았다. 싫증이 난 아내가 부부 연을 끊고 집을 나가버렸다. 한데 그 뒤 여상이 출세해 제나라 영주에 봉해져 태공망으로 이름이 나자, 예전에 그를 버렸던 아내가 뻔뻔스레 나타나 아내 자리를 도로 차지하려 했다. 이젠 태공망이 된 여상은 이것 보라는 듯 그릇에 담긴 물을 바닥에 쏟은 뒤 "이 물을 원래대로 그릇에 쓸어 담을 수 있다면 소원대로 해주겠소"라며 아주 애매하게 거절했다. 엎질러진 물은 도로 담을 수 없다는 건 이 유명한 고사에서 생겨난 속담.

제가諸家의 설을 모은, 춘추전국시대에 편찬된 『갈관자 鶡冠子』에는 "엎지른 물을 원래대로 도로 담기는 어렵다"라고 돼 있고, 시인 이백李白은 **엎질러진 물 다시 담으려 해도 어찌 잔을 채우랴, 버린 첩도 한번 떠나면 다시 돌아오기 어려우리** 하고 노래했다. 한번 엎질러진 물을 잔에 다시 담는 것이

무리이듯 남녀 사이도 한번 깨지면 다시 되돌릴 수 없다는 것이다.

나중에 송나라의 이름난 승려 도원道原이 『경덕전등록景德傳燈錄』에서 **떨어진 꽃은 가지로 돌아갈 수 없고, 깨진 거울은 다시 비추지 못하네**라고 다른 비유를 써서 같은 이야기를 하고 있는데, '깨진 거울'은 『신이경神異經』에 수록된 다음과 같은 옛날이야기.

금실 좋은 부부가 헤어져 살 수밖에 없게 되자 거울을 둘로 깨 각기 한 조각씩 애정의 표시로 지니고 있기로 했다. 그런데 아내가 불륜을 저지르자 그녀가 지닌 거울 조각이 까치가 되더니 남편 있는 곳으로 날아가버려 불륜 사실이 드러나 이혼하게 됐다는 것. '엎질러진 물'도 '깨진 거울'도 한번 실패하면 되돌릴 수 없다는 비유로 사용되고 있다.

그런데 '엎질러진 물'이나 '깨진 거울'이나 마음대로 연을 끊거나 바람을 피우는 건 모두 여자 쪽이다. 부부 생활 붕괴 원인이 아내 쪽에 있다는 설정은 실제 통계적으로 그쪽이 더 많아서 그런 건 아닐 것이다. 남성 중심주의적 도덕률에선 그만한 아내의 불성실은 비정상이었을 테지만, 남편은 같은 짓을 해도 이혼의 원인이 되지 않았을 것이다.

일본에서는 에도 중기에 『하데스가타 온나마이기누艷容

女舞衣』라는 조루리净瑠璃샤미센 반주와 함께 진행되는 에도시대 일본의 이야기와 음곡, 즉 앞서 언급한 태공망 이야기의 번안작이 만들어졌는데, 거기서 주인공이 **그릇의 물을 땅에 부어라. 그 물을 그릇에 담아라. 원래처럼 부부가 될 것이다**라는 대사를 읊는다. 또 다른 조루리『다테쿠라베 오쿠니 가부키伊達競阿國戲場』에서도 같은 대사를 구사할 정도로 유명한 장면이 된 것 같다.

중학 시절 영어 시간에 '엎질러진 물은 다시 담을 수 없다'라는 뜻으로 암기했던 It is no use crying over spilt milk(**우유가 엎질러졌다고 한탄해도 소용없다**)나 A mill cannot grind with the water that is past(**물레방아는 이미 흘러가버린 물로 가루를 빻을 수 없다**)를 보면 알 수 있듯이 동서고금에는 서로 닮은 관용구들이 널려 있다. 그런데 영어는 이제 '링구아 프랑카(세계어)'가 되긴 했지만 비교적 최근에야 급성장한 언어이기 때문에 그 속담의 다수가 실은 그 이전에 번성했던 민족한테서 전해 받은 것이다. 그런데 그걸 자기 것인 양 여기는 경우가 많다.

예컨대 앞서 우유에 관한 속담은 아프가니스탄의 **쏟아진 기름은 도로 항아리에 담을 수 없다**나 쿠르드족의 **한번 짠 우유는 유방으로 다시 들어갈 수 없다**가 전파돼 변형된 것일지 모르며, 물레방아에 관한 속담은 이탈리아 속담 **흘러가버린 물로 다시 방아를 찧을 수 없다** 또는 아프가니스탄 속

192

담 **하구로 흘러간 강물은 상류로 돌아갈 수 없다**를 상기시킨다. 물론 우연히 다른 시대, 다른 땅에서 같은 진리를 비슷하게 표현한 것일 수도 있다. 그렇지만 같은 진리라도 다르게 표현한 예가 훨씬 더 많다.

예컨대 **뽑힌 머리카락은 두 번 다시 제자리로 돌아가지 않는다**(러시아)/**깨진 달걀은 본래 모습으로 돌아갈 수 없다**(볼가 강유역의 핀족)/**벼룩 때문에 화가 나 태워버린 솜옷은 원래 모습으로 되돌릴 수 없다**(불가리아)/**뱉은 침은 입속으로 다시 돌아갈 수 없다**(아랍)/**저지른 죄는 코끼리가 잡아당겨도 되돌릴 수 없다**(스리랑카)/**밭에 뿌린 씨앗은 새가 쪼아 먹어버리면 되돌릴 수 없다**(파키스탄).

또 마다가스카르 사람들이 이상으로 여기는 것은 **깨져버리면 그만인, 원래 모습으로 돌아갈 수 없는 돌과 같은 우정이 아니라, 설사 작아지더라도 수리할 수 있는 비단 같은 우정**이다.

요컨대 인간관계는 노력하면 회복할 수 있다는 것이다. 야마다 비묘山田美妙는 1908년에 쓴 『지로 쓰네타카二郎経高』에서 **엎질러진 물 다시 담은 부부는 물 엎지른 적 없는 부부보다 정이 깊다**며 연을 끊었다가 다시 맺어진 짝은 오히려 정이 더욱 돈독해진다고 이야기했다.

내친김에 덧붙이자면, 땅에 쏟아진 물은 지하수가 되든지 증발해서 구름이 됐다가 비나 눈, 싸라기눈이 되어 땅에 내려오는 것이니, 돌고 돌아 원래 모습으로 되돌아온다고 할 수 있다. 현대의 기술은 강의 흐름을 역류시킬 수도, 깨진 거울이나 암석을 원상회복할 수도 있을 것이다.

공장 생산품이 나도는 오늘날, 타버린 솜옷과 꼭 같은 솜옷을 구하는 건 어렵지 않으며 새가 씨를 쪼아 먹은 밭에는 또 씨를 뿌릴 수 있다. 그러나 아무리 과학기술이 발달하더라도 영원히 회복할 수 없는 것이 있다. 그것은 시간과 생명, 생명을 지닌 것의 시간이라고 해야 할지도 모르겠다.

잃어버린 시간은 되돌릴 수 없다는 것이고, **후회할 때는 이미 늦다**는 것이며, **저질러버린 일은 되돌릴 수 없다**(영국)는 것이다. 한번 시들어 떨어진 꽃도, 짜버린 우유도, 깨진 달걀도, 뽑아버린 머리카락도 원래대로 되돌릴 수 없다. 그러나 꽃을 피우는 초목이 계속 살아 있는 한 꽃은 또 필 것이고, 소와 산양이 살아 있는 한 우유는 또 짤 수 있을 것이다. 대머리 아저씨도 살아 있기만 하면, 대머리에 새 머리카락이 돋아나지 않을 것이라고 단정할 순 없다. **살아 있는 한 희망은 있다**는 것이다.

하지만 **죽은 사람 팔다리에 매질을 해도 되살아나진 않는다**(쿠르드). 그리고 **70마리 쥐를 잡아먹은 고양이가 메카(성지) 순례를 한다고 해서 신이 용서하진 않는다**(파키스탄). **죽어서 꽃 피고 열매 맺어봐야 무엇하나, 우선 살고 볼 일**이라는 것이다.

만사 구제 방법이 있지만 죽음만은 예외다(영국).

네팔에는 **몽구스를 죽이고 후회한들 때는 늦다**라는 관용구가 있는데, 이것은 인도의 설화집 『판차탄트라』에 수록돼 있는 슬픈 이야기가 그 모태다.

한 남자가 몽구스를 키웠는데 몹시 귀여워했다. 남자는 결혼했고 아내가 아기를 낳았다. 부부는 처음엔 몽구스가 아기를 잡아먹지나 않을까 염려했지만 그건 괜한 걱정이었다. 아기도 몽구스와 친해졌고 평온한 나날이 이어졌다.

어느 날 일을 마치고 돌아온 남자는 몽구스 입이 피투성이가 돼 있는 걸 봤다. 기분 나쁜 예감이 들어 주변을 찾아봤으나 아기는 보이지 않았다. 그렇다면 이 몽구스가 아기를 물어 죽인 게로군, 그토록 귀여워했는데. 왈칵 머리로 피가 솟구친 남자는 몽구스를 난도질해 죽였다. 그런데 그 직후 아기의 해맑은 웃음소리가 들려왔다. 아내품에 안겨 나타난 아기에겐 상처 하나 없었다. 남편 얼굴을 보자마자 아내는 입을 열었다.

"여보, 낮에 무서운 뱀이 몰래 숨어들어와 아기를 덮치려고 했어요. 그걸 몽구스가 막아냈어요. 뱀을 물어 죽였죠."

"뭐라고! 그럼, 저 피는……."

그때야 아내도 몽구스의 피투성이 사체를 보고 비명을

질렀다. 남자는 한없는 후회와 슬픔, 자책감에서 헤어나
지 못했다.

다가오는 대통령 선거 텔레비전 토론에서 민주당 케리
후보한테서 "터무니없는 판단 착오"라고 규탄당하면서도
"이라크 개전은 옳았다"라고 계속 강변한 부시 대통령 표
정에는 자신이 강행한 전쟁으로 무수히 죽은 또는 죽어
가는, 더없이 소중한 생명(이라크인 희생자는 이미 2만 명을
넘었고, 미군 사망자도 1200명이 넘는다)에 대한 후회도 슬픔
도 자책감도 찾아볼 수 없었다. 2011년 12월 15일 미국이 이라크전 종결
을 선언했을 때 미군 전사자는 4400명이 넘었다.

물론 부시의 추종자 고이즈미도 브라질의 일본인 이민
자들이 자신에게 베푼 환대에는 감격한 나머지 눈물을
흘렸지만, 자신이 지지한 이라크 침공으로 빼앗긴 목숨들
을 위해 흘릴 눈물은 없었다.

아무튼 아테네 올림픽 금메달리스트에게는 국제전화
를 걸어 축하한다고 떠들어댈 짬은 있어도, 같은 시기에
오키나와 국제대학에 열화우라늄탄 탑재 의혹이 짙은 헬
리콥터가 추락한 일은 돌볼 짬이 없는 총리다. 고이즈미
는 대학 총장은 물론 일본 경찰과 소방관마저 현장 출입
이 금지된 이상 사태가 발생하여 도쿄에 온 기노완 시헬기
가 추락한 오키나와 국제대학 바로 옆에 있는 도시로 후텐마 미 해병대 기지가 한복판에 있다
시장을 '여름휴가 중'이라는 이유로 쫓아 보냈다. 국민의

생명과 안전에는 철저히 무관심한, 경박한 사람인 것이다.

전쟁 중인 바그다드에서 살아남은 스물네 살의 이슬람 여성 교도 리버벤드는 인터넷에 공개한 일지에 이렇게 썼다.

"이번 전쟁은 대량 살상 무기를 둘러싼 싸움으로 시작됐다. 대량 살상 무기를 찾아내지 못한 데다 증거라는 것도 근거가 빈약한 것으로 드러나자 (미국은) 돌연 '테러와의 전쟁'으로 방향을 바꾸었다. 그리고 알카에다와 오사마 빈 라덴이 한통속이라는 걸 입증하지 못하자(폭스 뉴스와 부시의 머릿속은 그렇지 않았겠지만) 이번에는 '해방'으로 바꾸었다. 제멋대로 불러도 상관은 없지만 내게는 그저 '점령'일 뿐이다."

그리고 오늘도 '점령'군의 공습과 소탕 작전, 레지스탕스의 파괴 활동으로 되돌릴 수 없는 목숨들이 죽어가고 있다.

2004년 8월 중반, 파월 미 국무장관이 대량 살상 무기 수색을 중단한다고 말해, 그것이 애초 존재하지 않았음을 거의 기정사실화했다. 그 무렵 코피 아난 유엔 사무총장은 "이라크 개전은 위법"이라고 처음으로 단언하면서 이례적으로 미국을 비판했다. 개전 당시 국민의 전투 의욕을 열심히 부추기던 미국 언론들도, 최근 부시 정권이 정보 조작으로 국내외 여론을 개전 쪽으로 유도했다는 사실을 검증하는 기사와 프로그램을 내보내고 있다. 10월 3일 자 〈뉴욕 타임스〉는 정보기관과 핵 전문가들 의견을 물리쳤던 미국 정부가 잘못을 깨달은 뒤에도 이라크 침공을 위해 핵 의혹이 심각한 것처럼 국내외 여론을 유도했다고 결론지었다. 게다가 10월 초순에는 이라크 침공에 관한 미국 조사단이 이라크에서 대량 살상 무기 비축, 개발 계획 모두 확인하지 못했다는 최종 보고서를 발표했다.

이라크 침공 뒤 1년 반 이상 지난 지금 그렇게 정정 또는 검증하더라도(하지 않는 것보다는 훨씬 낫지만) 이미 살해된 남자들과 여자들, 아이들은 결코 돌아오지 못한다. 그럼에도 불구하고 혼자 신이 나 있다.

아, 그렇지, 또 한 가지 회복할 수 없는 게 있다. **바로 한 번 입 밖에 낸 말**(헝가리)이다. 그렇게 보면 한번 타인에게 읽힌 글도 없었던 것으로 할 순 없다.

그래서 나는 **마감을 지키지 못해도 죽진 않는다**라는 속담을 만들어내 원고 때문에 건강을 해쳐 생명을 깎아먹는 우를 범하지 않도록 스스로를 견제하고, **인생은 다시 살 수 없지만 원고는 다시 쓸 수 있다**라는 속담까지 날조해 나 자신을 격려하면서 항상 교정지를 만신창이로 돌려주는 바람에 편집자들을 질리게 만들고 있다. 용서하시라.

눈곱이 코딱지 비웃는다

어느 출판사 편집부에 그간 써 모은 원고를 갖고 온 남자가 있었다. 전형적인 패러사이트 싱글parasite single. 독립하지 못하고 부모에 기생하는 독신자. 꽤 나이를 먹었으나 정신적으로는 유치한 타입으로, 아무리 퇴짜를 놔도 헤아릴 줄 모른다. 끈질기게 찾아온다. 편집부원들은 모두 엄청 애를 먹고 난감해했는데, 마침내 수완이 좋은 편집자가 그를 상대하게 됐다.

"지난번에 맡기신 원고를 읽어봤어요. 긴 장편 세 편에 중편이 여덟 편. 정말 대단한 노작이에요. 솔직히 말해 지쳤어요. 오직 프로가 될 작정이라면 좀 더 공부하셔야 할 것 같습니다. 먼저 세계와 일본의 명저들을 닥치는 대로 읽는 겁니다. 댁에서도, 출근과 퇴근길 전철 안에서도, 짬이 나면 직장에서도요. 좌우간 잠자는 시간도 아껴 닥치는 대로 읽는 겁니다."

"그게 반드시 도움이 될 거라 보시는군요."

"물론입니다. 당신 자신은 말할 것도 없고, 세상과 사람들을 위해 큰 도움이 됩니다. 특히 권하는 건 발자크, 뒤마, 도스토옙스키, 톨스토이, 토마스 만 등의 전집을 독파해가는 겁니다."

"그 책들 모두 길어서 좀체 끝나질 않아요."

"바로 그래서 좋은 거죠. 당신이 독서에 몰두하면 할수록 그만큼 창작에 종사할 시간이 줄어드니까요."

"자신의 진짜 모습은 볼 수 없거나, 적어도 몹시 보기 어렵다."

이것이 앞의 우스개를 떠받치는 진리다. 많은 속담과 관용구들이 온갖 방법을 동원해 이 진리를 이야기한다. **눈곱이 코딱지 비웃는다** 또는 **코딱지가 눈곱 비웃는다**는 당연히 이 계열에 속한다.

실은 러시아어에는 **눈곱이 코딱지 비웃는다**(생략해서 **눈곱 코딱지**)에 상응하는 속담이 없어 나는 통역할 때 글자 그대로 옮기곤 했다. 그러면 '자신의 결점은 깨닫지도, 바로 보려 하지도 않고 제쳐두면서 타인의 결점을 비웃는 것의 골계적 의미'만큼은 충분히 전달됐다.

언젠가 이 이야기가 화제에 올랐다. 스에자와 쇼지未澤昌二라는 러시아어 달인이 우크라이나 대사로 재임할 때 **쓰레**

기가 먼지를 비웃는다라고 옮겨 난관을 돌파했다고 이야기했다. 일국을 대표하는 대사로서는 역시 **눈곱 코딱지** 등의 상스러운 말을 외교 석상에서 내뱉을 순 없었을 것이다.

그런데 왜 내가 자구대로 옮긴 구절도, 스에자와 씨가 자구를 약간 바꿔 즉석에서 스스로 만든 속담도 뜻이 통했을까. "○○이 △△을 비웃는다"라는 패턴의 보편성 때문이 아닐까.

시험 삼아 일본에서 간행된 속담 사전류를 찾아보니 "○○이 △△을 비웃는다"라는 패턴을 답습한 속담이 생각보다 많음을 알 수 있었다. ○○이나 △△ 부분에 눈곱과 코딱지, 굴과 콧물, 떫은맛 없앤 감과 떫은 감, 썩은 감과 익은 감, 한 대야와 반 대야 등을 끼워 넣으면 훈계하고자 하는 의미와 조금도 다르지 않은 속담이 된다. 그러니까 누구라도 이 패턴을 따라가면 즉석에서 속담을 만들 수 있다는 이야기다.

그 대표 격에 **원숭이 엉덩이 웃음**이라는 게 있다. 원숭이들이 서로 엉덩이가 까져서 빨갛다며 비웃는 걸 가리키는 말인데, 글자 그대로 거의 같은 속담이 저 멀리 아프리카에도 있어서 좀 놀랐다.

예컨대 아프리카 스와힐리어에는 **원숭이는 자기 엉덩이를 볼 수 없고 다른 원숭이 엉덩이만 본다**라는 말이 있고, 역시 아프리카 세네갈에서는 **빨갛게 까진 엉덩이를 비웃는 원숭이**

가 있을까 하고 원숭이에 가탁해 자신과 큰 차이가 없는데도 타인의 언동을 곧잘 조소하는 인간에 대해 훈계하고 있다.

세계 곳곳 같은 종류의 속담을 훑어봐도 "○○이 △△을 비웃는다"라는 패턴을 음으로 양으로 답습하고 있음을 확인할 수 있다.

예를 들면 방글라데시에는 **바늘이 찻잎 거르는 쇠조리에 구멍이 있다며 비웃는다**라는 말이 있고, 아프가니스탄에는 **체가 쇠조리에게 "너는 구멍투성이구나"라며 비웃는다**라는 속담이 있다.

발트 해 연안 에스토니아에서는 **냄비가 솥을 욕한다, 서로 검기는 마찬가지인데**라는 속담이 있고, 발트 해 북쪽 연안 핀란드에서는 **큰 냄비가 작은 냄비를 꾸짖는다, 둘 모두 옆구리가 검기는 마찬가지인데**라는 속담이 있다.

이것을 보고 뭔가 팍 떠오르는 사람이 많을 것이다. 고등학교 때 암기해야 했던 The pot calls the kettle black(**냄비가 주전자더러 그을음쟁이라 한다**)와 뿌리가 같은 건 아닐까 하고 말이다.

○○, △△에 들어가는 말이 각국 각지의 사정을 반영하고 있어 흥미롭다.

중남미 베네수엘라에서는 **아르마딜로가 모로코이 거북을 "등딱지 자식"이라 욕한다**라고 하고, 중앙아시아 위구르족은 뱀은 자신이 구부려져 있다는 걸 모르고 낙타 등이 굽었다며 바보 취급한다라고 말한다.

스위스에는 '악마가 웃는다' 시리즈 속담이 있는데, 그 하나는 도둑이 다른 도둑의 물건을 훔칠 때 악마가 웃는다이다. 실로 미얀마 속담이 가르치는 대로 제 추한 꼴은 보지 않고 남이 추한 건 우스꽝스러워 견디지 못한다는 것이다.

그런데 도토리 키 재기나 어슷비슷처럼, 자그마한 차이는 있으나 본질적으로 다름없음을 비유하는 말로 종종 사용하는 오십 보 백 보는 원래 지카마쓰 몬자에몬近松門左衛門의 작품 등 에도시대 문헌 여기저기서 보이는 오십 보 가놓고 백 보를 비웃는다의 단축형 같은 것이다. 『태평기太平記』 제39권에도 오십 보에 머무는 자가 백 보 가는 걸 비웃는 것과 같다가 있는데, "○○이 △△을 비웃는다"라는 패턴을 그대로 따르고 있다.

그리고 그 바탕이 된 고사의 출전은 아무래도 전국시대에 활약한 유학자 맹자의 언행을 그 제자가 편집한 『맹자』에 수록된 「양혜왕상梁惠王上」 같다. 맹자가 살았던 기원전 372년부터 기원전 289년 무렵에는 중국 대륙에서 이미 이런 패턴이 사용되고 있었던 셈이다. 그 중요한 고사를 한번 들여다보자.

양나라 혜왕이 밤낮 민초를 위해 좋은 정치를 하고 있는데 나라는 조금도 번성하지 않고 인구도 늘지 않았다.

평범한 사람이 다스리는 이웃 나라와 인구가 별로 차이가 없었다. 도무지 납득할 수 없는 노릇이었다. 왜 이 나라 인구가 늘지 않느냐고 맹자에게 물었다. 그러자 맹자는 다음과 같이 되물었다.

"전장에서 오십 보를 도망간 병사가 백 보를 도망간 병사를 겁쟁이라고 비웃는다면 이를 어떻게 봐야 할까요?"

"어느 쪽이나 도망간 건 매한가지니 대차 없겠지요" 하고 혜왕은 대답했다. 이에 대해 맹자는 "왕이 말씀하신 민초를 위한 좋은 정치도 이웃 나라와 별로 차이가 없다는 것이죠" 하고 깨우쳤다.

일찍이 작가 솔제니친은 스탈린 시대의 소련을 매우 적확하게도 '수용소 군도'라고 불렀다. 2002년 9월 17일 북·일 회담 뒤의 발표, 납치된 일본인을 둘러싼 북한의 대응, 계속 늘어나는 난민, 군법회의에 회부된 젠킨스 씨, 그리고 소가 히토미 씨의 증언 등은 조선민주주의인민공화국이라는 나라 전체가 완전히 하나의 강제수용소라는 사실을 다시 한 번 많은 일본인들에게 알려주었다. 너무나 황당무계하고 부조리하며, 냉혹하고 잔혹하다. 과연 이런 나라와 정식으로 국교를 수립해도 괜찮은 것인가 하는 어리석은 생각을 하다가 바로 얼마 전 K와의 통화를 떠올렸다.

K는 대학 시절부터 알고 지내는 벗이다. 태생적으로 밝

고 쾌활한 남자인데 시무룩한 얼굴을 하고 있기에 인사도 할 겸 "무슨 일이야 도대체?" 하고 물었더니, 금방이라도 울어버릴 듯한 표정으로 하소연했다.

"우리 회사, 이건 뭐 완전히 북한화되고 있어."

그 회사란 예의 그 모 회사. 사업이 기울어 꽤나 심각한 사태에 직면해 있다는 소문은 한참 전부터 돌았다. 나도 갑자기 흥미가 솟구쳐 틈을 두지 않고 재빨리 물었다.

"그렇다면? 기아 지옥?"

"그렇지. 사장 일족은 흥청망청 돈을 물 쓰듯 쓰고 있는데 말이야, 사원들 급료는 최근 몇 년간 아예 주지도 않거나 미루고 있어. 정말 저토록 무능한 경영을 계속하는데도 버티는 건 업계 7대 불가사의 중 하나라는 이야기가 계속 돌아."

"말하자면 사장 일족의 독재 체제로군? 개인숭배로 여기저기 동상이 서고 말이지."

"아니, 어떻게 알았어? 우리 사옥 부지에는 전 사장과 현 사장의 동상과 초상화투성이야. 전 사장이 일본 패전 직후 지금의 회사를 빼앗아 지배권을 장악한 이래 죽 원맨 독재 체제를 유지해오다 죽자, 예술가인 체하는 호색한 건달 자식이 그 뒤를 이었지."

"톱top은 죽을 때까지 바뀌지 않아. 정권이 세습제라는 건 확실히 저 장군님의 나라를 빼닮았군."

"그 상속자가 말이야, 무능한 데다 인덕도 없어서 점차 인심을 잃어가고 사업 실적은 계속 추락하고만 있어. 텔레비전 광고는 엄청 화려하게 하지만 효과는 전혀 없어."

"그래도 창업자나 공로자의 독재 체제로 세습하는 예는 많잖나? 일본의 경우엔 말이야, 고이즈미도 아베도 세습이지. 정치가, 탤런트, 사장 중에도 많고. 2세나 3세 말이야. 김정일 씨도 저 정도의 공포 체제를 동원해서야 가까스로 세습제를 유지하고 있는데, 일본인은 자유의사로 2세, 3세의 '혈통 좋은' 정치가에게 선거 때 표를 던지잖아. 김정일이 얼마나 부러워하겠나."

"좋지 않은 건, 그 건달 자식이 자신의 실책에 대한 책임을 몽땅 부하들에게 전가한다는 거야. 충견들이 모두 뒤치다꺼리를 해주고 있으니 본인은 반성할 줄 몰라. 사장 주변을 에워싸고 있는 건 예스맨뿐이야."

"그러고 보니, 쇠고기 위장 판매 사건 때 일본햄 간부들도 창업자와 상속자를 지키기 위해 전부 죄를 뒤집어썼어. 유가증권 보고서 허위 기재로 사임할 수밖에 없게 되고 이제 체포도 초읽기에 들어갔다는 이야기가 떠도는 고쿠도^{재벌 세이부 철도의 모회사}의 쓰쓰미 요시아키^{堤義明} 전 회장도 그렇지. 저 세이부 왕국을 부친한테서 물려받을 때 원맨 체제와 공사^{公私} 혼동이라는 악습도 함께 이어받은 모양이야. 확신범^{도덕적·종교적·정치적 확신이 결정적 동기가 되어 일어나는 범죄의}

^{가해자}으로 법을 어기고도 오래도록 들통 나지 않았던 건 주변을 예스맨으로 채워놨기 때문일 거야. 세습제는 아니지만 일본 대형 금융기관들도 자신들의 무능한 경영 뒤치다꺼리를 일본은행과 정부가 국민의 혈세로 대신하게 만들고 있는데, 그 일본은행과 정부도 책임질 생각은 없지."

"사회보험청도 쓸모없는 레저 시설에 세금을 쏟아부은 책임자 이름을 아직도 밝히지 않고 있어."

"그런데 자네 회사는 숙청 같은 거라도 하나?"

"지금까지 아버지 대에 회사에 공헌해온 사원이나 조금이라도 자신의 의향에 이의를 제기하는 시끄러운 사원은 쓱싹쓱싹 경질하거나 사직으로 내몰았지. 따르지 않는 자에겐 일도 주지 않은 채 따돌리고 온종일 창도 없는 방에 가둬놓았어."

"우와, 대단해! 분명히 강제수용소도 있겠구먼. 그런데도 노동조합은 그런 인권침해를 문제 삼지 않는 거야?"

"조금은 착실했던 예전 노조는 깨졌고, 지금 있는 노조는 완전한 어용 조합이야. 노사 협조뿐인가, 출세 코스가 돼버렸어."

"그렇담, 회사가 이윤 추구를 우선한 나머지 반사회적인 행위를 해도 거기에 대해 내부에서 저항하거나 반대하는 세력이 없는 거로군. 회사가 통째로 공모하는 범죄를 저지르기가 여반장이야. 간단하게 은폐할 수 있는 거지. 전력 회사가 줄줄이 사고나 부실을 은폐하고 있는데, 내부 고발을 장려하기 전에 노조는 도대체 무얼 하고 있나 하는 생각이 드네. 존재감 거의 제로 상태."

"귀신같군. 아픈 곳을 찌르네. 실은 말이야……" 하고 갑자기 K가 어물거리더니 고개를 푹 숙였다. 화제를 좀 바꿨다.

"그러면 다들 회사를 떠나지 않아?"

"그렇지. 힘 있는 놈은 하나둘 떠나고 있어. 휴, 나도 어디서 주워 가주지 않으려나."

"그렇다면 자네 회사가 하지 않는 일이라곤 납치뿐이군."

"그래, 뭐 그렇지. 다만 말이야, 아리모토 게이코 씨를 속여서 북한에 보낸 야오 메구미라는 사람이 과거를 반성하고 『사죄합니다』라는 책을 냈잖아. 거기에 납치 대상자로 적합한 사람은 순진하고 잘 믿고, 다른 정치사상에 물들지 않은 의리 있는 사람이라는 내용이 있었어. 우리 회사가 사원을 채용할 때의 기준과 똑같지."

이야기를 나누기 시작한 지 딱 사흘 만에, K의 회사는 유가증권 보고서 허위 기재가 사회적 문제가 되면서 한국, 아니 같은 업종의 다른 회사에 병합됐다.한국에 의한 북한 흡수통일을 염두에 두고 한 재담.

그러니 북한을 비웃기 전에 차제에 체크 한번 해보시

라. 당신 회사의 북한화 정도를.

1. 원맨 사장의 독재 체제
2. 최고 경영자는 죽을 때까지 바뀌지 않는다.
3. 세습제
4. 반대 의견 말살·배제
5. 순진하고 착한 사람들만 채용한다.
6. 터무니없는 자금·자재 배분
7. 은폐 체질
...

기타 등등.

닭 쫓던 개여도 끝이 좋다면

거짓말은 도둑질의 시작

일 때문에 출장이 잦은 남편. 오늘도 남편이 출장을 가는 날이다. 아침에 아내는 언제나처럼 남편을 보내면서 이렇게 말했다.

"여보, 돌아올 때 역에 도착하면 꼭 전화해주세요. 목욕물을 딱 좋은 온도로 데워놓고, 저녁 식사도 따뜻한 것은 따뜻하게 찬 것은 차게 내놓을 수 있게요. 잊지 마세요."

남편은 그런 말을 들을 때마다 가정을 지닌 자의 행복을 맛보며 미소 지었다. 물론 출장지에서 집으로 돌아올 때마다 아내가 말한 대로 꼭 전화를 걸었다.

"지금 도쿄 역에 막 도착했어. 집까지는 30분쯤 걸릴 거야."

그리고 귀가하면 언제나 적당한 온도의 목욕물과 따뜻하고 맛있는 저녁 식사, 그리고 무엇보다 아름답게 미소 짓는 아내가 틀림없이 기다리고 있었다.

그런데 어느 날 그는 그만 전화하는 걸 깜빡 잊고 자기 집 앞까지 가버렸다. 창 너머로 실내가 보인다. 그런데, 어? 못 보던 남자가 발가벗고 집 안을 걸어 다니고 있다. 집을 잘못 찾았나. 우앗, 아니야, 저건 분명히 제 아내다. 당치도 않은 모습으로 남자에게 안기듯 기대어 있는 게 아닌가. 남편은 허둥지둥 그곳을 도망쳐 나와 찻집에 들어가서는 숨을 고른 뒤 집에 전화를 걸었다.

"아, 나야. 지금 도쿄 역에 막 도착했어. 집까지는 30분쯤 걸릴 거야."

그리고 예고한 대로 30분 뒤 집에 돌아온 남편을 맞은 건 언제나 그랬듯이 적당한 온도의 목욕물과 따뜻하고 맛있는 저녁 식사, 무엇보다도 아름답게 미소 짓는 아내였다.

그 아늑함을 음미하면서 남편은 속으로 중얼거렸다.

"아이고, 전화 한 통 까먹었다가 이 행복한 가정을 깨뜨릴 뻔했네, 하느님 맙소사."

세네갈 속담에 **가족을 화해하게 만드는 거짓말이 가족을 깨뜨리는 진실보다 낫다**라는 게 있는데, 바로 이런 남편의 심경을 정확하게 대변해준다. 스와힐리어 속담에도 **주술사의 거짓말은 환자의 심리적 안도나 일시적인 위안밖에 되지 않**

는다고 생각하면서도, 정작 급할 때는 의지하게 된다라는 것이 있다. 이런 걸 두고 **거짓말도 방편**이라고 하는 것이리라. 물론 거짓말은 바람직하지 않지만 사태를 적절히 수습하기 위해서는 때론 어쩔 수 없는 경우가 있다는 것이다. 방편이란 건 원래 불교 용어로, 부처가 중생을 깨달음의 길로 인도하고 교화·구제하기 위한 수단을 가리키는 말이다. 그것이 나중에 사교나 인간관계를 원활하게 하기 위한 거짓말을 뜻하는 것으로 바뀐 듯하다.

유사 속담에 처세를 위해서는 거짓말과 아첨이 필요한 경우가 있다고 가르치는, **거짓말도 추종도 세상살이**라는 게 있다. 캄보디아의 **굽은 길 버리지 말고 곧은 길 걷지 마라**와 상통한다. 거짓말이나 속임수 없이는 살아가기 어렵다는 진리는 만국 공통인 것이다. 그리고 그 밑바탕을 관통하는 것은, 어차피 고운 것보다는 실리를 선택하는 게 낫다는 현실적인 인간관이 아닐까.

이야기를 바꿔보자. 독일 초기 낭만파의 대표적 시인 노발리스가 쓴 『하인리히 폰 오프터딩겐』이라는 미완성 장편소설이 있다. 『푸른 꽃』이라는 제목으로 더 유명한 이 작품의 주제는 시정신의 예찬, 즉 현실이나 실제 생활이 꿈이나 환상에 얼마나 이끌리고 있는지를 이야기하는 것이다. 그런 목적에서 작자 노발리스는 주인공 오프터딩겐의 꿈속에 아름다운 푸른 꽃을 등장시킨다. 주인공은

이 꿈에서 본 푸른 꽃을 찾아 나서지만, 결론부터 이야기하면 그 푸른 꽃을 손에 넣지 못한다. 그러나 푸른 꽃을 추구하는 과정에서 주인공의 시적 재능이 꽃피게 된다. 아마도 푸른 꽃은 시인이 끝내 보지 못한 꿈과 이상을 상징할 게다.

꿈과 현실에 실재하지 않는 것을 꽃에 빗대는 풍습은 다들 아는 바와 같이 일본에도 있다. 그 대표 격이 **꽃보다 경단**금강산도 식후경. 봐서 아름다운 벚꽃보다도 배부르고 맛있는 경단이 더 좋다. 풍류보다는 실리를, 외관보다는 내용을, 멋진 볼품보다는 내실을 중시하라고 설파하는 속담이다.

꽃 아래보다 코 아래일본어로 '꽃'과 '코'의 발음은 모두 '하나'라는 말도 있다. 꽃 아래서 그 아름다움을 사랑하기보다는 코 아래, 즉 입에 풀칠하는 걸 우선하라는 사고방식.

시험 삼아 곁에 둔 속담 사전을 몇 개 찾아보니 이 실리 우선주의를 권장하는 훈계가 의외로 많은 데 놀랐다. **잇추부시**一中節일본 전통 인형극 조루리의 일종**보다는 가쓰오부시**가다랑어포**/술 없이 그대가 어찌 사쿠라랴/색기**色氣**보다는 식기**食氣**/시를 짓느니 논을 갈지** 등등.

한국에는 **금강산도 식후경**이라는 속담이 있는데, 평생 누구나 한 번은 가보고 싶어 동경하는 절경 금강산도 먼저 배를 채우지 않고서는 즐길 수 없다는 뜻이다. 태국에는 **방귀보다 똥**이라는 속담이 있다. 스위스 사람들은 **가방 속 빵이 모자에 붙은 깃털보다 낫다**라고 한다.

영어에도 **새 노랫소리보다 빵**을 비롯해 실질주의를 예찬하는 속담이 엄청 많은데 러시아도 그에 못지않다. **휘파람새를 동화 이야기로 기를 순 없다**, 즉 꿈 이야기에선 먹을 게 없다는 것이다.

러시아인은 또 흔히 **하늘을 나는 학보다 내 손안의 박새**라고들 한다. 공상적인 꿈 이야기에 정신을 팔기보다는 땅에 발을 붙이고 지금 할 수 있는 것을 중시하라는 의미다. 러시아 이웃 나라인 우크라이나에서는 **오늘의 참새가 내일의 비둘기보다 낫다/작은 물고기라도 큰 바퀴벌레보다 낫다**라고들 한다. 이것은 일본 속담 **내일 백 냥보다 오늘 다섯 냥**과 상통한다.

미남 미녀로 태어나느니 행복한 사람으로 태어나는 게 낫다(러시아)는 이야기도 있지만, 확실히 미모와 행복은 공존하기 어려운 점이 있다.

집의 매력은 건물의 화려한 아름다움이 아니라 파이의 맛에 달렸다도 러시아인들이 흔히 입에 올리는 속담이다. 눈앞이 아찔해지는 멋진 레스토랑에서 맛없는 식사를 하느니, 술렁술렁한 분위기에 꾀죄죄해도 요리만큼은 모두 넋을 잃을 정도로 맛있는 가게에 나도 손을 들어주겠다.

이와 관련해서 최근에 발견한 것인데, 요리를 좋아하는

사람 중에는 청소하기 싫어하는 타입이 많은 것 같다. 반대로 먼지 하나 없이 구석구석 깨끗하게 청소한 집이 요리는 어딘가 좀 모자랄 확률이 높을 것이라는 기분이 드는 건 어쩔 수 없다.

그런데 어느 나라에서든 이토록 공상적인 꿈 이야기보다 실리에, 아름다움보다는 좋은 맛에 더 높은 점수를 주는 관용구가 많다는 건 거꾸로 인간이 얼마나 실리를 잊고 꿈같은 공상에 빠져들기 쉬운 생물인지 말해주는 게 아닐까.

통역 일로 입에 풀칠하고 있을 무렵 통역사를 소개해 달라는 고객이 다음과 같은 조건을 붙이는 경우가 종종 있었다.

"가능하면 젊고 미인인 사람을."

그러나 이럴 때 "젊고 미인이지만 통역 수완은 별로 없는 사람과, 그다지 젊지도 않고 미인도 아니지만 통역 능력은 뛰어난 사람, 어느 쪽이 좋겠습니까?" 하고 되물으면 반드시라고 해도 좋을 정도로 전자를 포기하고 후자를 택한다. 이상으로선 꽃도 경단도 다 있는 게 좋겠지만 현실에선 결국 '경단'으로 결론이 난다. 이렇게 되면 앞서 인용한 속담들은 그렇게 하라고 설파하는 게 아니라 원래 인간의 본질이 실익 추구형임을 말하는 것이리라는 깨달음에 가까워진다.

재미있게도, 앞서 소개한 푸른 꽃 이미지는 실은 노발리스의 발명이 아니라 그림그림 형제이 수집한 동화 속에 먼저 등장한다. 목동이 우연히 발견한 푸른 꽃으로 자신의 옷을 장식한 덕에 보물을 발견한다는 이야기다. 그리고 노발리스의 소설도 푸른 꽃을 추구한 결과 시 재능이라는 열매를 손에 넣게 된다는 이야기다.

대량 살상 무기의 은닉 → 테러와의 전쟁 → 이라크 사회의 민주화로 전쟁을 시작할 때의 **대의명분/천황 군대의 깃발**, 즉 표면적인 이유는 뱅글뱅글 변해왔으나 그건 '꽃', 그러니까 공상적인 꿈 부분이고, '열매' 쪽은 석유 이권 내지는 군수 이권이었던 것.

일본인이 최근 마음을 두는 공상적인 꿈에 '국제 공헌'과 '민영화'가 있다. 평화헌법이면서 자위대 젊은이들을 전장에 태연하게 파견할 수 있었던 것은 '국제 공헌'이라는 **대의명분**이 있었기 때문이다. 국유재산이었던, 그러니까 국민한테서 거둔 세금으로 창설하고 운영해온 이른바 전 국민적 소유물이었던 일본전신전화공사(전전공사, 지금의 NTT)와 일본국유철도(지금의 JR), 도로공단, 일본항공, 연금기금 등이 어느 사이엔가 국민의 소유물에서 민간 기업의 사유물이 돼버린 것도 '민영화'라는 **대의명분/천황 군대의 깃발** 덕인 것이다.

확실히 평소에 불친절하고 비효율적인 관청의 일로 고

민하는 국민의 입장에서 보면 '민영화'라는 구호는 좀 더 효율적인(즉, 세금을 낭비하지 않는) 경영으로 전환하도록 보장해줄 것이라는 기대를 갖게 한다. 그렇지만 그것은 어디까지나 '꽃'의 부분.

예컨대 일본국유철도는 '국유'이기 때문에 일본 전국의 광대한 국유지를 자유자재로, 공짜로 사용해왔다. 철로나 역 등의 설비 시설도 죄다 세금으로 건설했다. 정치가들과의 이권 놀음으로 생긴 방대한 적자가 경영을 압박하기 시작하자, 집권 여당은 그 원인을 규명하는 대신 '민영화'를 단행했다. 그러자 어찌 된 셈인지 적자는 국민 부담으로 해소되었고, 적자에서 해방된 JR 회사들은 어찌 된 일인지 국유지도 설비 시설도 몽땅 물려받았다. 그러더니 이제 역 구내의 식수대를 부수고 자동판매기를 갖다 놓거나, 로커 시설을 철거해서 만든 공간을 터무니없이 비싼 임대료로 민간 기업에 빌려주고 있다. 거기다 옛 국유지에 착착 호텔을 짓더니, 원래 세계적으로도 악명 높은 사기 수준의 비싼 승차권에 1500엔이나 더 얹어 호텔 종합세트 요금(이것은 독점금지법이 금하고 있는 끼워팔기 상품이 아닌가)을 설정함으로써 도저히 이에 대등하게 맞설 수 없는 민간 호텔업을 압박하고 있다.

고이즈미 총리가 세상없어도 밀어붙이겠다고 호언하는 우정 민영화가 민간사업 압박에 지나지 않는다는 것 또

한 명백하다. '민영화' 중인 우정공사가 새 소포우편 요금을 덤핑한 일과, 대형 편의점 업체 로손에 대한 경영 참여 문제로 지난 9월 28일 야마토 운수가 우정공사를 독점금지법 위반으로 제소한 것만 봐도 알 수 있다. 우정 민영화를 통해 우편·우편저금·간이보험 등 세 부문이 지주회사제로 이행하기 때문에 각 부문이 독립채산제를 채택해야 하고, 그래서 민영화 전에 수익률이 높은 소규모 택배 사업에 손을 대려 하는 것이다. 그러나 원래 택배 사업은 민간의 창의적 노력으로 개발된 것이다. 그것을 이제까지 법인세를 면제받은 데다 자가용 트럭으로 세금 우대까지 받으면서도 연간 100억 엔이나 계속 적자를 내고 있는 구조적 결함에는 칼을 대지 않고 우정공사가 먹어치우려는 것이다. 우편 사업 적자를 소포우편 덤핑이나 민간사업을 들어먹는 수법까지 동원해서 해결하려는 꿍꿍이속.

이런 등쳐먹기 체질 내지는 사기 체질은 'NTT'라는 이름으로 '민영화'된 전전공사(일본전신전화공사)의 '전화 가입권' 폐지를 환불도 하지 않고 해치우는 데서도 여실히 드러난다.

전화를 가설할 때는 전화 가입권이라는 채권을 전전공사로부터 구입해야 했다. 전전공사가 시설 설치 부담금으로 독점적이고 일방적으로 정해놓은 금액을 지불해서 '가입 전화를 끌어다 쓸 수 있는 권리'를 획득하고서야 비로소 전화를 놓을 수 있었던 것이다. 이 가입권은 양도나 매매를 할 수 있고 언제라도 전전공사(그리고 그 계승자인 NTT)가 도로 사들이는 채권이라고 계약서에 명기돼 있었다. 아직도 상속세를 계산할 때 상속 자산 항목에 전화 가입권이 있는 것을 보더라도 이것은 회계상으로도 채권 또는 무형고정자산으로 간주돼온 상품이다. 그런데 채권으로 솜씨 좋게 대거 팔아치우면서 제도가 폐지되자 채권까지 자기들 마음대로 없애버린 것이다.

본래는 재정적으로 어려웠던 전후 재건 시기에 이용자에게 전화통신 인프라 설비투자 비용을 부담시키기 위한 기발한 아이디어였다. 그래서 전전공사의 인프라 설비는 가입권자 전원의 공동소유인 셈이다. 즉, 가입권 제도를 폐지했다면 환불하든지 NTT의 주식으로 대체해주든지 해야 하는 것이다. 요컨대 '민영화'라는 이름의 국가적 사기가 추진되고 있다.

거짓말은 도둑질의 시작/거짓말은 도둑의 시초/거짓말은 도둑질의 근원 등의 속담들이 연이어 떠오른다. 거짓말을 하는 것은 대수롭지 않은 악행일지 모르지만 그것이 단초가 돼 태연하게 거짓말을 자꾸 하게 되고 결국 도둑질처럼 나쁜 짓을 해도 부끄러운 줄 모르게 된다는 의미로 쓰는데, 이처럼 거짓말이 도둑질로 이어진다는 속담은 전 세계에 많다.

거짓말하는 자는 도둑질도 한다(시베리아)/**거짓말쟁이는 도둑놈과 형제**(필리핀)/**거짓말하는 자는 도둑질을 한다**(에스토니아)/**거짓말하는 자는 도둑질도 한다**(사미)/**거짓말하기 좋아하는 자는 도둑질도 좋아한다**(불가리아)/**거짓말쟁이가 도둑질한다 · 거짓말쟁이는 도둑보다 더 나쁘다**(영국).

그래도 '민영화'에 따른 대형 사기극의 경우에는, 국민 재산을 훔쳐가려고 '민영화'라는 거짓말을 만들어낸 것이기 때문에 **도둑질은 거짓말의 시작**이라고 해야 맞다. 앞에서 서민들의 생활 지혜를 말하는 것으로 소개한 **거짓말도 방편**과는 근본적으로 다르다.

불난 집에 도둑질

　재난이라는 건 잇따라 일어난다고, 불행은 불운을 부르는 경향이 있다고 깨우치는 속담은 엄청나게 많다. 그 중 **우는 얼굴에 벌침**은 에도시대 후기 통속소설 『골계본滑稽本』 외에도 교쿠테이 바킨曲亭馬琴의 작품에 유사한 표현이 나오는 걸로 보아 그 무렵에 등장한 표현인 듯하다. **상처에 소금 뿌린다/아픈 다리에 붓는 다리/아픈 눈 찌르기** 등 비참이 겹치는 모습에 비유하는 표현은 많다. 그것은 일본에 국한되지 않고 **앓는 눈에 고춧가루**(한국)/**삐어서 끙끙대다 뼈까지 부러진다**(서아프리카 하우사족)/**부은 데 종기 난다**(인도) 등 세계 각지에 유사 속담이 흩어져 있다.

　불행은 홀로 오지 않는다(영국)/**재난은 문으로도 오고 창으로도 온다**(에스토니아)로 대표되는, 불행이나 불운은 연속현상이라 이야기하는 속담도 지겨울 정도로 많다. **재해는 파운드 단위로 왔다가 온스 단위로 간다**(영국)/**불운은 말 타고**

왔다가 걸어서 간다(네덜란드) 등등.

넘어졌는데 하필 똥 무더기나 재난 하나 물러가자 또 재난 등 불행은 경단처럼 밀려오는 것이라고 훈계하는 속담들. 글자 그대로 경단 모양으로 줄줄이 밀려온다는 걸 실감나게 말하고 싶어서 아래와 같이 늘어놔봤다.

나무에서 떨어져 소한테 떠받힌다(스리랑카)/코끼리한테서 도망치니 호랑이를 만나고, 호랑이한테서 도망치니 악어를 만난다(라오스)/하늘에서 떨어져 대추야자 나무에 걸린다(파키스탄)/물 담은 솥에서 떨어지니 기름 담은 솥이다(코미족)/비 피하려다 물도랑에 떨어진다 · 호랑이 막으려다 늑대 만난다(아프가니스탄)/윽박당한 끝에 얻어맞는다(브랴트 공화국, 동시베리아)/비 피하려다 우박 맞는다(아르메니아)/연기 피하려다 불구덩이에 떨어진다(우크라이나)/한번 내렸다 하면 억수 같은 비(유럽 각국)/이리(늑대) 피하려다 곰 만난다(리투아니아)/비 피하려다 싸라기눈 만난다 · 개 피하려다 곰에게 걸린다(세르비아)/전갈 무서워 도망치다 독사 입에 들어간다(인도). 호메로스의 『오디세이』에 나오는 험한 바다를 집어넣어서 카리브디스 엄청난 양의 바닷물을 들이마셔 소용돌이를 일으키는 괴물를 피하자니 스킬라카리브디스와 함께 오디세우스의 항로를 방해한 바다 괴물를 만난다라고 속담화한 예도 있다. 또 이쪽 발을 진창에서 빼니 저쪽 발이 진창에 빠진다(영국)/작은 난 피하려다 큰 난 만난다(일본)/호랑이 굴에서 도망치다 용 굴에 떨어진다(중국).

실로 앞문에 호랑이, 뒷문에 이리(중국), 이러지도 저러지도 못하는 상황의 총망라다. 왜 세상 사람들은 이런 구제 불능의 비참한 상황이 엎친 데 덮친 격으로 거듭된다고 이야기하는 속담을 좋아하는 걸까. 왠지 모르게 유머를 머금고 있지 않은가. 쓰라린 것, 비참한 것을 과장하여 웃음으로 날리고 극복하려는 사람들의 다부진 의지 같은 것이 전해진다.

그중 으뜸이라 할 만한 것으로, 유럽 각지에 전해지는 이디시어유태인의 공통어 기원의 속담 **오픈 샌드위치 낙하 법칙**이라는 게 있다. **오픈 샌드위치가 떨어질 때는 반드시 토핑한 쪽이 먼저 바닥에 떨어진다/버터 바른 빵은 반드시 버터를 바른 쪽이 먼저 바닥에 떨어진다**는 것. 머피의 법칙과 상통하는 면이 있다.

허약한 몸에 양화는 약해진 몸에는 귀신이 붙기 쉽다는 의미로, 이미 아즈치모모야마安土桃山 시대1573~1603년. 오다 노부나가, 도요토미 히데요시가 정권을 잡았던 시대의 문헌에 등장한다. 오키나와에도 **병약자에게 티끌과 먼지 붙는다**라는 비슷한 속담이 있다. 기타 **귀신은 허약한 몸에 붙는다·가난한 자에게 들러붙는 감기 귀신·바람은 언제나 가난한 사람에게 불어온다**(우크라이나)/**누더기 옷 입으면 개가 문다**(우즈베키스탄)/**운 나쁜 사람은 낙타를 타고 있어도 개한테 물린다**(아르메니아)/**기울어진 나무엔 산양도 덤벼든다**(폴란드)/**나이 든 노인에게 진드기는 부속**

물(과테말라)/**호랑이도 나이 들면 개조차 짖는다**(자메이카)/**가난한 자가 햇볕에 옷 말리면 비 온다 · 마른 개는 빈대투성이**(콜롬비아)/**마른 말에는 때가 낀다**(우즈베키스탄)/**마른 말에 무거운 짐** 등등, 한번 찌그러진 사람은 불운과 재난을 만나기 쉽다고 훈계하는 속담은 셀 수 없을 정도로 많다. **빗줄은 가는 곳부터 끊어진다**(아프가니스탄, 카자흐스탄)/**가장 약한 자가 구석으로 내몰린다**(영국)는 것이다.

이래도 안 믿을 거야, 하고 약육강식의 이치를 설파하는 속담을 열거한 것은, 인도네시아 수마트라 앞바다 지진에 따른 큰 해일(쓰나미) 피해가 바로 가난하고 약한 사람들에게 가장 가혹한 형태로 덮쳤기 때문이다.

부서지고 떠내려간 집 대부분이 가난한 사람들의 폐가와 같은 목조 가옥들이었다. 거기에 살고 있던 사람들 대부분은 주거지와 가재도구뿐만 아니라 목숨까지 잃었다. 한편 콘크리트로 지은 탄탄한 건물은 쓰나미에 떠내려가지 않았고 거기에 거주하거나 숙박하고 있던 부자들은 외출하지 않은 이상 죽을 염려가 없었다.

게다가 수마트라 섬 북부에 있는 아체 주에서는 1976년 이래 무장 세력과 정부 간에 독립 문제를 둘러싼 전쟁이 이어지고 있다. 이 전쟁으로 이제까지 시민 1만 3000명이 죽었는데, 지난해에만 2000명 이상의 시민이 희생되었다. 스리랑카에서도 1983년 이래 소수민족인 타밀족의 독립국가 선언을 인정하지 않는 스리랑카 정부군과 반정부 타밀인 조직 '타밀 엘람 해방 호랑이' 사이에 내전이 계속되고 있다.

처음엔 강 건너 불 보듯 느긋한 자세를 취하고 있던 선진 제국 정부는 때마침 이국적인 바캉스를 즐기기 위해 재난 지역에 머무르던 자국 시민의 희생자 수가 심상찮은 수준인 데 놀라 허둥지둥 서둘러 그 수를 파악하고 행방 불명자를 수색했으며, 난민을 구출해 자국으로 데려갔다. 일순간에 가족, 집, 가재도구, 가업을 모조리 잃어버린 현지 난민들의 고뇌와는 강렬히 대비된다.

이번 재난을 당한 태국 해안에서는 전에 자신이 주연한 영화 〈비치〉를 찍은 레오나르도 디카프리오가 솔선해서 기부금을 냈는데, 그가 연기한 〈타이타닉〉에서 1등 선실 승객이 가장 먼저 구조되고 3등 선실 승객의 대다수가 목숨을 잃은 것과 같은 구도가 반복됐다.

세계 각국은 경쟁하듯 인도 지원을 약속하고 있다. 그러나 지원 물자와 구조대가 그것이 필요한 사람들이 있는 곳까지 당도하는 것은 재난 지역이 전례 없이 광대한 만큼 매우 어려운 실정이다. 이미 전염병이 창궐하고 있다는 소식이 들려오고 사망자도 계속 늘고 있다. 재건에는 몇 년이나 걸릴 것이다. 천재지변은 남북 간에 가로놓인 거대한 빈부 격차가 선명하게 드러나도록 만들었다.

여기에 각국 국민 1인당 총소득(미국 달러 환산)을 보여주는 일본 총무성 통계국의 2001년도 통계 수치를 싣는다. 먼저 쓰나미 피해국, 그다음에 휴가객들의 국적 순으로 살펴보자.

인도네시아	651
스리랑카	822
인도	468
태국	1842
말레이시아	3458
방글라데시	334
케냐	335
탄자니아	261
일본	3만 2284
미국	3만 5081
독일	2만 2339
프랑스	2만 2074
스웨덴	2만 4820

(단위: 달러)

보다시피 자릿수부터 다르다. 가장 심한 피해를 입은 인도네시아 국민 1인당 소득은, 그곳에서 일부 국민이 바캉스를 즐기고 있던 부자 나라 일본의 약 50분의 1. 아무리 과학기술이 발달해도 이 거대한 격차가 있는 한 천재지변은 빈자와 약자의 목숨을 계속 엄청나게 빼앗아 갈 것이다.

이 목숨의 격차는 이라크 전쟁에서도 노골적이다. 미군은 사망자가 약 1300명, 동맹군 사망자와 합쳐도 수천 명인 데 비해 이라크 민간인 사망자는 이미 지난해 9월을 기점으로 적어도 10만 이상에 달했다. 미군 중부지역군 사령관 토미 프랭크스 장군이 이라크 침공 개시 전부터 "우리는 사망자 수를 확인하지 않을 것이다"라고 단언한 대로 미군은 이라크 민간인 희생자 수에 관심을 기울이지 않았다. 아니, 실은 극비 취급을 해왔다. 게다가 미국 언론들은 그렇다 치더라도 다른 선진국 미디어까지 미군과 동맹군 병사의 사망자 수에 대해서는 엄청 자세히 보도하면서 이라크 민간인 희생자 수는 아랑곳하지 않았다. 그래서 영국과 미국의 비정부기구인 '이라크 바디 카운트 Iraq Body Count'가 언론에 보도된 사망자 수를 누계해서 계속 발표하고 있다. 이 원고를 쓰고 있는 시점에 그 수는 1만 5299~1만 7443명. 하지만 이것은 본래부터 이라크인 사망자 수에 무관심한 선진국 미디어에 실린 수치를 합한 것일 뿐 정확한 건 아니다.

그런데 지난해 10월 28일, 영국의 권위 있는 의학 잡지

〈랜싯Lancet〉(인터넷판)에 「2003년 이라크 침공 전후의 사망자 수: 집락 추출 조사」라는 논문이 실렸다. 거기에 따르면, 아무리 적게 잡아도 지난해 9월을 기점으로 10만 명 이상의 이라크 시민이 희생당했다는 충격적인 수치가 나왔다.

이 논문은 미국 존스홉킨스대학과 컬럼비아대학, 이라크 무스탄시리아대학이 참여한 '미국·이라크 합동 조사단'의 이라크인 사망자에 관한 조사 보고서다. 조사단은 먼저 지난해 9월 이라크 국내의 약 1000세대에 대해 현지 조사를 실시해 미군 침공 이전과 이후의 가족 출생과 사망 상황을 묻는 현장 조사를 벌였다. 그 뒤 통계적 수법으로 사망자 수를 추계하는 등 본격적인 조사를 실시했다. 지금도 그 수는 계속 늘고 있다. 생각해보면, 미국은 인류에게 누구도 멈출 수 없는 '천재지변'과 같은 존재가 되었다.

게다가 미국은 수마트라 앞바다 지진 피해 구제 명목으로 이슬람교도가 다수를 점하는 피해 지역에, 재난 구조로서는 사상 최대 규모인 1만 2000명이나 되는 미군 부대를 파견했다. 자카르타 재건 지원을 위한 긴급 정상회의 뒤 기자회견에서 파월 국무장관은, "빈곤이 테러의 온상이다. 미국의 재난 지역 지원은 피해국의 국익이기 전에 먼저 미국의 국익이다"라며 재난 지역 구원이 '테러와의 전쟁'의 일환이라는 걸 노골적으로 드러내 쓸데없이 반미 감정을 부채질했다.

이를 1월 7일 자 사설에서 다룬 〈류큐 신보〉는 "미증유 의 재난에 구원을 요청하는 재난국. 그 틈을 이용해 미국 은 군사력 강화를 노린다. 이건 '혼란을 틈탄 나쁜 짓으로 부정한 이익을 취하는 것' '화재 현장의 소란을 틈타 도둑 질을 하는 것'을 가리키는 **불난 집에 도둑질**과 다름없다'라 고 비난했다.

재난지에서는 주인이 피난한 빈집을 노리는 강도가 빈 발하고 재난을 당한 고아들의 유괴와 인신매매가 횡행하 고 있다고 유네스코가 경고하고 있지만, 세계 최강의 나 라가 하찮은 좀도둑과 같은 수를 쓰다니 놀랐다. 불행이 계속 닥치는 것은 자연현상이자 사회현상이어서 막을 수 없는 면도 있지만 **불난 집에 도둑질**은 남의 약점을 이용해 인위적으로 **허약한 몸에 양화**를 연출하는 비열한 짓이다.

이 속담의 기원은 중국 병법에서 이야기하는 전술의 하나인 **진화타겁**趁火打劫이다. 진趁은 승乘과 같은 의미로 '허점을 이용하다'라는 뜻이다. 화火는 '불·화재', 타打는 '상대에게 공세를 취하다·공격하다', 겁劫은 '노상강도질· 강도'를 뜻한다. 말하자면 진화타겁은 불을 진(이용)해서 겁(강도)을 타(공격)한다는 뜻이다. 남의 집에서 불이 난 것을 이용해 뻔뻔하게 약탈을 하는 것, 즉 **불난 집에 도둑**

질을 장려하는 것이다. 군사적으로는 적군의 내우외환을 이용하고, 기회를 틈타 무력을 행사해서 움직일 수 없는 적군을 때려눕히는 책략을 가리킨다. 그것은 곧 미국이 재난국을 결코 벗으로 여기고 있지 않음을 가르쳐준다.

지금이야말로 쓰나미에 관해 아마도 세계 최고의 지식과 경험을 축적한 일본이 독자적인 역량을 발휘해서 '미국의 충견' 노릇만 하는 게 아니라는 걸 보여줄 호기다. 일본은 의료와 방역, 수송을 주요 임무로 하는 자위대 파견을 일찍 단행했다. 명분 없는 이라크 전쟁에 파견하는 것과는 좋은 대조를 이루는데, 이것이야말로 전쟁 포기를 강조해온 일본국 헌법의 정신과 잘 어울린다. 무슨 일이 있어도 미국의 '테러와의 전쟁' 전략의 머슴, **불난 집에 도둑질**의 심부름꾼은 되지 말았으면 좋겠다.

또 1월 3일에 발매된 미국 잡지 〈타임〉은 하와이 호놀룰루의 태평양쓰나미경보센터ᴾᵀᵂᶜ가 12월 26일 수마트라 앞바다 지진 발생 뒤 쓰나미 가능성을 경고하는 메일을 인도네시아와 태국 등 태평양 연안국들에 보냈으나 각국의 후진성 때문에 정보를 활용하지 못했다고 전했고, 이것을 일본의 신문들이 그대로 받아서 보도했다. 하지만 태평양쓰나미경보센터의 고시를 실제로 읽어보면 THERE IS NO TSUNAMI WARNING, "이것은 경보가 아니다"라고 두 번이나 강조해서 양해를 구하고 있다. 미국은 인도양 디에고가르시아 섬의 자국 해군기지에는 쓰나미 경보를 보냈다. 이로 보건대 미국이 사태의 중대성은 자각하고 있었던 듯하므로, 미국이 인도양 각국에 경고하지 않은 데 대한 국제적 비난은 타당했다.

하나를 보면 열을 안다

"아아, 그는 이제 나 같은 건 사랑하지 않는 거야."

이렇게 말하는 가요코의 눈에서 샘물처럼 눈물이 흘러넘쳤다. 마야는 당혹스러워하며 위로했다.

"거짓말. 늘 사랑, 사랑이었잖아. 가요코와 그 사람, 언제까지고 신혼 기분이 이어질 거라고 모두들 이야기하고 있어. 근데 왜 그렇게 생각해?"

"함께 살고부터 매일 아침 그를 깨울 때 키스를 했어. 그러면 그가 잠에서 깨어나 내게 키스로 답례했지. 당연히 나도 또 한 번 그에게 키스를 했지. 당연히, 그러다 보면 자연스레 분위기가 무르익었는데……."

"……매, 매일 아침? 그렇지만 벌써 1년이 지나가잖아, 둘이 함께 살게 된 지."

"응, 어제가 결혼기념일이었어. 그런데 그가 무슨 선물을 했는 줄 알아? 내게 말이야."

"뭔데……?"

"알람 시계야."

이런 식으로 한 가지 물건이나 한 가지 일만 보고도 사태의 전모를 파악할 수 있다는 걸 두고 **하나를 보면 열을 안다—事万事**라고 한다. 유사 속담에 **한 가지로 만 가지를 안다/하나를 들으면 열을 안다** 등이 있다.

정말 하잘것없는 징후를 보고 거대한 사건이나 본질을 포착해낸다는 의미다. 제한된 시공간에서 살아갈 수밖에 없는 인간은 태곳적부터 바로 그 작은 징후를 보고 본질을 포착해내기 위해, 아니 그것을 목표로 삼아 세상사를 관찰하고 분석했으며, 그런 세상사를 관통하는 법칙을 철저히 살펴서 그걸 토대로 미래를 점치려 했다. 과학은 그렇게 발전해왔다고 할 수 있다. 점술도 옛날에는 과학 그 자체였던 것이다.

그리고 현명한 사람이란 바로 풍부한 경험이 뒷받침된 지식과 정확한 판단력을 겸비해, 미지의 사태에 처하더라도 정말 털끝만큼의 정보를 가지고도 전모를 파악할 수 있는 그런 사람이다.

알고 있는 사람에겐 한마디로도 충분하지만 모르는 사람에겐 천 마디가 필요하다(시베리아 소수민족 숄)/**현자에겐 한마디만 해도 충분하다**(영국)/**얼룩무늬 하나만 보고도 표범이라는 걸**

안다(중국) 등, 그런 지혜 자체와 현자를 예찬하는 속담은 얼마든지 있다.

그런데 **아니 땐 굴뚝에 연기 나랴**라는 속담은 일본에서는 널리 인용되는데, 아무리 하찮은 것일지라도 사실이 포함돼 있으니까 소문이 난다는 뜻으로 널리 쓰인다. 참으로 일본 태생의 속담답다. 실제로는 메이지 이후 구미에서 건너온 속담 같은데, **연기 나는 곳에 불이 있다**는 본래 '부분으로 전체를 유추할 수 있다' 또는 '어떤 현상에도 원인이 있는 법이다'라는 의미다. 모든 유럽, 콜롬비아·베네수엘라 등의 중남미 제국, 파키스탄·우즈베키스탄 등의 중앙아시아 제국에서 같은 표현을 찾아볼 수 있다.

갯버들 있는 곳에 물 있다(우크라이나)/**벌이 눈에 띄면 가까이에 꿀이 있다**(러시아)/**나무가 흔들리는 건 바람이 불고 있기 때문이다**(아프가니스탄)/**재는 불이 있었다는 증거**(베네수엘라) 등, 결과로 원인을 유추할 수 있다고 이야기하는 속담은 이루 말할 수 없이 많다. 모든 세상사는 갑자기 일어나는 것이 아니라 어떤 일이든 원인과 징후가 있다는 것이다.

따라서 **산비가 오려고 바람이 누각에 가득하다**라든가 **낙엽 하나 지는 걸 보고 천하에 가을이 온 걸 안다**처럼 주의 깊게 관찰하면 세상사의 미세한 전조에서 뒷날의 대세를 예지할 수 있다고 설파하는 속담 또한 많다. 후자는 전한前漢 시대 회남淮南 지역의 왕이었던 유안劉安이 지은 『회남자淮

南子』라는 문헌 1장 「설산훈說山訓」에 나오는 문장 **나뭇잎 하나 떨어지는 걸 보고 바야흐로 한 해가 저물고 있다는 걸 알고, 병 속의 얼음을 보고 천하가 추워졌다는 걸 안다**에서 나온 속담인 듯하다.

그러나 거꾸로 하나를 안다고 열을 알 수 있는 게 아니고, 연기가 난다고 해서 반드시 불이 있는 건 아니다. **상한 물고기 한 마리를 보고 배 한 척이 모두 썩었다고 하지 마라 · 빈대가 뛰어도 먼지가 일지는 않는다**(미얀마)/**바지를 입고 있다고 해서 반드시 남자인 것은 아니다**(스웨덴)/**빛나는 것이 모두 금은 아니다**(일본) 등은 사소한 징후만으로 지레짐작하는 것은 금물이니 세상사의 추이를 신중하게 끝까지 지켜봐야 한다고 이야기하는 속담들이다. 단 하나의 예가 전체의 원칙은 아니라는 뜻이다.

그 대표 격이 중학교 영어 시간에 배운 One swallow does not make a summer(**제비 한 마리 왔다고 여름이 온 건 아니다**)다. 여기엔 **덧없는 기쁨**이나 **지레짐작**과 같은 뜻도 있는데, 거의 같은 속담이 미묘하게 자구나 표현을 바꿔 유럽 모든 언어권에 존재한다. 예컨대 **제비 한 마리만으로 여름이 오진 않는다**(마케도니아) 또는 **제비 한 마리가 여름을 불러오는 건 아니다**(스페인, 콜롬비아 등 스페인어권 중남미 제국).

다만 '여름' 버전보다 '봄' 버전 쪽이 압도적으로 많다.

한 마리 제비가 봄을 만들 순 없다(체코, 슬로바키아)/**제비 한 마리 왔다고 봄이 되는 건 아니다**(폴란드)/**한 마리 제비가 봄을 가져다주진 않는다**(러시아) 등등.

'봄' 버전이 많은 것은 유럽 제국의 평균 위도가 높기 때문이 아니라, 제비가 둥지를 떠난 여름보다 제비들이 남쪽에서 날아오는 봄을 더 주목했기 때문이라고 생각한다. 덧붙이자면, 프랑스어 버전도 (여름이 아니라) '봄'이다.

'봄'이든 '여름'이든, '제비 한 마리를 봤다고 해서 이제 여름(봄)이로구나 지레짐작했다가 실수하지 마라'라는 훈계를 담고 있다.

이만큼 유럽 각국에 퍼져 있는 건 그리스·로마의 고전들과 관련 있기 때문이 아닐까 생각했는데, 역시 원전은 이솝 우화인 듯하다. 이솝 우화를 들여다보면, 아무래도 영어나 스페인어의 '여름' 버전보다는 러시아어나 프랑스어의 '봄' 버전 쪽이 맞는 게 아닌가 하는 생각이 든다.

게으른 데다 낭비벽까지 있는 건달 자식이 부호였던 부친한테서 물려받은 방대한 유산을 눈 깜짝할 사이에 탕진해버리고 마지막 외투만 한 벌 달랑 남게 됐다. 매일 끼니를 잇기조차 어려운 영락이다.

그래서, 어느 날 제비 한 마리를 발견한 건달 자식은 제비가 돌아왔으니 봄이 온 게 틀림없다고 판단하고 외투를 팔아버렸다. 그러나 곧 다시 추워졌고 제비는 얼어 죽었다. 추위에 떨면서 낭비꾼인 건달 자식은 "날 잘도 속였구나!" 하고 두고두고 제비를 저주했다.

이 일화, '아하, 그러고 보니' 하고 생각하는 분이 많을 것이다. 오스카 와일드의 『행복한 왕자』의 원본이 아닐까 하면서. 하지만 이 이솝 우화가 속담의 토대가 된 것은 아니다. 오히려 이솝이 당시 속담에서 힌트를 얻어 이 이야기를 창작한 것이 아닐까 하는 설이 훨씬 더 유력하다. 왜냐하면 이솝과 동시대의 극작가 크라티누스의 희극에도 이것이 오래된 속담으로 소개돼 있기 때문이다. 아리스토텔레스도 『니코마코스 윤리학』에서 인용한 것을 비롯해 많은 철학자와 웅변가들이 이 속담을 즐겨 인용한 듯하다.

그래도 **한 마리 제비만으로는 봄이 오지 않는다**라는 유명한 속담을 유럽 문명권에 이렇게까지 널리 퍼뜨린 최대의 공적은 역시 이솝에게 있을 것이다. 철학이나 고전극의 대본은 읽지 않아도 이솝 우화는 어릴 적에 누구나 접하기 때문이다.

아니, 오히려 제비의 공헌이 클지도 모르겠다. 독특한 자태와 비행 방식으로 계절의 변화를 알리는 제비는 어느 나라에서나 사람들 눈에 잘 띄어 순식간에 친숙한 새가 됐을 테니까. 바로 그래서 속담도 사람들 입에 오르내린 게 아닐까. 어쩌면 영어나 스페인어 여름 버전 속담은 이솝 우화를 거치지 않은 것일지도 모른다.

그런데 제2차 세계대전을 거쳐 세계가 동서 두 진영으로 대치해 10년째 냉전 중이던 1955년 7월, 스위스 제네바에서 미국, 소련, 프랑스, 영국 정상이 한자리에 모여 거두회담을 열었다. 그리고 그 직후 프랑스 신문 〈르몽드〉에는 다음과 같은 사설이 실렸다.

"제네바 거두회담에서 서로에 대한 비난, 모욕, 협박에 대한 응수가 자취를 감춘 것은 물론 기쁜 일이다. 그러나 회의는 또한 거의 모든 문제들에 관해 동서 간의 입장이 터무니없이 벌어져 있음을 선명하게 드러냈다. 기쁨도 허망한 기쁨이 될 수밖에 없다. 한 마리의 제비만으로는 봄을 만들 수 없다는 것이다."

이 사설에 대든 이가 소련의 인기 작가 예렌부르크였다. 스탈린 시대의 종언과 새로운 문학과 사회의 존재 방식을 묻는, 실로 소비에트 사회와 문학에 제비처럼 새로운 계절의 도래를 고한 중편소설 『해빙』(1954)의 작가다. 의회 의원이기도 했던 예렌부르크는 제네바 거두회담 일주일 뒤에 열린 소련 최고의회에서 발언 기회를 얻었다. 그는 위의 신문 사설을 비판적으로 거론하며 거두회담의 성과를 평가하는 연설을 했다.

"앞에서 언급한 제네바 거두회담의 결과 명백해진 것은, 동서 간의 입장 차이뿐만 아니라 양자 간에 전향적인 의지도 있다는 점이다. 전향적인 의지만 있다면 어떤 의견 차이나 분쟁 문제도 해결할 수 있다. 러시아에도 고독한 제비에 얽힌 아주 비슷한 속담이 있다. 나는 이것을 그다지 현명한 속담이라고는 생각하지 않는다. 분명히 단한 마리의 제비가 봄을 가져다주진 않는다. 그러나 제비가 날아오는 것은 봄이라는 시기이지 결코 가을일 리 없다. 게다가 한 마리의 제비가 모습을 나타내면 그 뒤 잇따라 다른 제비들도 날아온다. 원래 제비가 봄을 가져다주는 게 아니라 봄이 제비를 가져다주는 것이다."

과연 그 뒤 나온 백과사전과 역사 사전에서 '제네바 거두회담' 항목을 찾으면 "이 회의에서 동서 양 진영 간 평화공존 노선이 확립됐다"라고 적혀 있다. 즉, 거두회담은 역시 봄의 도래를 예고한 제비였던 것이다.

그런데 지난 2월 3일까지 영국에서 열렸던 기후변동에 관한 과학자회의에서 빌 헤어 박사가 보고한 내용이 충격적이다. 박사는 환경문제 분야에서는 독일에서도 최첨단 연구소인 포츠담 기후영향연구소 객원 연구원이다.

보고서는 지구온난화로 향후 100년 안에 지구의 생태계, 야생식물계, 동물계, 식량 생산, 수자원, 그리고 각국 및 세계 경제에 일어날 것으로 보이는 변화에 관한 상세한 전체상으로, 이때 처음 공표된 것이다.

또 회의에서는 여러 연구 단체가 비장한 경고들을 내놓았다. 예컨대 영국의 남극관측대는 남극 서부의 빙하가 기온 상승 때문에 녹을 가능성이 높아지고 있고, 그럴 경우 세계의 해수면이 4.9미터 상승할 것이라고 경고했다.

헤어 박사에 따르면, 현재 지구는 온난화 때문에 산업혁명 전에 비해 평균기온이 섭씨 0.7도 상승했으며, 이런 경향은 계속 진행되고 있다고 한다. 향후 25년간 섭씨 1도까지 상승하면 오스트레일리아 산악 지대의 원시림과 남아프리카 평원 반사막지대 식물계의 다수 종이 절멸한다. 또 일부 개발도상국의 식량 생산이 줄어들고 물 부족 현상이 심각해져 국내총생산도 급강하한다.

현재 지구에 서식하는 대다수 인간이 여전히 살아 있을 2040년경에는 산업혁명 전보다 지구의 기온이 평균 섭씨 2도 정도 높아져 생태계가 심각한 변화에 직면한다. 남극의 빙하가 녹고 북극곰과 바다표범 등의 생물이 격감한다.

또한 열대 지역 바다에서는 산호초가 탈색되고, 산호초에 서식하는 많은 생물이 수온 상승을 견딜 수 없어서 이동하거나 절멸한다. 지중해 지역은 빈발하는 산불과 늘어나는 해충으로 고통받고, 북미 산악 지대에 흐르는 하천의 수온 상승 때문에 연어와 무지개송어 등의 물고기들이 사라진다. 남아프리카 핀보스에는 이 지역 특유의 야생화가 8000종 이상 피어나는데 그 대부분이 절멸하게 된다. 유럽, 오스트레일리아 고산지대의 많은 식물들도 모습을 감춘다. 중국에서는 활엽수들이 사라진다. 기아와 물 부족으로 고통받을 사람은 15억 명에 달한다.

21세기 중반에는 지금과 온도 차가 섭씨 3도에 달하고, 그 영향은 위험한 수준에 도달한다. 아마존의 원시림은 완전히 소실된다. 산호초도 마찬가지다. 유럽과 오스트레일리아, 뉴질랜드의 고산식물도 절멸. 기아로 고통받는 사람은 55억 명에 달하고 그중 30억 명이 물 부족에 시달린다.

2070년에는 지금과 온도 차가 섭씨 3도를 넘고 그 영향은 괴멸 단계가 된다. 남극 빙하는 완전히 사라지고 북극곰과 바다표범뿐 아니라 이리(늑대)와 여우 등이 절멸 위기에 처한다. 물 부족은 더욱 심해져 많은 지역이 식량 생산에 부적합한 곳으로 바뀐다. 경제력은 급강하한다.

지구 각지에서는 지금 이를 알리는 '제비'가, 한 마리가 아니라 무리 지어 밀려오고 있다.

사후 약방문

아! 그대를 생각하는 것만으로도 미칠 것 같아. 그대가 내게 한 모든 것들을 떠올릴 때마다 그대를 내 몸에 으스러질 정도로 세게 밀착시키고 싶은 불타오르는 욕망이 몸 깊숙한 곳에서 솟구쳐 오르고, 그 순간을 상상하는 것만으로도 억누를 수 없는 만족감에 빠져들어.

그래, 조용하고 따사로운 밤이었지. 그대가 돌연 아무 예고도 없이 살며시 다가왔을 때 나는 내 침대에 누워 있었어. 그대는 티끌만 한 부끄럼도 없이 자신의 몸을 내 몸에 밀착시켰어. 나른하고 가물가물한 상태로 내가 반응을 보이지 않자 그대는 내 몸 구석구석을 쏘아보며 가장 부끄러운 곳을 깨물었지. 나는 그대로 잠에 빠져들어 그때는 잘 몰랐지만, 깨어나서 그대가 한 작업을 알아채곤 미친 듯이, 그래, 마치 열병에 걸린 것처럼 그대의 모습을 찾아 헤맸어.

그대는 내 몸과 마음에, 그날 밤 그대와 나 사이에 있었던 일로 지울 수 없는 흔적을 남겼어. 어떻게 할 거야?!

오늘 밤은 나도 일찍 침대에 누워 기다리며 그대가 다시 찾아주리라 고대하고 있어. 그대가 나타나면 지난번처럼 절대 무시하지 않을 거야. 몸과 마음의 모든 에너지를 쥐어짜 그대를 꼭 껴안고 놔주지 않을 거야.

그것은 내겐 기다리고 기다렸던 열락의 순간. 아! 더 이상 참을 수 없어. 그대를 온몸으로 느끼고 싶어. 그대 몸 구석구석까지, 설사 1제곱밀리미터의 100분의 1밖에 안 되는 미세한 것일지라도, 그것조차 남김없이 완전히 내 것으로 만들고 싶어.

그대가 나빠. 내 몸과 마음을 이렇게까지 농락하고 내 욕망에 불을 붙인 건 그대잖아. 이쯤 되면 그대의 몸에서 붉은 선혈이 뿜어져 나올 때까지 내 욕망은 충족될 수 없을지도 몰라. 그렇지 않으면 그대한테서 자유로울 수 없어. 각오하세요, 이 밉살스러운 모기야!

대다수 사람들은 물리기 전에 미리 알아차리고 각다귀를 때려잡는 행운을 누리는 경우가 극히 드물다. 물리고 나서야 알아차리고 발을 동동 구르는 게 일반적이다.

이런 걸 두고 **뒷북 마쓰리**(사후 약방문)라고 한다. 시기를 놓치거나 늦었다는 뜻도 있지만, 원래는 **마쓰리**(일본의 전통

축제) 끝난 뒤 다시^{축제용 장식 수레}의 생략형으로, 적절한 기회를 놓쳐서 이미 아무짝에도 쓸모없는 것을 가리킨다. 풀베족 ^{독특한 언어·문화·신체적 특징을 지닌 서아프리카의 한 종족}에겐 **잔치 뒤 구경 가기**라는 말이 있는데, 잔치가 끝난 뒤 어슬렁어슬렁 나타나는 얼빠진 상태를 가리킨다. 영어에도 꼭 같은 표현이 있다. **A day after the fair(축제 다음 날)**, **The Day after Tomorrow**는 모레라는 의미보다는 돌이킬 수 없는 사건이 일어난 그 다음다음 날이라는 뜻으로 영화 제목에 쓰이기도 했다.^{지구온난화가 부른 기상이변 사태를 그린 재난 영화. 국내에선 〈투모로우〉란 제목으로 개봉.} **그저께 오세요**라는 일본어 관용구와 상통한다.

유사 속담에 **이제 와서 후회해야 소용없다**, 그리고 **6일의 창포 10일의 국화**^{창포는 원래 5월 5일 단오절에 쓰고, 국화는 9월 9일 중양절에 쓰는데 하루씩 늦게 마련해봤자 이미 늦었다는 뜻} 등이 있는데, 후자는 **여름 지나고서야 숲에 산딸기 따러 간다**라는 러시아 속담과 빼닮았다. 숲에는 편의점이나 백화점처럼 계절과 상관없이 늘 딸기가 있을 리 없다.

도둑 새끼줄(도둑놈을 보고 그제야 새끼 꼰다)에 상응하는 표현도 세계 각지에 있다. 영어 **It is too late to lock the stable when the horse has been stolen(말 도둑맞고 나서 마구간에 자물쇠 채워봤자 너무 늦다)**은 중학 영어 단골 구절인데, 그와 닮은 속담으로 네팔의 **집에 불나고서야 우물 판다**, 볼가 강 유역 핀족의 **결혼 하객들이 왔는데 아직 밥도 짓지 않았**

다, **코미족의 나들이하러 나서면서야 썰매 고친다**, 필리핀의
머리 다 젖고 나서야 삿갓 쓴다 등을 보면 어느 지역 사람들
이나 긴요할 때 도움을 얻지 못한 통분과 때늦음에 대한
애석함을 공유하고 있는 것이다.

필리핀에는 또 **폭풍 분 뒤에야 문에 빗장 건다/폭풍 지나간
뒤에야 집 단속한다**라는 속담이 있는데, 일본에서도 태풍
이 올 때마다 지붕 수리를 하다가 바람에 날려 떨어지고
중상을 입거나 목숨까지 잃는 사람이 끊이질 않는다. 그
래서 지구 어느 민족에게든 설교 냄새 풍기는 속담이 있
는 것이다. **먼저 주의, 나중에 일**(방글라데시), 요컨대 먼저
주의 깊게 계획을 세우고, 그런 다음 실행하면 실패하지
않는다는 교훈인데, **좋은 기회 놓치고서 한탄해봤자 너무 늦
다**(영국)/**사람들은 지난 뒤에야 비로소 깨닫는다**(브라질)/**후회
는 마지막에 온다**(필리핀)는 것이다.

티베트 속담이 일깨우듯 **라사의 시장에서 손해 보고 찬탄
고원에서 후회한다**는 것이다. 벽지인 찬탄 고원에서 특산
물을 안고 라사라는 대도시에 팔러 온 순박한 남자가 약
삭빠른 도회인한테 깜빡 속아 큰 손해를 봤으나 그 사실
을 고향 찬탄 고원에 되돌아간 뒤에야 겨우 깨달았다는
이야기에서 유래한다.

어떻게 그런 얼빠진 짓을 할까. 아마도 얼핏 화려해 보
이는 하찮은 것들에 사로잡혀 정말 중요한 알짜배기를 놓

쳐버렸기 때문일 것이다. **머리 잘리고 머리카락 애지중지한 들 무엇하랴**, 중요한 것을 잃어버린 뒤 돌이킬 수 없는 상태가 되고서는 하찮은 것을 붙잡고 탄식해봐야 소용없다고 러시아 속담도 경고한다.

오늘날 일본과 이웃 나라들의 관계는 모두 험악한 상태다. 국경을 접한 모든 나라들과 해결되지 않은 영토 문제를 안고 있기 때문이다.

영토 문제를 21세기까지 끌지 말고 지금 해결한 뒤 평화조약을 체결하자고 했던 러시아와는 북방 영토 협상이 꼬여, 올해 봄 일본에서 고이즈미 총리와 회담하기로 했던 푸틴 대통령이 방문을 연기했고, 다음에 언제 회담을 할지 일정조차 잡지 못하고 있다.

북한과의 평화조약 체결 교섭도 납치 피해자 문제가 해결되지 않아 막다른 골목에 처해, 국민들 사이에 조바심과 함께 적의와 증오만 증폭되고 있다.

'다케시마^{독도}의 날' 조례를 제정한 시마네 현 의회 결의에 반발해 한국에서는 반일 기운이 이례적으로 거세졌다. 노무현 대통령은 그에 호응하듯 일본의 유엔 상임이사국 진출에 반대하는 일대 운동을 전개하고 있다. 일본에 대한 증오와 맞물린 탓인지 북한과는 급속히 가까워지는 모양새다.

중국, 대만과는 센카쿠열도 영유권을 둘러싸고 긴장

관계가 조성돼 있는데, 최근 총리나 각료들의 야스쿠니 신사 참배 및 역사 교과서 기술 문제와 관련해 중국 국민들 사이에 일본에 대한 맹렬한 반감과 적의가 폭발했다. 일본 대사관에 돌을 던지고 현지 일본 기업을 습격하는가 하면, 일본인에게 폭력까지 행사하는 등 반감이 점점 가열되고 있다.

텔레비전 화면이 보여주는 데모 참가자들의 얼굴은 눈매가 사납고 언동은 지리멸렬해서 몹시 추하다. 우리는 저렇게 되지 말아야지 하며 저도 모르게 몸을 움츠리지만, 일본에서도 주변국들의 불온한 움직임에 격분해 저들에게 질소냐 하며 내셔널리즘을 부채질하는 듯한 언동을 기세등등 내뱉는 정치가와 평론가들이 주목받고 있다.

스즈키 무네오鈴木宗男 사건에 연루돼 고발당한 외무성 정보분석관 사토 마사루佐藤優는 흥미진진한 최근 저서 『국가의 덫, 외무성의 라스푸틴이라 불리다』에서 "납치 문제로 일본 내셔널리즘이라는 '판도라의 상자'가 열린 게 아닐까. 내셔널리즘 세계에서는 더 과격한 견해가 더 옳은 것으로 치부된다"라고 적절히 지적하고 있다.

내셔널리즘이라는 유행병은 정체된 경제와 사회적 폐색 상태 속에서 더욱 고양되기 쉬우니, 일본 내셔널리즘이 자극을 받으면 이웃 나라들과의 영토 협상이 한층 더 어려워질 것이라고 걱정을 토로한 것이다.

확실히 러시아의 주장은 조리에 맞지 않고, 북한은 종잡기 어려운 독재국가이며, 한국이나 중국의 요구는 내정 간섭이다. 일본 주변의 나라들은 모조리 쓸모없는 괴상한 나라들뿐이라고 아무개 지사극우 정치인 이시하라 신타로 도쿄 도지사를 가리키는 듯하다가 지껄인 것도 무리는 아니라는 생각을 하고 싶어진다.

하지만 "그러나……" 하고 사토 마사루는 말한다.

"맨션에 사는 주민 A 씨가 오른쪽 이웃 B 씨 집은 기르는 개 버릇을 잘못 들였고, 왼쪽 이웃 C 씨 집은 쓰레기 분리수거를 제대로 못하고, 뒤편 D 씨 집은 피아노 소리가 시끄럽고, 바로 위 E 씨 집 아이는 인사도 제대로 할 줄 모른다며 사사건건 주변 이웃들과 험악한 관계를 맺고 있다면, 아마도 A 씨가 이웃 복이 없어서 그런 게 아니라 이웃들에게 A 씨가 가장 별난 사람이고 트러블 메이커일 가능성이 더 높지 않을까. 실은 공산화하기 전의 체코슬로바키아 대통령이자 학자였던 마사리크가 같은 이야기를 했다. '이웃 나라가 이상한 나라라고 생각할 때는 대체로 자국이 이상한 나라일 가능성이 더 높다'라고 말이다."

사토 마사루에 따르면, 역대 일본의 내각도 외무성도 표면적으로는 대미 종속을 연출하면서도 주변국들과의 관계를 좋게 끌어가려고 열심히 노력해왔다. 하시모토 류

타로橋本龍太郎, 오부치 케이조小渕恵三, 모리 요시로森喜朗 내각 때 부지런히 쌓아올린 좋은 관계가, 극단적 대미 종속 노선을 최우선시하는 고이즈미 준이치로가 총리가 된 뒤 모조리 무너지고 있다는 것이다. 그와 병행해서 외무성 내에 있던 세 개 파벌, 즉 ① 대미 관계를 가장 중요시하는 아메리카 스쿨 ② 급성장하는 중국을 비롯한 아시아 제국과의 관계를 중시하는 차이나 스쿨 ③ 대미, 대아시아만이 아니라 대러시아 및 기타 국가들과의 관계에서 균형을 꾀하려는 지정학론, 이렇게 셋 중에서 ②가 다나카 마키코田中真紀子,다나카 가쿠에이 총리의 딸로 고이즈미 정권에서 외상을 지냈다의 배제와 함께 세를 잃었고, ③이 스즈키 무네오의 배제와 함께 숙청당했으며, 남은 건 ①뿐이라는 것이다. 즉, 일본 외교를 근원적으로 전환하기 위한 희생양으로 스즈키 무네오 사건이 국책 차원에서 날조됐다는 것이다.

그처럼 일본의 정치·외교를 명실공히 대미 일변도로 만들어버린 소질이 있었기에, 헌법과 이라크 특별조치법을 위반해가면서까지 이라크에 자위대 파병을 강행할 수 있었다고 할 수 있다.

그러나 도무지 이해할 수 없는 것은, 대미 종속 노선을 강화하고 기본적인 외교 전략은 거의 모두 미국이 결정해 주는 실질적인 미국 속령이 됐다 하더라도 주변국들과는 말썽 없이 좋은 관계를 유지하는 것이 좋지 않은가, 그런데 왜 그러는가 하는 것이다. 왜 반일 감정을 자극할 게 분명한 언동을 노골적으로 계속하느냐는 것이다.

한데 요즘 착착 개헌 준비가 진행되는 것을 보면서 주변국과의 관계 악화 시나리오의 노림수를 읽을 수 있게 됐다. 일본은 일본에 대해 적의를 품고 있는 기분 나쁜 별종 국가들에 에워싸여 있다, 언제 일본이 공격당할지도 모른다, 서둘러 무장할 필요가 있다, 그것을 방해하는 헌법의 평화조약을 빨리 철폐해야 한다, 하는 여론을 일본에서 불러일으키고 싶은 건 아닐까.

여당이 준비하고 있는 '헌법 개정 국민투표 법안' 초안이 지금 내 옆에 있다. 글자 그대로 등골이 서늘해지는 내용이다.

예컨대 제32조에 따르면, 내각은 적어도 시행 20일 전에 국민투표 일정과 헌법 개정안을 관보에 고시해야 한다. 나라의 근간을 정할 헌법의 내용을 국민이 충분히 숙지하고 생각해서 논의할 시간이 겨우 20일! 왜 이다지도 서두르는가.

또 제54조, 헌법 개정에 대한 찬성표가 유효 투표수의 2분의 1을 넘을 경우 헌법 개정을 국민이 승인한 것으로 본다고 돼 있다. 유효 투표수가 유권자의 30퍼센트라면 겨우 15퍼센트의 찬성으로 헌법을 바꿀 수 있다는 이야기 아닌가. 이런 중대한 문제에 대한 평결은 통상 유권자

수의 과반수일 것이다.

그리고 가장 섬뜩한 것은 제68조, 누구도 국민투표에 관해 그 결과를 예상하는 투표의 경과 또는 결과를 공표해서는 안 된다. 제70조 3항, 누구도 신문 또는 잡지에 국민투표에 관한 보도 및 논평을 싣거나 싣게 해서는 안 된다. 제85조, 이상의 규정을 위반하면 2년 이하의 금고 또는 30만 엔 이하의 벌금에 처한다. 이상은 투표 내용에 대해 국민들이 논의하거나 생각하는 것을 봉쇄하는, 북한도 무색해질 내용의 조항들이다. 왜 그토록 서두르는가.

헌법의 부전不戰 조항이 있기에 자위대의 젊은이들은 타국 군대처럼 이라크에서 이라크인들을 죽이지 않아도 된다. 고이즈미 씨를 비롯한 일부 정치가들에겐 그것이 불만 또 불만일 수밖에 없을 것이다. 어떻게 해서든 자위대를 살육 무기를 구사하는 타국 군대처럼 만들고 싶은 모양이다. 거기에는 실은 쌍둥이 적자를 안고 있는 미국으로부터의 이탈이 진행되는 상황하에서 가계 사정이 어려운 미국의 의향도 작용했을 것이다. 또 무기 거래라는, 더 구미에 맞는 돈벌이에 편승하고 싶은 일본 일부 업계의 의향도 작용했을 것이다. 그래서 지금도 전혀 지키지 않고 있는 헌법을 아예 바꾸고 싶은 것이다.

그렇지만 그들이 서두른다고 해서 이웃 독재국의 일본인 납치나 주변국의 반일 데모에 우리까지 냉정을 잃고 잘못된 선택을 해서는 안 된다. 그러지 않으면 **장례 끝난 뒤 의사 처방**(아프가니스탄)/**죽은 뒤에 의사**(영국)/**오늘 죽었는데 내일 약**(이란)/**송아지 빠져 죽은 뒤에야 웅덩이 메운다**(네덜란드, 벨기에) 꼴 날지도 모른다.

짚신도 짝이 있다

조산원 대합실에 한 남자가 있다. 몹시 좌불안석이다. 다리를 달달 떨면서 앉아 있는가 하면 일어서서 우리에 갇힌 오랑우탄처럼 좁다란 복도를 왔다 갔다 하다가 걸터 앉고, 그러고는 잠시 뒤 다시 일어서서 복도를 서성이기를 아까부터 수도 없이 되풀이하고 있다.

남자가 안절부절못하는 데는 이유가 있다. 남자에겐 이미 딸이 여섯이나 된다. 결코 금전적으로 여유가 있는 것도 아니면서 아이를 많이 낳은 것은, 특별히 신앙상의 이유로 피임을 하지 않아서가 아니다. 아들을 바라고 바란 나머지 남자아이를 얻을 때까지 피임을 하지 않았던 것이다. 이번에야말로 대망의 남자아이이기를 바란다, 몇 번이나 그렇게 염원하면서 거기서 대기했다. 하지만 지난 여섯 차례 모두 배신당했다. 일곱 번째는 확실하다. 이번에야말로 하느님이 소원을 들어주실 만하지 않은가.

드디어 간호사가 남자의 이름을 불렀고, 남자는 출산을 끝낸 아내가 누워 있는 방으로 안내됐다. 아내는 자고 있었고 간호사가 흰 천으로 감싼 신생아를 안은 채 남자에게 미소를 지었다.

"축하드립니다, 아버님! 보세요, 건강한 아기예요."

"빨리 보여주세요, 중요한 곳을!"

눈치 빠른 간호사는 솜씨 좋게 아기를 싼 천을 벗겼다.

"아……."

절망적인 비명이 남자 입에서 새어 나왔다.

"도대체 왜, 왜 고추가 없는가!"

남자는 한바탕 푸념을 늘어놓았고, 간호사는 아기를 다시 천으로 감싸면서 남자의 넋두리를 한쪽 귀로 흘려 듣고 있다가 그가 잠시 멈춘 사이 아기의 고추가 있어야 할 곳을 가리키면서 위로의 말을 건넸다.

"그렇게 낙담하실 것 없어요, 아버님. 고추야 뭐, 지금은 분명히 붙어 있지 않으나 앞으로 20년도 지나지 않아 이곳을 드나들게 될 테니까요."

어떤 항아리든 제 뚜껑이 있다. 이것은 대다수 유럽 나라에 공통적으로 있는 속담인데, 누구든 자신에게 딱 맞는 짝이 있는 법이라는 의미로 사용되고 있다. 일본의 **금 간 냄비에 금 때운 뚜껑**과 상통한다. 네덜란드나 벨기에에는 **어**

면 냄비도 거기에 맞는 뚜껑이 있다라는 말이 있고, 볼가 강 유역에 사는 핀족은 조화를 이룬 짝을 **통과 뚜껑이 잘 맞는 다**라고 표현한다. 또 핀란드에는 누구라도 어울리는 상대를 찾게 된다는 의미의 **그릇은 뚜껑을 고른다**라는 속담이 있다.

사람끼리의 궁합을 그릇과 뚜껑에 비유하는 표현은 아프리카에도 있다. 예컨대 세네갈에서는 **그릇들엔 모두 제 뚜껑이 있다**라고 말한다. 누구에게나 잘 맞는 상대가 있다는 의미다.

일본 외의 아시아 나라들에도 있다. 예를 들면 스리랑카에는 **자디야의 뚜껑**이라는 관용구가 있다. 이것은 일본의 **맞지 않는 뚜껑이 있는가 하면 맞는 뚜껑도 있다**에 상응한다.

그릇과 뚜껑 외의 비유도 있다. 어느 남자와도 어울리는 여자가 있는 법이라는 의미에서 영어에는 Every Jack has his Jill(**어느 다로든 하나코가 있다**)남자 이름 '다로'와 여자 이름 '하나코'는 일본에서 흔한 이름이다라는 속담이 있고, 태국에는 **카놈친(국수와 비슷한 면류)에는 양념 우린 국물이 어울린다**라는 말이 있다.

물론 어떤 표현이든 인간관계에 국한하지 않고 인간과 사물의 관계에도 부연할 수 있을 것이다. 신데렐라와 유리 구두, 일촌법사키가 3센티미터밖에 안 되는 꼬마 남자아이가 요괴와 악당을 물리치고 늠름한 사내로 성장해간다는 일본 동화의 주인공**와 바늘 칼 또는 밥공**

기 배(워낙 작은 꼬마여서 바늘을 칼로 삼고 밥그릇을 배로 삼았다) 같은 예를 들 것도 없이, 부동산을 구입할 때도, 옷이나 신발을 새로 맞출 때도 우리는 자신과 잘 맞는지 요모조모 뜯어보면서 선택한다.

인류는 원숭이에 가까웠던 원시시대부터 오늘에 이르기까지 아찔할 정도로 오랜 세월에 걸쳐 실로 수많은 물건을 자신의 용도에 맞게 발명하고 생산해왔다. 다른 야생동물들에 비해 발도 느리고 촉각·시력·청력·근력도 평균 이하인 데다, 날지도 못하고 순발력도 도약력도 지구력도 없으며, 날카로운 이빨도 손발톱도 갖고 있지 않다. 이런 허약한 원숭이 일족이 만물의 영장이 될 수 있었던 것은 바로 힘이 없고 많은 능력이 결여돼 있었기 때문이다. **금 간 냄비에 금 때운 뚜껑**처럼 모자라는 부분을 보완하기 위해 다양한 궁리를 해서 기술과 물건을 발명해온 덕이다. 이제 무수한 상품이 된 물건에 에워싸여 우리는 살아가고 있다.

따라서 상품경제의 본바닥이기도 한 미국에서 1994년 이후 매년 유의미하거나 쓸모없는 발명품에 관한 여론조사 'Invention Index'가 실시되고 있는 것은 어떤 의미에서 당연한 일일지도 모르겠다. 이 여론조사는 매사추세츠공과대학이 발명가 제롬&도로시 레멀슨 부부와 공동으로 추진한 발명 촉진 프로그램Lemelson-MIT Program의 일환으로 실시되고 있는데, 조사와 분석은 민간 연구 기관 테일러 넬슨 소프레스Taylor Nelson Sofres가 대행하고 있다.

1998년에는 성인 응답자의 56퍼센트가 의학 분야에서 가장 앞선 발명품으로 항생물질을 꼽았다. 그러나 '2003 Invention Index'(2003년 1월에 발표된 조사 결과로, 2002년 11월 20일부터 30일까지 무작위로 뽑은 성인 1042명, 어린이 400명을 대상으로 실시)에서는 생활에 없어서는 안 될 필수 발명품으로 가장 먼저 거론된 게 칫솔이었다. 구체적으로 조사 결과 수치를 보자.

발명품	성인	어린이
칫솔	42%	34%
자동차	37%	31%
컴퓨터	6%	16%
휴대전화	6%	10%
전자레인지	6%	7%

즉, 미국인에게 칫솔은 자동차보다, 컴퓨터보다, 휴대전화보다, 전자레인지보다도 없어서는 안 될 필수품이라는 이야기인 듯하다. 여기에는 최근 날로 커지는 미국인의 청결 지향 사상과 '새하얀 치아' 신앙이 배경에 자리하고 있겠으나, 질문의 선택지에서도 자의적인 게 느껴진다. 자

동차, 컴퓨터와 견줄 것은 냉장고나 세탁기, 청소기, 텔레비전 등이어야 할 테니 말이다. 칫솔과 견줘야 할 것은 스푼이나 성냥, 빗 등일 테고. 그래도 칫솔이 낀 덕분에 진지한 여론조사에서 웃을 일이 생기고 화제가 되었다.

참고로, 이를 닦기 위한 솔이 세계에서 처음 만들어진 건 500년도 더 전인 1498년 중국에서였다. 황제의 이를 닦기 위해 고안됐고, 솔 부분은 거세한 돼지의 털을, 손잡이 부분은 거세한 돼지의 뼈를 이용한 모양이다.

또 지난해에 발표된 '2002 Invention Index'(조사는 2001년 11월에 실시)에서는 "20세기의 가장 중요한 발명품은 무엇입니까?"라는 질문을 던졌는데, 15세기 발명품인 칫솔은 항목에 들어 있지 않았다. 결과는 다음과 같았다.

발명품	성인	어린이
심장박동 조절기	34%	26%
컴퓨터	26%	32%
무선통신	10%	18%
텔레비전	15%	10%
정수기	11%	10%

미국 어린이들은 텔레비전이라는 발명품을 그다지 높이 평가하지 않으며, 그보다는 컴퓨터를 중요시한다. 하지

만 그다음 해인 '2003 Invention Index'의 결과에 따르면,
앞에서 본 대로 컴퓨터보다 칫솔을 높이 평가하게 된다.

그다음 해 발표된 '2004년 Invention Index'에서는 "가
장 증오하면서도 그것 없이는 살아갈 수 없는 발명품은
무엇인가?"라는 질문을 던졌다.(사랑과 증오의 양자택일을
교묘하게 피해 간 설문자의 능란한 재주에 모자를 벗어 경의를
표해야 마땅하지 않을까.) 결과는 다음과 같다.

발명품	성인
휴대전화	30%
알람 시계	25%
텔레비전	23%
전기면도기	14%
기타	8%

대체로 세 명에 한 명꼴로 많은 사람들이 휴대전화가
정말 싫다고 응답했다. '기타'의 8퍼센트에는 전자레인지,
커피메이커, 컴퓨터, 자동 응답 전화기와 청소기가 포함된
다.

휴대전화의 편리함과 필요성에 대해서는 지금 새삼 논
할 필요도 없겠다. 그 이점은 누구나 인정할 것이다. 그러
면 증오에 대해서는 어떤가. 이것도 지극히 단순 명쾌하

다. 휴대전화 주인을 안절부절못하게 만드는 것은 24시간 내내 노예처럼 전화회선에 묶여 있다는 느낌이다. 마치 쇠사슬에 묶여 있는 개처럼. 언제 울릴지 예측 불가능한 데다, 그래서 단념하고 전원을 끊어버릴 수 있느냐 하면 그것도 불안하다. 일시적으로 끊었다 하더라도 시종 통신기록을 확인하지 않고서는 안심할 수 없다. 게다가 전철과 극장, 영화관 등에서 주위에 아랑곳하지 않고 벨 소리 울리는 것도 불쾌하고, 여기저기서 휴대전화로 떠드는 걸 들으면 시끄럽고 눈에 거슬린다. 세상에 휴대전화가 존재하지 않았던 시절은 얼마나 마음 편했던가.

또 "신용카드는 생활을 더욱 편리하게 만들어주었나?"라는 질문에는 성인의 반수 이상이 그렇다고 응답한 데 비해 어린이들은 32퍼센트가 "편리하게 만들었다"라고 대답했고, 26퍼센트는 "곤란하게 만들었다", 39퍼센트는 "편리하게 만들었지만 동시에 곤란하게도 만들었다"라고 응답했다.

어쩐지 이런 종류의 여론조사는 앵글로색슨이 좋아하는 것 같은데, 영국 BBC 라디오의 인기 프로그램 〈You and Yours〉도 지난 5월 3일 "최고의, 최악의, 그리고 장래 당신이 기대하는 발명품은 무엇인가?"라는 시청자 설문조사를 실시했다. 먼저 조사 제1부에서는 "1800년 이후 오늘날까지 이 세상에 등장한 가장 의미 있는 발명품은 무엇인가?"라는 질문이 나왔는데, 응답은 다음과 같은 분포를 보였다.

발명품	성인
자전거	59%
트랜지스터 라디오	8%
전자레인지	8%
컴퓨터	6%
세균 감염 이론	5%
무선통신	5%
인터넷	4%
내연기관	3%
핵에너지	1%
통신위성	1%

응답자의 무려 반수 이상이 자전거를 택했다. 그 이유로 단순한 설계, 보편적인 이용 가치, 환경 친화성 등을 들고 있다. 참고로 자전거가 처음 세상에 나타난 것은 1813년, 발명자는 독일의 드라이스Karl von Drais, 1785~1851라는 설이 유력하다. 그리고 "없었더라면 좋았을 발명품은 무엇입니까?"라는 질문에는 유전자조작 식품이 26퍼센트로 가장 많은 응답이 나왔고, 2위는 핵에너지였다.

미국인의 칫솔과 영국인의 자전거. 잇따라 새로운 상품이 개발돼 매일 노도처럼 밀려오는 소비 문명권이기 때문에 오히려 '심플'을 지향하는 게 아닐까. 일본에서 『청빈사상』이 베스트셀러가 된 것도 거품경제 절정기 때였다.

배가 부르면 마음도 부르다라는 베네수엘라의 속담과 **금화 은화를 가지면 고운 마음도 가질 수 있다**라는 그리스 속담을 떠올리게 한다. 사람은 생활의 곤궁에서 벗어나야 비로소 마음에도 여유가 생긴다는 의미로 사용되는 말이다.

유사 속담에 **먹고 입는 게 풍족해야 예절을 안다**가 있다. 출전은 중국 춘추시대의 『관자管子』(「목민牧民」 편). 원문은 **곡간이 차야 예절을 안다, 입고 먹는 게 풍족해야 영욕을 안다**(쌀 창고가 가득 찰 만큼 백성이 풍족해지면 교육도 두루 신경 쓰게 되고, 입고 먹는 것에 대한 걱정이 없어야 사회적 공헌도 할 수 있다)는 것인데, 위정자의 입장에서 백성의 지지를 받을 수 있는 부국강병책을 이야기하고 있다.

생활에 여유가 생겨야 시야가 넓어진다. 그래야 눈앞의 이익만이 아니라 환경과 인류의 장래를 생각하는 마음도, 현재 자신의 소비 형태를 포함해 어떤 행위를 결정할 때의 준칙으로 삼을 수 있는 냉정한 판단력도 생길지 모르겠다.

항산恒産이 없으면 항심恒心도 없다(정해진 생업이나 안정된 수입이 없는 사람은 늘 변하지 않는 도덕심을 지닐 수 없다. 생활이 안정돼 있지 않으면 정신도 안정되지 않는다)고 맹자 선생도 등문공滕文公^{전국시대 등나라의 명군}에게 진언했다.

4월 1일, 평생 고용과 연공서열식 임금 등 일본형 고용 관행을 지지하는 사람들의 비율이 높아진 사실이, 독립 행정법인인 노동정책연구연수기구가 정리한 '근로 생활에 관한 조사'로 판명됐다. 일에 관한 생각을 묻는 설문에서 종신 고용에 대해 "좋다" 또는 "좋은 편이다"라고 응답한 사람이 78퍼센트로, 이전 회인 2001년도 조사(76.2퍼센트) 때보다 많았다.

또 4월 13일 후생노동성이 프리터^{freeter, free와 arbeiter의 합성어로 취업을 포기하고 아르바이트로 살아가는 사람을 일컫는 말}를 연간 20만 명 상시 고용한다는 계획을 발표했다. 자유화, 규제 완화의 이름으로 자본에 유리한 노동시장 유연화를 꾀해온 정부도 마침내 국민 빈곤화가 나라와 경제에 끼칠 헤아릴 수 없는 부정적 영향을 깨닫기 시작한 것인가.

길흉화복은 꼬는 새끼줄과 같다

"덥네요, 요즘. 무더워서 옷도 못 입겠어요."

"그래, 정말 푹푹 찌는군."

"집에 있을 때는 차라리 발가벗고 지내볼까."

"이것 봐, 제발 관둬."

"아니, 집 안에서만 그러겠다고요."

"부탁인데, 그것만은 하지 말아줘."

"후후후, 걱정하는 거야, 당신?"

"당연하잖아. 여기는 집들이 다닥다닥 붙어 있는 곳이야. 전후좌우의 이웃들한테 그대로 다 드러나 보인다고, 집 안이."

"그런가."

"그렇다니까. 절대 그러지 마……."

남편은 "내가 당신한테 약점 같은 거 잡혀서 결혼했다고 생각하지 않겠어?"라고, 요컨대 "당신의 벗은 몸은 남들에게 보여줄 만한 물건이 못 돼, 꼴사나운 알몸 드러내지 마'라고 이야기하고 싶었으나, 가정생활에 풍파를 일으키고 싶지 않아 말을 삼켰다.

그게 잘한 건지 아닌지. 왜냐하면 아내 쪽에선 물론 그런 자각은커녕 남편이 머뭇거리는 걸 보고 자신의 알몸에 더욱 자신을 갖게 됐고, 신문에 끼워져 있던 근처 카바레의 '초보 스트리퍼 모집. 유부녀 환영!'이라는 전단지를 보고 응모해버렸으니까.

그러고 나서 2개월 뒤, 퇴근길에 술집에 들른 남편은 술친구인 동료들한테서 이런 말을 듣는다.

"어떻게 된 거야 야마다 씨. 최근에 펑펑 돈 잘 쓰던데."

"그게 말이야, 마누라가 이번 여름 카바레에서 스트립쇼를 해서 듬뿍 벌었다네. 용돈이 많아졌어"라며 기분이 들뜬 남편에게, "뭐라고? 바로 그 부인 말이지……" "야마다 씨, 설마 재혼했다는 얘긴 아니겠지" 하고 동료들은 의아해하는 표정을 감추지 못했다.

"아이고, 알아, 안다니까, 당신들 기분. 나도 말이지 마누라가 면접에서 바로 떨어질 게 틀림없다고 생각했어. 그런데 말이야, 채용돼버렸어."

"무서운 게 오히려 호기심을 자극한다, 그런 거로군."

"나도 첨엔 그렇게 생각했지. **매운 여뀌잎 먹는 벌레도 제멋**이라고, 추악한 것, 그로테스크한 것을 좋아하는 사람도 세상엔 있으니까."

"그런데 어렵쇼, 그게 아니었다?"

"전혀 아니야. 매니저는 완강하게 반대한 듯하지만 다른 스트리퍼들이, 알다시피 그렇잖아, 그런 데는. 그녀들이 가장 발언권이 세잖아."

"그래그래."

"그 스트리퍼들이 꼭 채용하라고 응원해준 모양이야."

"아니 뭐? 거기에 친구라도 있었어?"

"아니, 내 생각엔 말이야, 마누라와 나란히 서면 어떤 여자도 미인에다 섹시하게 보일 테니까 그러지 않았겠어?"

"말하자면, 남을 돋보이게 만드는 역할이라는 거군."

"그래 맞아. 그래서 처음엔 하룻밤에 5000엔을 받았어. 한데 그러다가 하룻밤에 2만 엔을 벌게 됐지."

"우와, 역시 **여뀌잎 먹는 벌레도 제멋**이라는 건가?"

"아니."

"조명발이 좋았거나?"

"아니."

"동정을 금치 못해 돈 세례를 퍼부었거나?"

"아니."

"도대체 뭐야!? 감질나게 굴지 말고 어서 말해봐."

"그게 말이야, 역시 마누라 알몸은 손님들에겐 인기가

없었어. 가게 주인이 제발 부탁이니 옷을 벗지 말아달라며 2만 엔을 주는 모양이야."

무엇이 불행이고 무엇이 행복인지 인간의 얕은 지혜로는 좀체 헤아릴 수 없다는 이야기다. 불행을 한탄하고 있으면 그게 어느 사이엔가 행복이 되고, 행복을 즐기고 있으면 또 그게 어느 사이엔가 불행으로 바뀐다. 행불행은 표리일체, 서로 등을 맞댄 것, 동전의 양면. 새끼줄 꼬는 볏짚처럼 위가 되는가 하면 아래가 되고, 아래가 되는가 하면 위가 된다. 이 세상의 행불행은 실로 서로 합쳐져서 꼬이는 새끼줄 같은 것이다. 그런 의미에서 **화禍와 복福은 꼬는 새끼줄과 같다**라는 속담이 생겨났을 것이다. **길흉은 꼬는 새끼줄 같다**라고도 하고, **인생은 꼬는 새끼줄 같다**라고도 한다.

이 새끼줄 비유는 절묘해서 마음을 끄는 글이 많은 것 같다.

"깊이 생각해보지 않아도 알 수 있듯이, 화와 복은 꼬는 새끼줄과 같다. 사람 목숨은 하늘에 달렸다"라고 교쿠테이 바킨의 『난소사토미핫켄덴南總里見八犬傳』에도 나와 있다. 그러나 이것은 일본 태생의 속담이 아니다. 『수호전』이나 『서유기』 등 더 오래된 중국 문헌에 빈번하게 등장한다. 그리고 아무래도 원전은 『사기』의 「남월열전南越列伝」인 것 같으니, 기원전 2세기에서 기원전 1세기, 아직 일본열도에 사는 사람들이 국가조차 만들지 못했던 시대에 중국 대륙 사람들은 이런 섬세한 것을 생각하고 있었던 것이다.

재미있는 것은, 16세기부터 17세기 초 영국에서 활약한 셰익스피어가 희곡 『끝이 좋으면 다 좋다』에서 등장인물을 통해 꼭 같은 표현을 사용한 것이다.

"사람의 일생은 선악을 꼬아 만든 실로 짜여 있다. 미덕도 죄의 채찍질이 없으면 교만해지고, 죄도 미덕의 따뜻한 위무가 없으면 절망할 수밖에 없다."

무공을 세운 버트럼은 다른 여자 꽁무니 쫓아다니기에 여념이 없다가, 정숙한 아내가 순례지에서 죽었다는 통지를 받고 기뻐한다. 그 천박한 모습을 본 프랑스 귀족이 "영광에 취해 있는 것도 지금뿐, 귀국하면 치욕이 기다리고 있을 텐데"라며 이야기하는 대목이다.

교쿠테이 바킨은 이 속담이 무척 마음에 들었던지 『난소사토미핫켄덴』의 다른 대목에서 "옛사람이 말하지 않더냐. **화와 복은 꼬는 새끼줄 같고, 인간만사 가보면 결국 새옹의 말** 아닌 게 없다"라고 적었다. 우리가 고교 한문 시간에 배운 같은 취지의 속담 **인간만사 새옹지마**를 인용하고 있다. 이 말은 『회남자』의 「인간훈人閒訓」에 나오는 다음과 같은 고사에 토대를 두고 있다. 너무나 유명하지만 한번 복

습해보자.

옛날, 국경의 성채 가까이 사는 새옹塞翁이라는 노인의 말이 오랑캐 나라로 도망가버렸다. 주변의 동정을 샀으나 노인은 "이건 좋은 징조야" 하고 괘념치 않았다. 과연 몇 개월 뒤 말은 오랑캐 나라의 명마를 데리고 돌아왔다. 축하하러 달려온 사람들에게 노인은 "이건 화를 당할 징조야"라고 했다. 과연 두 마리 사이에 명마가 태어났고 노인의 아들은 그 말을 타다가 떨어져 뼈가 부러졌다. 동정하는 사람들에게 노인은 "행운의 조짐"이라며 딴전을 부렸다. 과연 오랑캐 나라와의 전쟁이 터지고 젊은이들 열 가운데 아홉이 전사했으나 장애가 있는 그의 아들은 징병을 면해 살아남았다.

불행 중에 행복의 인자가 있고 행복 중에 불행의 인자가 있다는 진리를 전 세계 사람들이 옛날부터 알고 있었던 모양이다. 유사 속담을 찾기 시작하자 끝이 없을 정도로 줄줄이 나왔다.

동트지 않는 밤은 없다/지지 않는 해는 없다라는 속담은 그야말로 세계 각지에 있는데, 유럽 각국어로 전해지는 **어떤 비구름에도 은색(또는 금색) 안감이 붙어 있다**(어두운 구름 뒤쪽은 언제나 빛난다)라는 표현은 비행기를 탈 때마다 확인하곤 기분이 좋아진다.

영국에서는 **3월의 바람과 4월의 비로 5월의 꽃이 핀다**거나 밀물에는 썰물이 따르기 마련이라 하고, 방글라데시에서는 폭풍 수만큼이나 잔잔한 날도 많다고 하며, 미얀마에서는 흐르는 물의 완급은 번갈아 찾아온다고 한다.

아프가니스탄의 집은 불탔지만 벽은 타서 더욱 강해졌다는 일본의 비온 뒤 땅 굳는다를 방불케 하며, 영어의 Life has its ups and downs는 즐거움이 있으면 괴로움도 있다 또는 인생에는 산도 있고 골도 있다와 상통한다.

도박에선 행운, 연애에선 불운은 참으로 놀기 좋아하는 프랑스인들 속담답다. 참고로, 점을 쳐서 놀음이 길하다고 나올 때는 대개 다른 운세가 흉하다.

기쁨과 슬픔, 길과 흉, 운과 불운은 언제나 한 세트라고 훈계하는 속담도 엄청 많다. 러시아 북부 핀란드 가까이에 사는 코미족은 행복과 불행은 같은 썰매를 타고 온다고 하고, 같은 핀우고르 어족Finno-Ugric인 에스토니아에는 행복과 불행은 손을 맞잡고 있다/악은 선 없이 만들어지지 않는다라는 속담이 있으며, 독일인은 행복과 불행은 같은 장대 끝을 떠돈다고 한다. 영어권에는 고통이 따르지 않는 즐거움은 없다/기쁨과 슬픔은 이웃이라는 표현이 있다.

확실히 입이 몇 개 있어도 부족할 정도로 맛있는 토마토나 아스파라거스를 먹는 순간은 행복하기 그지없지만, 그렇지 못한 다른 토마토나 아스파라거스로는 만족할 수 없게 되는 불행도 동시에 짊어지게 되는 것이다. 그래서 중앙아시아 타지키스탄에서는 **웃음의 끝은 눈물**이라 경고하며, 라오스 사람들은 **잃어버렸다 한탄 말고 얻었다고 웃지 마라**라고 훈계한다.

내게도 20년간 러시아어 통역으로 살아오는 동안에 도출해낸 교훈 내지는 속담 같은 게 몇 개 있다. 이게 그중하나.

대체로 통역을 매개로 의사소통을 하려는 사람들은 이른바 잘나가는 사람들이 많다. 왕후 귀족이나 대통령, 각료나 고관, 세계적으로 유명한 학자나 천재적 아티스트 등등 경호원이나 측근이 아니고서는 쉽사리 접근할 수 없는 사람들 바로 곁에서 시중들고 말을 나눌 기회가 생긴다. 잘나가는 사람들 통역을 한다고 해서 통역사가 잘나가게 될 리는 별로 없지만, 호기심 내지는 어린 마음을 아주 만족스럽게 채워주기는 했다.

신출내기 시절엔 그토록 잘나가는 사람의 통역을 의뢰받을 때면 늘 흥분했지만, 차츰 차분하게 관찰하게 됐다. 그러면서 도출해낸 일반론 같은 게 있다. 그래 봤자 매우 진부한 것이긴 하지만.

그 하나, 정말 잘나가는(요컨대 사람들의 존경과 신망이 쏠리고 거기에 상응하는 업적을 쌓은) 사람은 이쪽이 맥 빠질 정도로 잘난 체하지 않는다. 귀여울 정도로 겸허하고 솔직하며 꾸미지 않는다. 즉, 여러 결점은 있지만 기본적으로는 고결한 사람이 많다. 결과적으로 진심으로 존경받고 사랑받는다. 존경과 사랑은 그 사람들을 더욱 우아하고 선량하게 만든다.

그 둘, 실은 잘나가는 사람이 아닌데 일단 잘나가는 입지를 차지하고 있는(사람들의 존경과 신망이 쏠리지만 그에 상응하는 볼만한 업적이 없는) 사람은 질릴 정도로 잘난 체하는 경우가 많다. 하나하나 상대의 값을 매기고 자신보다 지위가 높은지 낮은지 바보가 아닌가 싶을 만큼 진지하게 따지고, 자기보다 위에겐 체면도 버리고 엎드리지만 자기보다 아래에겐 안하무인 거만을 떤다. 결과적으로 주변으로부터 철저히 경멸당하고 혐오의 대상이 되지만 표면적으로는 종기에 손을 대듯 조심스러운, 정중한 대접을 받는다. 어쩌면 그리 민감하게 알아차리는지, 그런 사람은 그럴수록 더더욱 손을 댈 수 없을 정도로 고자세를 취한다.

그래서 통역사만이 아니라 자질구레한 시중을 드는 수행자나 초대한 쪽 접대자도 이 두 유형 중 전자를 만나면 그 행운을 신에게 감사하지만, 후자와 조우하면 불운을 한탄하면서 일이 그렇게 되도록 꾸민 악마를 저주한다. 그런데 난처하게도 후자 유형은 실로 빈번하게 전자 유형과 세트를 이루며 등장한다. 왜인고 하니, 부인이나 딸이 전자 유형인 경우가 압도적으로 많기 때문이다.

분명히 나오키상 수상 작가 T 씨가 외무 관료 시절의 체험을 쓴 에세이였을 것이다. T 씨는 부임했던 나라를 방문한 어느 대신(장관)을 수행해 숙박한 호텔에서 한밤중에 대신 부인한테서 걸려온 전화를 받았다. 난처한 일이 생겼으니 곧바로 자기 방으로 오라는 것이었다. 달려갔더니 귀한 반지를 변기에 빠뜨렸으니 꺼내라고 당연하게 명했다. 그래서 그는 부인의 것으로 보이는 대변 속에 박힌 반지를 맨손으로 끄집어내 바쳤다는 것이다.

　그렇게까지 해서 바친 쪽도 이상하지만 그렇다 치고, 이런 터무니없는 짓을 강요하는 것은 꼭 대신 자신이 아니라 대신 부인이다. 호랑이보다도 **호랑이의 위세를 빌린 여우**가 더 잔혹한 법이다.

　여기서 내가 도출해낸 속담은 **악마는 늘 천사와 세트를 이룬다**라는 것. 그리고 관찰을 계속하는 가운데 **호랑이의 위세를 빌린 여우**만으로는 해석할 수 없는 면을 발견했다. 그건 일종의 분업이 아닐까 하는 것.

　항간에서 말하는 순진무구, 천의무봉을 연출하도록 요구받는 위대한 화가나 작가나 음악가도 안개만 마시고 살아갈 순 없으니, 생계를 꾸리기 위해 수완가인 부인이나 딸 또는 매니저가 궂은 역할을 맡는다고 한다.

기르던 개에 손 물린다

폭풍의 밤, 화물선이 암초와 충돌해 크게 부서졌다. 날이 밝자 사고 현장에서 그리 멀리 떨어지지 않은 무인도에 세 명의 승무원이 흘러들었다. 선장과 조타수 그리고 잡일하는 심부름꾼. 실직해 거리를 헤매던 그에게 마침 그 항구도시에 들른 배의 선장과 조타수가 길을 물었고, 그때 그의 재치를 높이 사 고용한 것이었다.

배의 화물이나 식료품 일부도 그 섬으로 흘러온 덕에 세 사람은 어떻게든 끼니를 이어갈 수 있었다. 처음엔 살아남는 데 필사적이었지만, 사치스럽게도 인간은 일단 익숙해지면 무료함 때문에 고통받는다.

섬에 머문 지 3주 정도가 지난 어느 날 정오가 좀 지났을 무렵, 따분함을 이기려고 배에서 흘러나온 화물을 정리하고 있던 세 사람은 가치 있어 보이는 오래된 주전자를 발견했다. 심부름꾼이 재빨리 천 조각으로 때를 닦아냈다. 좀 검게 그을긴 했으나 은으로 만든 것이고 여기저기 빨갛고 파란 투명한 돌들이 박혀 있었다.

"이봐, 이거 보석 아니야?" 하고 조타수가 얼굴을 들이대고 살펴본다.

"은식기 그을음은 이걸로 닦으면 돼."

선장이 양치질하는 데 쓰는 가루를 갖고 온다.

심부름꾼은 천 조각에 가루를 묻혀서 주전자 표면을 문질러본다. 정말로 그을음이 닦여 은색 거죽이 보인다. 마음먹고 더 닦다 보니 주전자 주둥이 부분이 막혀 있다. 뚜껑을 쥐고 잡아당겨봤으나 단단히 붙어 있어 꿈쩍도 하지 않는다.

"어디어디."

이렇게 되면 선장도 조타수도 그냥 있을 수 없다. 이거다 저거다 하면서 교대로 돌아가며 도전해보지만 뚜껑은 접착제로 고정해놓은 것처럼 미동도 하지 않는다. 그러나 열리지 않으면 않을수록 더 열어보고 싶은 게 인정상정. 하여튼 세 사람 모두 시간이 남아도는 판이다. 결국 뚜껑 쥐는 곳에 낚싯줄을 엮어 만든 끈을 꿰매 묶고 선장과 조타수가 주전자를 안은 다음, 힘 좋은 심부름꾼이 끈을 자신의 허리에 동여매고 잡아당기기로 했다.

"하나, 둘, 셋!"

고함과 함께 냅다 뛰어나간 잔심부름꾼은 끈이 핑 하

고 당겨진 순간 앞으로 몸을 숙인 채 굴렀고, 주전자를 안고 있던 선장과 조타수는 엉덩방아를 찧고 뒤로 벌렁 자빠졌다.

주전자 속에서 보랏빛 연기와 함께 무시무시한 냄새가 풍겨 나왔다. 세 사람은 콜록거리면서도 무심코 코를 쥐고 눈을 감았다. 그리고 눈을 떴을 때 돌연 믿을 수 없는 광경이 펼쳐져 몇 번이고 눈을 깜빡거렸다. 어릴 적에 읽은 『아라비안나이트』 그림책에 나올 것 같은 옷차림을 한, 뚱뚱하고 불결한 느낌의 중년 남자가 서 있었다.

"고마워."

중년 남자는 나직하게 중얼거렸다.

"아, 난 마신이야. 1327년간이나 이 초라한 주전자에 갇혀 있었어. 그런데 당신들 덕에 이렇게 자유의 몸이 됐어. 마신의 의리대로 하자면 이럴 경우 사례로 세 가지 소원을 들어주게 돼 있는데 말이야, 당신들이 세 명이니 한 사람당 한 가지씩이로군. 그럼, 차례대로 자기 소원을 말해 주실까?"

여느 교섭 때라면 터프한 협상가 기질을 발휘하는 선장도 너무 뜻밖의 일인지라 그저 놀랍고 어안이 벙벙할 뿐. 그런데 어느샌가 바라는 바를 엉겁결에 중얼거리고 있었다.

"졸도할 것 같은 미녀를 부탁해. 금발에 푸른 눈동자,

젖가슴이 엄청 큰 여자가 좋아."

말이 채 끝나기도 전에 눈앞에 선장이 상상한, 아니 그 이상의 미녀가 요염한 미소를 흘리며 서 있었다. 그걸 곁눈질하며 군침을 흘리던 조타수가 말했다.

"아, 나는 검은 눈, 검은 머리의 이국적인 미녀를 원해. 엉덩이가 엄청 크면 좋겠어."

이번에도 말이 채 끝나기도 전에 조타수가 희망한, 아니 그 이상의 미녀가 눈앞에 나타났다. 금발 미녀보다 더하지도 덜하지도 않을 정도로 요염했다.

"자, 어떤가? 당신은 바라는 게 없나? 나도 한가한 건 아니거든. 없다면 그만 실례할까 하는데."

두 사람의 미녀에게 눈이 팔려 정신을 놓고 있던 심부름꾼은 마신이 재촉하자 퍼뜩 제정신이 들어 희망사항을 숨도 쉬지 않고 지껄여댔다.

"선장과 조타수 두 사람을 호모(동성애자)로 만들어주면 고맙겠는데."

말할 것도 없이 소원은 즉석에서 이루어졌다. 선장과 조타수의 처지가 된다면 참을 수 없을 것이다. 이런 걸 두고 **기르던 개에게 손 물렸다**고 하는 것이리라.

어려운 처지를 도와주었고 평소 총애하며 보살펴줬으니 대단한 은혜를 입었다고 생각해야 마땅할 부하나 손

아랫사람으로부터 생각지도 못한 뼈아픈 일을 당하거나 해를 입거나 배신당했을 때 쓰는 속담이다.

물론 도와주었다든가 보살펴주었다든가 귀여워해주었다는 건 어디까지나 '물린' 쪽 주관이고, '문' 쪽에겐 또 그 나름의 할 말이 당연히 있겠지만, 어쨌든 그런 생각은 방심을 낳는다. 조카인 브루투스한테서 최후의 일격을 당한 카이사르나 혼노지에서 아케치 미쓰히데明智光秀에게 불의의 일격을 당한 오다 노부나가織田信長[130여 년에 걸친 일본 전국시대를 평정한 무장] 등은 그 때문에 손을 물린 정도가 아니라 목숨을 잃고 말았다.

일본 태생의 속담답게 지금 형태로 정착되기까지의 계보도 문헌적으로 훑어볼 수 있다. 처음 출현한 것은 에도 초기의 『게후키구사毛吹草』(1645)와 『세와루이주世話類聚』에 등장하는 **기르던 벌레한테 손 물린다**였다. 다음에는 『세와즈쿠시世話盡』(1656)에 나오는 **기르던 개한테 손 물린다**.(이것은 막부 말기 속담집에도 실려 있다.) 그 뒤 우키요조시浮世草子[에도시대의 풍속소설]『도카이도 아다우치東海道敵討』(1702)의 **기르던 개한테 다리 물린다**와 『와칸고겐和漢古諺』(1706)의 **기르던 개한테 다리 물린다**처럼 다리를 물린 버전, 그리고 조루리『모미지가리쓰루기노혼지椛狩劍本地』 제3편(1709)과 조루리『게이세이산도가사傾城三度笠』 하권(1712)의 **기르던 개한테 손 물린다**, 조루리 『헤이케뇨고가시마平家女護島』 제4편

(1719)의 **기르던 개한테 손 물린다**, 지카마쓰 몬자에몬의 『혼초산고쿠시本朝三國志』 제1권(1719)의 **잿빛 고양이한테 손 물렸다**를 거쳐, 조루리 『쓰노쿠니메오토이케津國夫婦池』 제3 편(1721)의 **기르던 개한테 손 물린다**라는 현재형으로 정착 한다.

아랫사람한테서 배신당하는 것을 특히 원통하게 여기 는 심정은 일본인의 민족적 특성이 아닐까 할 정도로 이 표현은 빈번하게 등장한다. 거꾸로 손윗사람에게는 몹시 관대한데, 배신당해도 그다지 원통하게 여기지 않고 체념 하는 듯하다.

예컨대 지금의 우정 사업 개혁에 대해 국민이 바라는 것은, 낙하산 인사나 방대한 우편저금 재원의 낭비와 사 유물화를 막는 것이지 결코 금융 약자들을 잘라내 버리 는 게 아니다. 그럼에도 불구하고 고이즈미 총리가 이런 국민의 진정한 바람을 "세상없어도 민영화"라는 슬로건 아래 교묘하게 바꿔치기해서 300조 엔이 넘는 우편저금 재원을 자유화하는 것은, 부시가 고이즈미와 직접 담판까 지 해서 들이민 내정간섭에 굴복하는 것이다. 부시의 등 뒤에 도사리고 있는 미국 다국적 금융자본의 10년에 걸 친 요구에 응함으로써, 이른바 독수리펀드의 바닥없는 탐 욕에 일본 국민의 자산을 갖다 바치는 것이다. 이로써 정 부의 지원 없이는 살아갈 수 없는 일본의 무능한 은행자본을 일시적으로 구제할 수 있을지는 몰라도 국민에게는 엄청난 배신이다.

그러함에도 국회해산 뒤의 각종 여론조사 결과를 보면 여전히 고이즈미의 지지율은 올라가고, 고이즈미의 '손을 문' 반대 의원들에 대한 비판은 더 거세다.

유사 속담에 **은혜를 원수로 갚는다**라는 게 있다. 도와준 사람, 은혜를 베푼 상대에게 해를 입힌다는 의미로, 받은 은혜는 은혜로 갚아야 한다는, 본래 그래야 하는 사람의 도리를 배반하는 최악의 행위를 가리킨다. 그렇지만 호의로 베푼 은혜가 의리라는 강제력을 지니기 시작하면, 은혜를 받은 쪽은 답답해질 수도 있고 무거운 짐이 되기도 한다. 그리고 은혜에 보답하는 것이 당연하다며 갚기를 강요하는 권력자와 강자의 논리가 횡행하기 시작하면 감사하는 마음은 사라져버린다.

손아랫사람, 총애하며 보살펴준 자의 배신을 원통해하는 속담은 일본뿐 아니라 세계 각지에 많다. 카자흐스탄에는 **내가 키운 강아지가 나를 문다**라는, **기르던 개한테 손 물린다**와 판에 박은 속담이 있다. 북한과 한국에서는 마음을 준 자한테 배신당해 골탕 먹는 것을 **믿는 도끼에 발등 찍힌다**라고 한다.

인도나 파키스탄에서는 **고양이가 길러준 주인에게 야옹**이라는 표현을 쓰는데, 방심하고 있다가 아끼던 상대, 은혜를 베풀어준 상대한테서 배신당한다고 경고하는 것이다. 인도에는 또 **기르던 개가 도둑과 한패가 되면 누가 집을 지키나**라는 속담이 있는데, 신뢰하던 자한테 배신당해 위험에 처할지 모를 공포를 말하고 있다. 몽골에선 소중하게 키운 아이가 부모를 슬프게 만드는 나쁜 짓을 하거나 도와준 사람이 배신할 때 **애써 키운 두 살짜리 송아지가 수레 부순다**라고 말한다. 코카서스 지방의 아르메니아에서는 **추위에 녹초가 된 뱀은 처음으로 따뜻하게 품어준 사람을 문다**라고 하고, 중미 코스타리카에서는 **까마귀는 길러준 사람 눈 쫀다**라는 말로 질 나쁜 자에게 섣불리 인정을 베풀지 말라고 훈계한다. 실크로드의 위구르족에게 전해지는 오랜 속담에서는 **노예는 적, 개는 늑대**라고 한다. 노예를 너무 믿으면 우쭐하고 거만해진 나머지 재산을 가로채고, 개를 제 마음대로 내버려두면 늑대의 본성이 발동해 귀중한 가축을 잡아먹으니 조심하라는 이야기다.

미얀마에서는 **나무 그늘에 쉬면서 그 가지를 꺾는다**라는 말로, 우즈베키스탄에서는 **암소는 누가 자신을 잘 돌봐주는지 모른다**라는 말로 은혜를 모른다는 걸 표현한다. **은혜를 원수로 갚는다**를 아라비아 고전에서는 **악어의 은혜 갚기**라는 짧은 말로 표현하며, 튀니지에서는 **그놈 어머니 무덤 파는 걸 도와주러 갔더니 내 괭이 갖고 도망갔다**라는 이야기풍의 속담으로 표현한다. 그리고 미얀마에서는 **옥졸을 도와**

주다가 옥에 갇힌다라는 역설로, 코트디부아르에서는 **벗의 잠을 깨워줬더니 눈곱 떼어달라고 한다**라는 유머로 표현한다. **손가락을 먹이니 팔까지 삼킨다**(네팔)/**손을 내밀었더니 팔꿈치까지 내놓으란다**(아프리카 풀베족)/**곁방 빌려줬더니 안방까지 내놓으란다**와 빼닮았다.

이상은 모두 구미 이외 지역의 속담인데, 유럽 언어들에는 이런 종류의 속담이 보이지 않는다. 그 대신 우리 편이나 벗을 경계하라는 속담이 이상하게 많다. 상하 관계보다는 대등한 인간관계를 더 중시하는 것이리라. **멍청한 우리 편이 적보다 더 무섭다**라는 러시아 속담이 그 전형이다. 재미있게도, 옛날부터 적보다 벗을 더 경계하라고 이야기한 서구의 위인은 이 밖에도 많다.

"오, 신이여, 우리를 벗들로부터 해방시켜주소서. 적은 나 홀로 어떻게든 상대하겠나이다."

이것은 18세기 말 볼테르가 한 말로 프랑스에 퍼져 있던 이야기다. 그러나 볼테르의 저작들을 샅샅이 뒤져 조사한 사람의 말이 사실이라면 볼테르는 그렇게 쓴 적이 없는 모양이고, 볼테르에 관한 동시대인들의 회상록 등을 훑어본 전문가들에 따르면 그렇게 말한 흔적도 없는 듯하다. 더욱이 이것은 장군이기도 했던 빌라르 공작이 루이 14세에게 한 말이라는 설도 있다. 그렇지만 18세기 이전부터 이탈리아 속담은 거의 같은 이야기를 하고 있었다. 성경에도 나와 있다.

적은 물리치고, 벗은 경계하라.

고대 로마의 철학자 쿠인틸리아누스는 저서 『변론술 교정』에서 이렇게 썼다.

나는 적보다 벗으로부터 더 많은 피해를 당했다.

같은 이야기를 고대 로마의 시인 오비디우스도 남겼다. 그리고 놀랍게도 아랍의 『철인들의 설교집』에도 **나는 나 자신을 적으로부터 지킬 순 있지만 벗으로부터 지킬 순 없다**라 고 쓰여 있지 않은가.

전설에 따르면, 기원전 4세기 안티고노스 왕조의 마케 도니아 시조 안티고노스 1세가 신전의 신관더러 희생 제 물을 신에게 잔뜩 바치라 명할 때, 신이 자신을 벗과 아군 으로부터 잘 지켜주도록 해달라고 덧붙였다.

"어찌 그런 말씀을? 적으로부터 지켜달라는 얘길 잘못 하신 거지요?" 하고 되묻는 신관에게 왕은 대답했다.

적으로부터는 내 힘으로 나를 지킬 수 있지만, 상대가 벗이라 면 그렇지 못하다네.

같은 시기 알렉산드로스 대왕은 **나를 거짓 벗들로부터 지 켜주소서, 진짜 적으로부터는 자력으로 나를 확실히 지킬 수 있 으니라**고 말한 것으로 전해진다.

폴란드 왕 얀 소베스키의 칼에도 **부실한 벗들을 경계하라. 그러면 적들로부터는 내가 그대를 지켜주겠노라**라는 구절이 새겨져 있었다고 한다.

왜 이토록 벗을 신뢰하지 말라는 훈계가 많을까. 모두 권력자나 상승 의지가 강한 사람들의 언사인데, 권력자의 자리나 일인자의 자리가 결코 편안하지 않다는 걸 말하고 있다. 그러나 거꾸로, 그래도 신뢰할 수 있는 벗, 의지할 수 있는 자기편을 구해 마지않는 인간의 업보가 어른 거려서 안타깝다.

실러는 17세기의 독일 30년전쟁에서 취재한 비극적인 사극 『발렌슈타인의 죽음』(보헤미아의 왕위를 노려 황제를 배신하고 스웨덴과 내통하려다 결국 죽임을 당하는 용장 발렌슈타인에 관한 이야기)에서 주인공을 통해 **나를 망치는 건 적의 증오가 아니라 벗들의 친절이다**라고 말한다.

이웃집 꽃이 더 붉다

어느 날 정오가 좀 지났을 무렵, A 부인이 자택 거실에서 청소기를 돌리고 있는데 현관에서 초인종이 울렸다. 청소기를 끄고 방범 카메라 너머 현관문 앞에 서 있는 남자를 살펴본다. 인품과 풍채가 괜찮아 보였다. 무슨 세일 즈맨일까.

"무슨 일이죠?"

마이크 너머로 묻는다.

"안녕하세요, 사모님. 바쁘신데 정말 죄송합니다. 실례지만 사소한 질문에 답변 좀 부탁드려도 될까요?"

남자는 정중하게 말을 꺼냈다. 공손한 말투에 기분이 좋아진 A 부인은 현관문을 열었다.

그러자 남자는 틈을 두지 않고 질문을 퍼부었다.

"사모님, 애널 섹스에 대해 어떻게 생각하십니까?"

깜짝 놀라고 화가 난 A 부인은 문을 꽝 하고 소리 나게

닫았다. 그 뒤 남자는 끈질기게 초인종을 눌렀으나 A 부인은 무시했다.

다음 날 정오가 좀 지났을 무렵, 또다시 초인종이 울리고 또 그 남자가 마이크 저쪽에서 물었다.

"사모님, 정말 무례한 질문을 해 화를 내실 만하다고 생각합니다. 그러나 꼭 답변을 듣고 싶습니다. 식스나인 포즈로 섹스하는 것은 좋아하십니까?"

"냉큼 꺼져요! 안 그러면 경찰을 부르겠어요."

A 부인이 거칠게 소리치자 그는 풀이 죽어 물러났다. 그런데 그다음 날 정오 조금 지났을 무렵 또 초인종이 울렸다. 그리고 다시 그 남자의 목소리가 마이크 너머에서 들렸다.

"사모님, 자꾸 귀찮게 해드려 죄송합니다. 하지만 어떻게든 답변해주시지 않으면 곤란합니다. 오르가즘 상태에서 음란한 욕지거리 듣는 것은 좋아하십니까?"

"이제 그만해요, 돌겠네. 더는 참을 수 없어. 남편에게 이야기할 테니까 나중에 후회하지 말아요."

그렇게 말한 A 부인은 그날 저녁 귀가한 남편 A 씨에게 자초지종을 이야기했다. A 씨는 놀라고 기가 막혔으며 당연히 화도 나서 다음 날은 직장 일을 쉬고 예의 그 남자와 대결하기로 했다.

"여보, 이렇게 하자고. 나는 숨어 있을 테니까 그 자식이 오면 될 수 있는 대로 관심을 끌면서 이야기를 계속해 줘. 녹음해서 증거를 확보한 뒤 붙잡아 경찰에 넘겨야 하지 않겠어?"

다음 날도 정오 조금 지났을 무렵 초인종이 울렸다. 남자의 모습을 카메라를 통해 확인하고 A 부인은 현관문을 열었다.

"아이고, 사모님. 감사합니다. 계속 찾은 보람이 있군요. 드디어 오늘은 답변해주시는 거죠?"

기분 좋아진 남자의 말에 A 부인은 미소 지으며 고개를 끄덕였다.

"그러면 질문 드리겠습니다. 오럴 섹스는 좋아하십니까?"

"예, 상당히."

"그러면 애널 섹스는?"

"애널도 나쁘지 않아요."

"식스나인은?"

"어, 어, 엄청 좋아요."

"그럼 변태성욕 놀이는?"

"후후후, 거의 병적일 정도라 할까요."

"그러면 사모님, 꼭 남편분에게 전해주세요."

남자는 돌연 진지한 얼굴로 말했다.

"수중에 필요한 걸 모두 갖고 계시니 내 아내한테까지

손을 대진 말아주십시오, 라고 말이죠."

남자의 분노에는 까닭이 있지만, 이탈리아 속담이 이야기하듯 **친구의 아내가 더 예쁘게 보이는 법**이거나, 카자흐스탄 속담이 말하듯 **남의 아내는 처녀로 보이는 법**이거나, 스웨덴 속담이 말하듯 **이웃집 부인은 제 마누라보다 예쁘다**거나, 또는 독일과 동유럽권 유대인들이 쓰는 이디시어 속담이 이야기하듯 **남의 아내는 황금으로 된 몸을 지녔다**는 것이다.

성경에도 분명히 기록돼 있다.

이웃집 여인의 입술에선 꿀이 떨어지고 그 말은 기름보다 매끄럽다.(잠언 제5장 3절)

그런데 이 경전은 이렇게 이어진다.

그러나 그 끝은 소태처럼 쓰고, 양쪽에 날 선 칼처럼 날카롭다.(잠언 제5장 4절)
그 발은 죽음으로 가고 그 걸음은 지옥으로 향한다.(잠언 제5장 5절)

어쩐지 몹시 불길한 예언으로 이어지는 것이다. 그리고

돌연 물 이야기가 나온다.

> 네 우물의 물을 마셔라 네 샘에서 솟는 물을 마셔라 어
> 찌하여 네 샘을 바깥으로 흘려보내고 그 물줄기를 거리로
> 흘려보내느냐? 그 물은 너 혼자 마셔라 다른 사람과 함께
> 마시지 마라.(잠언 제5장 15~17절)

구약성경이 태어난 이스라엘은 사막지대에 인접해 있
으므로 물은 최고의 귀중품이다. 그 귀중품을 남과 나누
어 쓰지 마라, 혼자 가져라 하고 훈계하는 것이다. 공동체
속에서 살아가는 인간의 길을 설파하는 것이라고 보기에
는 좀 이상하다는 생각이 들지만, 그다음에 이어지는 구
절을 읽고 납득할 수 있었다.

> 네 샘터가 복된 줄 알아라 젊어서 맞은 아내한테서 즐거
> 움을 찾아라 사랑스러운 네 암노루, 귀여운 네 암사슴, 언
> 제나 그 가슴에 파묻혀 늘 그의 사랑으로 만족하여라.(잠
> 언 제5장 18~19절)

말하자면, 물이란 '마시는 물'이 아니라 '사정액', 즉 정
액을 가리키는 것이다. 그리고 그 장 끝에는 설교가 기다
리고 있다.

아들아, 어찌하여 탕녀에게 빠지며 유부녀를 끼고 자겠
느냐?(잠언 제5장20절)

즉, 성경이 태어난 옛 시절부터 아내만으로는 만족할
수 없어 아내가 아닌 여인에 마음이 끌려 정신을 못 차리
는 자들이 얼마나 많았는지를 증명하는 것이라고도 할
수 있다.

바람기를 막기 위해 온갖 창의적인 궁리를 모아 남자
들을 자극하자고 호소하는 핀란드 속담도 있다.

제 마누라도 남의 오두막집에서는 훨씬 더 예뻐 보인다.

그리고 보면 비스콘티 감독의 〈이노센트〉는 아내를 업
신여기고 계속 바람만 피우는 남자가, 아내가 다른 남자
와 잔다는 걸 안 순간 아내에게 열중하게 된다는 이야기
였다. 푸시킨의 『예브게니 오네긴』의 동명 주인공은 시골
귀족의 순진한 딸 타치아나가 자신에게 보낸 연애편지를
무자비하게 내쳤다가 나중에 타치아나가 도시의 어느 장
군에게 시집가서 남의 아내가 되자 그녀를 향한 사랑의
포로가 됐다.

색마의 본보기인 돈 후안도 몰리에르의 연극 속에서
이렇게 말한다.

연애가 주는 즐거움은 모두 바람기 속에 있는 거야.

돈 후안형의 남자는 자신의 것이 되는 순간 흥미를 잃

어버리는 타입이어서 바로 이 원리에 따라 행동하고 있는
것이다.

　멕시코에는 남편의 바람기를 막는 것은 아내의 노력이
라고 훈계하는 속담이 있다.

　행실 바른 여자는 남편을 남의 집에 보내지 않는다.

　마치 남편의 바람기가 아내 탓인 듯한 말투가 거북하지
만, 이상은 모두 남자의 입장에서 고안해낸 관용구다. 물
론 그 역도 성립한다. 그러나 훑어볼 수 있는 속담 사전과
관용구집을 다 훑어봐도 당당하게 그 역을 이야기하는
속담은 찾아내지 못했다. 다만 1937년부터 24년이라는
긴 세월에 걸쳐 스탈린 시대의 강제수용소를 떠돌던, 유
대계 프랑스인인 전 공산주의자 자크 로시가 쓴 『라게리
주해 사전』^{라게리는 강제수용소}에 박력 있는 속담이 실려 있다.

　남의 손안에 있는 고추는 커 보인다.

　여자의 그것, 남자의 그것 자체가 지닌 매력도 그렇지
만 그것이 남의 것이기 때문에 매력적으로 비치는 것이
다. 영국의 속담도 경고하고 있다.

　둘 사이의 울타리가 사랑을 더욱 불타오르게 한다.

　'울타리'는 물리적인 장벽만이 아니라 윤리적인 장애물
이기도 하다. 금지돼 있기 때문에 그것을 깨는 즐거움, 그
러니까 장애를 극복하고 획득하는 과실의 달콤함이 더욱
크다는 것이다. **금단의 나무 열매가 제일 달다**(네덜란드)는 것

이고, **훔친 쾌락만큼 감미로운 것은 없다**(스웨덴)는 것이다.

아마도 그 근저에 있는 것은 호기심이고, 이것이 인류의 진화를 촉진해왔다고 할 수 있다. 독일 속담도 이야기하듯 **호기심은 사랑보다 강하다**는 것이다.

그래서 남의 것은 그럴 만한 이유 때문에 좋게 보인다는 진실은 인류 공통의 것인 양 세계 각지, 각 민족에 똑같이 전해지고 있다.

일본의 대표 격은 **이웃집 꽃이 붉다** 또는 **이웃집 벚꽃이 좋아 보인다**인데, 모든 유럽에서 **이웃집 장미는 제집 장미보다 붉다/이웃집 잔디밭은 제집 잔디밭보다 푸르다**라는 유사 속담이 전해지고 있다. 거리상으론 손이 닿을 듯한 위치에 있으면서도 닿지 않기 때문에 더 아름답고 매력적으로 보인다는 것이다.

유사 속담은 무수히 많아 타인에 대한 인간의 질투심과 선망이 보편적임을 말해준다.

먼저 남의 과실을 부러워하는 것. **담 너머의 사과가 가장 맛있다**(영국)**/제 땅에 열리는 건 보잘것없는 딸기, 남의 땅에 열리는 건 블루베리**(핀란드)**/이웃집 포도가 우리 집 포도보다 더 달아 보인다**(프랑스).

다음엔 이웃집 곡식 농사를 부러워하는 것. **이웃의 땅에는 제 땅보다 좋은 곡물이 열린다**(이란)**/남의 땅에 자라는 건 모두 가장 좋은 밀**(우크라이나).

물론 이웃집 가축도 제집 것보다 훨씬 좋아 보인다. **이웃집 염소가 제집 염소보다 젖이 많이 나온다**(바스크)/**이웃집 암소가 젖이 많이 나온다**(파키스탄)/**남의 집 암탉이 제집 거위보다 크다**(불가리아)/**이웃집 암탉이 제집 암탉보다 달걀을 많이 낳는다**(스페인)/**이웃집 소는 젖통이 크다**(이디시)/**이웃집 닭이 제집 닭보다 살쪘다**(스페인).

부러움과 질투가 너무나 강해서일까, 눈까지 흐려진 듯 **남의 닭은 거위로 보인다**(볼가 강 유역의 핀족)고 하고, **이웃집 닭은 거위로 보인다**(우즈베키스탄)고 하며, **남의 집 오리는 칠면조로 보인다**(터키)/**이웃집 암탉은 칠면조 같다**(투르크메니스탄)/**이웃집 암탉은 무거운 거위 같다, 알을 낳으면 모두 머리통만 하다**(타타르)고 한다. 그렇게 보이는 것이다.

그리고 색기色氣보다는 식기食氣 쪽인 나에겐 다음과 같은 훈계가 설득력이 있어 보인다.

남의 집 달걀은 노른자가 두 개다(카자흐스탄)/**이웃집 수프에는 거위 기름이 뜬다**(이란)/**남의 집 염소 고기가 제집 염소보다 맛있다**(터키)/**남의 빵이 맛있다**(독일)/**남의 손에 있는 빵은 버터가 발라져 있어 맛있다**(불가리아)/**이웃집 냄비에서는 제집 냄비보다 더 맛있는 냄새가 난다**(몰타)/**남이 가진 빵이 크다**(슬로베니아). 요컨대 **남의 집 음식이 가장 맛있다**(노르웨이)는 것이다.

실은 일본에도 남의 집 음식을 부러워하는 속담이 의

외로 많다.

이웃집 쌀겨 된장(쌀겨 된장은 누룩과 쌀겨와 소금을 버무린 데다 식초와 술을 가미해서 조리한 것인데, 그다지 맛있는 것은 아닌 듯하다. 그런데 그것이 남의 집 쌀겨 된장이라면 맛있어 보인다는 것이다)/**남의 집 밥은 희다/이웃집 밥이 맛있다/이웃집 떡이 커 보인다/우리 집 쌀밥보다 이웃집 보리밥이 맛있다** 등등.

하여튼 남의 것은 좋아 보인다고 하니 어쩔 수 없다. **남이 가진 꽃이 아름답다**(일본)는 것이고, **이웃집 태양이 더 밝게 빛난다**(이란)는 것이며, **남들은 언제나 축하를 하고 있다고 생각한다**(카프카스)/**남의 집 정원에선 똥조차 황금색으로 빛나는 것처럼 보인다**(우크라이나)는 것이다.

타인과의 비교해야만 자신의 행복을 발견할 수 있는 인간의 업보를 철학자 몽테스키외는 『수상록』에서 이렇게 설명한다.

만약 사람이 그냥 행복만을 추구한다면 금방 그렇게 될 수 있을 것이다. 하지만 사람은 남들보다 더 행복해지려고 하기 십상이어서 대부분 그럴 수 없다. 우리는 남들이 실제 이상으로 행복하다고 생각하기 때문이다.

그래도 자기 집안보다는 남이 좋고, 남보다는 외국이 좋다

(방글라데시)고 굳게 믿는 경우가 있다. 행복도 성공도 항상 자신이 아니라 타인한테서, 자신이 살아가는 장소가 아니라 어딘가 다른 곳에서 구하는 마음이 누구에게나 있지 않은가.

『세 자매』라는 희곡에서 폐색감이 도는 지방 도시의 자매 세 사람이 "모스크바로, 모스크바로"를 외면서 모든 불운과 장애, 고민의 뿌리를 제거하기 위해서는 자신들이 사는 마을을 탈출하는 수밖에 없다는 결론을 내린다. 대도시 모스크바에서의 새로운 생활에 꿈과 희망을 거는 심리 변화를 묘사하면서 작가 체호프는, 명시적으로 밝히진 않았지만 행복은 어딘가 다른 장소가 아니라 여기, 당신들이 서 있는 바로 이곳에 있어요, 라고 이야기한다. 마테를링크의 『파랑새』에서도 결국 행복은 어딘가 다른 나라가 아니라 바로 자신들이 사는 곳에 있었다.

싼 게 비지떡

누구나 선망하는 섹시한 미인을 아내로 두었지만, 아내가 바람피우고 있는 게 아닌가 하는 의심에 늘 사로잡혀 있는 남자가 있었다. 한번 의심이 들자 하나둘 의심스러운 점들이 눈에 띄기 시작한다. 침대에 자신이 사용하지 않은 남성 화장수 오드콜로뉴 냄새가 스며 있는 듯한 기분이 들고, 냉장고에 넣어둔 캔맥주가 생각보다 빨리 줄어드는 듯하다. 어느 날 견디지 못해 쓰레기통을 뒤졌더니 쓰고 버린 피임 도구가 나왔다. 게다가 자신이 피우지 않는 담배 꽁초까지.

'틀림없어. 아내에게 남자가 있어.'

그렇게 확신했으나 반해서 눈이 먼 쪽의 약점, 아내를 추궁할 수가 없다. 그렇다고 없었던 일로 치고 그냥 지나갈 만큼 속이 넓은 것도 아니다. 고민하다가 일주일을 넘긴 뒤 역시 사태를 정확하게 파악해보자고 결심했다.

그러고 일 끝내고 귀가하는 길에 전철 승강장에서 바라다보이는 빌딩 창에 붙어 있던 '탐정 사무소' 간판을 보고 빨려들듯 찾아갔다. 대강 남자의 사정을 듣고 난 탐정 사무소 소장은 말했다.

"외도 조사로군요. 남편분이 안 계실 때 잠복해서 부인의 동태를 감시해보기로 하죠. 아침 여덟 시부터 밤 여덟 시까지 열두 시간. 대략 이 정도 들겠습니다만."

그 요금표를 보고 남자는 기겁을 했다.

"아니, 단 열두 시간에 내 봉급의 8분의 1이나 가져갑니까?"

"무리라면 이 이야기는 없었던 것으로 하지요."

"아니, 잠깐 기다려주세요, 잠깐만."

몸부림치는 남자의 심정이 안쓰러웠던지 소장은 구조선을 띄워주었다.

"수습 중인 외국인 탐정이라도 괜찮다면 요금이 아주 싸집니다만……."

"무슨 말씀이신지?"

"어이, 마흐무드!"

소장이 부르는 소리에 윤곽이 뚜렷한, 얼굴 피부가 살짝 검은 청년이 방으로 들어왔다.

"안녕, 안녕. 마흐무드입니다."

"이쪽은 네팔에서 온 마흐무드 씨. 지금 우리 사무소에서 수습 중입니다. 그러면 열두 시간에 1만 엔, 닷새에 4만 엔입니다."

"오, 그렇게 해주세요."

이렇게 해서 계약이 성립됐다. 일주일 뒤 남자는 탐정 사무소에서 보낸 다음과 같은 보고와 청구서를 받았다.

"나의 서비스, 공짜. 당신 지불 안 한다, 괜찮아. 보고할게요. 당신 나간다 집. 어떤 남자, 온다 집. 당신 부인, 연다 문. 나, 본다 두 사람. 어떤 남자, 당신 부인, 나간다 집. 나, 뒤따라간다 두 사람. 어떤 남자, 당신 부인, 탄다 전철. 나, 뒤따라간다 두 사람. 탄다 전철. 어떤 남자, 당신 부인, 들어간다 호텔. 나, 올라간다 나무, 본다 창문. 당신 부인, 키스한다 어떤 남자. 어떤 남자, 키스한다 당신 부인. 당신 부인, 옷 벗긴다 어떤 남자. 어떤 남자, 옷 벗긴다 당신 부인. 당신 부인, 가지고 논다 어떤 남자. 어떤 남자, 가지고 논다 당신 부인. 나, 가지고 논다 나 자신. 나의 손, 떨어진다 나무. 나, 떨어진다 나무. 나, 본다 못. 보고, 짧다. 미안. 당신, 지불 안 한다, 괜찮아."

이런 자초지종에는 **싼 게 비지떡**이라는 속담이 딱 어울린다는 느낌이 든다. 값이 싸니까 그만큼 품질도 좋지 않은 것이다. 값이 싼 대신 품질이 나빠도 어쩔 수 없다. 그럴 만한 사정이 있는 것이다. 아즈치 모모야마 시대의 관용구집 『호우조우지나오지분고토와자토메北条氏直時分諺留』에 **빠르면 나쁘다, 늦으면 좋다, 싸면 나쁘다, 비싸면 좋다**라는 표현이 있는데, 상품경제의 발전과 함께 상품의 품질과 가격 간의 균형을 재려는 관용구가 생겨난 것은 당연하다고 할 수 있다. 에도시대에는 교쿠테이 바킨의 『무소뵤에고쵸모노가타리夢想兵衛胡蝶物語』에 "**싼 게 또한 나쁘다**는 건 말하지 않아도 다 안다. **한 푼 아끼려다 백 푼을 손해 본다**는 것도 사는 사람 각자 제 탓"이라며 사는 사람의 자기 책임을 깨우치는 구절이 있다.

물론 유사 속담은 5대륙에 걸쳐 있다. 예컨대 영국에는 **잔돈에 현명하고 큰돈엔 어리석다**라든가 **싸게 사면 돈 잃는다/싸게 산 물건이 오히려 비싸게 든다** 등 왠지 일본 속담을 빼닮은 표현이 많다.

인색한 사람은 다른 사람보다 배로 손해 본다고 중앙아시아 타지키스탄 속담은 이야기한다. 아끼다가 결국 낭비한다는 의미인 듯한데, 인색하기 때문에 같은 손실이라도 다른 사람보다 더 크게 느낀다는 의미도 있다.

적어도 **돈이 인색함을 없애주진 못한다**라는 남아프리카 속담은 바로 그런 이야기를 하고 있다. 인색한 건 언제까지나 인색한 것. 만족을 모르기 때문에 아무리 싸더라도 손해라고 생각한다. **가지면 가질수록 더 갖고 싶어진다**라는 마다가스카르 속담도 거의 같은 의미다.

인색한 아버지에 낭비꾼 자식이라는 프랑스 속담이 있다. 1대가 손톱에 불을 켜고 모은 재산을 2대, 3대가 탕진한다는 진리는 만국 공통인데, 차감 계산 제로 법칙이라고 할까.

스리랑카에서는 **싼 것에는 구멍이 나 있다**고 한다. 어떤 사람이 싸구려 질그릇 냄비를 사서 수지맞았다고 기뻐하며 집으로 돌아와 요리를 하려 했더니, 냄비 바닥에 구멍이 뚫려 있어 쓸 수가 없었다는 일화에 토대를 둔 이야기다.

코카서스 지방인 아르메니아에서는 **오잇값에 산 당나귀는 언젠가 물에 빠져 죽는다**라고 한다. 싸게 입수한 것은 마구 취급받는 법이어서 일찍 망가진다는 의미다.

사기는 하지만 돈을 내지 않는 자는 사는 게 아니라 팔고 있는 것이다라고 훈계하는 것은 과연 금융의 나라 스위스다운 속담. 카드의 보급과 함께 론^{loan, 대출금} 지옥에 빠진 사람이 늘고 있는 요즘, 남의 일 같지 않아 와 닿는 교훈이긴 하다. 유럽 제일의 육식 국가라는 폴란드에는 **싼값에 개고기 먹는다**라는 관용구가 있다.

수프에 비유하는 속담도 많다. **싼 물고기로는 희멀건 수프밖에 못 만든다**고 발트 3국의 에스토니아 속담은 이야기하고, **싼 고기로는 수프도 못 만든다**고 크로아티아 속담은 말한다. 조악한 재료로는 좋은 물건을 만들 수 없다는 것이다.

이 원고를 쓰려고 조사하다가 알게 된 것인데, 일본에는 이런 유의 속담이 아주 많다. 그 대표 격이 **싼 게 비지 떡**. 싼 물건을 사는 사람은 돈을 잃게 된다. 싼 물건은 그만큼 조악하고 오래 쓸 수 없으므로 오히려 비싸게 든다는 의미. **싼 물건은 비싼 물건**이라고도 한다. 싼 물건은 바로 부서지고 못쓰게 돼 비싸게 먹힌다는 것. **값을 깎다가 오히려 비싸게 산다**거나 **싼 물건 사고 돈 구걸한다**고도 한다.

한 푼 아낄 줄만 알지 백 푼은 모른다라는 속담도 이 범주로 분류된다. 작은 돈 아끼려다 나중에 큰 손해를 보는 어리석음을 가리킨다. **한 푼 아끼려다 백 푼 잃는다/한 푼 벌고 백 푼 잃는다/잔돈 아끼려다 큰 이익 놓친다/작은 이익 탐하다 큰 이익 놓친다/한 푼 줍고 백 푼 흘린다/기와나 기둥 하나 아끼려다 큰 건물 부순다** 등 끝이 없다. 모두 인색하게 아끼려다 손해 본다는 자기 책임의 원칙을 이야기하고 있다.

그런 관용구에 요즘 친숙해진 탓인지 비싼 것은 믿을 수 있다는 고정관념이 일본인은 더욱 강하다는 기분이 드는 건 어쩔 수 없다.

그 역도 마찬가지라고 해야 할까, **좋은 고기에서 맛있는 수프 나오고 좋은 우유에서 맛있는 치즈 나온다**고 타지키스탄 속담도 훈계한다. 좋은 것에서 결과적으로 좋은 걸 얻을 수 있다는 것이다. 그러나 이 속담은 가격에 대해선 언급하지 않는다. 비싼 것이 반드시 좋은 것은 아니며, 싼 것이 반드시 조악한 것도 아니다. 좋은 것, 나쁜 것을 분간하는 눈이 필요하다는 건 굳이 말할 필요가 없다.

하지만 상품경제가 비정상적으로 발달한 일본에서는 소비자가 상품생산 현장에 있을 가능성이 점점 적어지고, 구매자가 상품의 품질을 자세히 살펴볼 방법이 브랜드와 가격밖에 없는 경우가 많다. 고가의 상품에 턱없이 약한 모습은 부화뇌동형 국민성과 맞물려 일본인의 특성이 돼 버린 건지도 모르겠다.

똑같은 화장품이라도 베트남에서는 값이 싼 게 잘 팔리고, 일본에서는 비싼 것이 고마울 정도로 잘 팔려나간다고 프랑스의 많은 대형 화장품 업체들이 이미 30년 전부터 적절히 분석하고 있고, 그 분석을 토대로 가격을 결정한다.

또 유명 고급 식료품 체인점 S는 당초 팔고 남은 상품의 값을 내렸더니 매상이 신통찮아 값을 올렸다. 그러자 순식간에 다 팔려나갔다. 거기서 교훈을 얻어 S사는 "팔고 남으면 값을 올린다"라는 방침을 세웠다. 사기 사건의 대부분이 **값이 싸면 나쁠 거야**(비싸면 좋을 거야) 하는 사람들의 상식 또는 착각 위에 자행되고 있다고 할 수 있다.

명저 『암과 싸우지 마라』의 저자 곤도 마코토近藤誠 의사는 지푸라기라도 잡고 싶은 암 환자의 약점을 이용해 비싼 건강식품을 팔아먹거나 요상한 치료법을 권하는 사기술을 간파하는 요령을 말한다. "너무 비싼 것은 수상쩍다"고 보라는 것이다. 부자연스럽게 비싼 데는 부자연스런 사정이 감춰져 있음이 분명하다고.

얼마 전 나도 림프 마사지라는 걸 받으러 어느 치료소에 갔다. 응접하러 나온 여성이 초장부터 글자 그대로 무릎을 꿇고 해서 이거 아니다 싶은 예감이 들었는데, 예상했던 대로 서툰 마사지가 끝난 뒤 3만 6000엔이라는 청구서를 내게 들이밀었다. 그야말로 **돈으로 산 겉치레 말은 거짓이게 마련**이라는 헝가리 속담 그대로인 듯하다. 아첨꾼에게 돈을 주는 건 바보다.

그래서 최근에는 나도 **비싼 것은 나쁘다/비싼 것 사면 돈 잃는다/비싼 것이 싼 것**이라는 속담을 세상에 퍼뜨려야겠다고 마음먹었다. **싼 것은 나쁘다**와는 달리 일본에서는 구매자의 자기 책임만으로는 해결되지 않는 문제가 숨어 있다.

실로 **돈은 현자의 종복, 어리석은 자의 주인**이라고 덴마크 속담이 훈계하는데, 현명한 사람은 돈의 사용 방법을 터득해서 능숙하게 사용하지만 어리석은 자는 돈의 노예로 전락해 돈에 휘둘릴 뿐 아니라 돈 때문에 몸을 망칠 수도 있다는 이야기다.

이런 식으로 가면 10조 엔의 국민 부담으로 불량 채권을 처리해준 장기신용은행을 겨우 10억 엔에 외국자본에 갖다 바친 실적이 있는 고이즈미 총리와 다케나카 헤이조 竹中平藏 금융상, 이 두 외자 추종 매국노 콤비는 결코 현자는 아닌 듯하다. 우편저금, 간이보험의 300조 엔이 넘는 막대한 국민 자산을 민영화라는 명목하에 장기신용은행과 같은 운명에 처하도록 만드는 것은, 어리석은 자는 학습하지 않는다는 사실을 말해주는 처사다. 그런 정권을 기꺼이 선택하는 국민을 어리석기 짝이 없다고 비판해도 비난받진 않을 것이다.

그나저나 낭비 중에 으뜸가는 게 보석으로 몸을 장식하는 습관이다. 최근 인공 보석을 만드는 기술이 점점 정교해져, 아마추어만 위조품에 속는 게 아니다. 전문가도 그냥 보는 것만으로는 간파할 수 없다. 보석을 손에 들고 현미경으로 우리가 전혀 알지 못하는 몇 가지 방법을 통해 점검해봐야 비로소 진위를 확인할 수 있을 정도다. 단지 장식품으로 달고 있는 한 진짜인지 아닌지 누구도 분간할 수 없다.

그러면 우리는 어떻게 판단하느냐 하면, 왕후 귀족이나 세계적인 여배우 등 유명 인사들이 착용하고 있으면 "와, 굉장해! 시가 1억 엔이라니. 과연 광택이 달라"라며 감동하고, 거꾸로 이런 것이 못마땅한 사람이라면 "흥, 아무리 봐도 모조품 같은데. 이보다 더한 싸구려는 없을 거야" 따위의 독설을 퍼붓는다. 실제로는 전자가 도난 방지용으로 가짜 상품을 착용하는 경우가 압도적으로 많고, 후자가 힘껏 분발해서 진짜를 구입했을지도 모르는데 말이다.

왜 그냥 봐서는 진위를 분간할 수 없을 정도로 대단한 대용품들이 있는데도 사람들은 변함없이 진짜를 찾는 것일까. 그 뜻을 헤아리기 어렵다. 경도 높은 절삭공구용 다이아몬드가 필요해서 그러는 것이라면 이해할 수 있다. 하지만 기껏해야 몸을 장식하기 위해서일 뿐 아닌가.

어차피 모조품을 몸에 달고 있어도 진짜 같아 보이는 조건을 갖고 태어난 사람들은 평생 금고에나 넣어둘 보석을 왜 갖고 싶어할까. 또 진짜를 몸에 달고 있어도 어차피 모조품이라 여겨질 것 같은 사람들일수록 왜 세 끼 밥을 참아가면서까지 진짜를 사려고 할까.

뭐, 그 덕에 보석상이 돈을 벌 뿐 아니라 사기꾼이 활약할 기회가 늘어 다수의 명작 소설이 탄생할지도 모르지만.

부자가 뱀을 먹으면 병을 치료하는 것이라고 사람들은 말한다, 가난뱅이가 뱀을 먹으면 배가 고파서 그런다고 사람들은 말한다라는 게 집시 속담 중에 있다.

끝이 좋으면 다 좋다

어느 금실 좋은 부부가 좀체 아이를 낳지 못했다. 자신들이 알아볼 수 있는 모든 병원, 치료원을 수소문해서 찾아가봤지만 성과가 없었다. 정밀한 검사를 받아봤으나 부부 모두 신체적인 결함은 발견되지 않았고 지극히 정상이라는 진단을 받았다. 그래서 더욱 두 사람은 포기하지 않았다.

부부 모두 병리적으로는 아무런 문제가 없다는 걸 알고 있으면서도 평판이 좋은 성性 병리학 전문의 A를 찾아갔다. 이걸로 잘 안 되면 정자은행에 부탁하든지 대리출산에 도전하든지 하겠다는 각오로 A 의사의 문을 두드렸던 것이다.

A 의사는 먼저 주의 깊게 부부 생활에 대해 문진을 했다. 남편과 아내로부터 각기 따로따로 미세한 부분까지 파고들어 이야기를 들었다. 그런 다음 A 의사는 남편만

진찰실로 불러 다음과 같이 조언했다.

"어떤 방법으로든 상관없으니 부인이 가장 예상하지 못했던 순간을 노려 섹스를 시도해보세요. 그렇게 하는 게 수태 가능성을 높여요."

4개월 정도 지났을 무렵 예의 그 부부가 더없이 행복하다는 표정으로 다시 A 의사의 진찰실을 찾아왔다.

"감사합니다. 선생님의 조언대로 했더니 임신이 되었습니다. 지금 3개월인데 아주 순조롭습니다. 정말 감사합니다."

A 의사는 부부를 진심으로 축복한 뒤 남편만 진찰실에 남아달라고 했다. 아내가 진찰실을 나가자마자 잔뜩 부풀어 오른 호기심을 감추지도 않고 물었다.

"그래, 어떤 식으로 부인을 범했소?"

"그다지 기상천외한 방법은 아닙니다. 집사람이 냉장고 문을 열고 뭔가를 열심히 찾고 있었어요. 그래서 나는 몰래 뒤에서 살며시 다가가 치마를 들춰 올렸습니다."

"으음, 과연. 그건 부인도 갑작스러운 일이라 놀랐겠군."

"아니, 나중에 들으니 집사람은 그렇지도 않았던 모양입니다. 그보다는 글자 그대로 겁을 먹었던 쪽은 슈퍼마켓 점원이나 손님들이었습니다. 하마터면 경찰에 신고당할 뻔했고요……."

마지막이 경사스럽기만 하다면 도중에 있었던 간난신고도 실패도 수치도 소문도 모두 좋은 추억이 된다. 고생담으로 나중에 크게 웃을 수 있는 것. **끝이 좋으면 다 좋다**라는 속담은 그런 의미로 사용되는 수가 많다.

한 해의 계획은 정초에 세워야 한다고 해야 할 신년 호〈호오세키〉 2006년 신년 호. 요네하라 마리의 이 에세이들이 연재된 〈호오세키〉는 1946~1964년에 발행된 같은 이름의 일본 추리소설 잡지 〈호오세키〉와는 다른 잡지인 듯하다에는 어울리지 않게 정반대의 속담이어서 미안하지만, **끝이 좋으면 다 좋다**고 받아들이는 인간의 사고 습관은 실로 뿌리 깊고 보편적인 것이다.

그 증거로 많은 이야기들이 해피엔드로 만들어진다. 앞서 한 이야기를 예로 들자면, 임신했다고 해서 반드시 무사히 출산할 수 있는 건 아니며, 무사히 출산했다고 해서 반드시 무사히 키울 수 있는 것도 아니다. 또 무사히 성인이 됐다 하더라도 반드시 정직한 인간이 되리라는 보장도 없다. 하지만 어쨌든 등장인물들이 소원을 이루고 행복해지는 데서 이야기는 완결된다. 해피엔드는 20세기 중반까지 할리우드 영화가 좋아한 상투적인 극작법으로, 그 덕에 사람들 마음을 단번에 사로잡을 수 있었다.

『**샤 나메**』(『**왕서**』)는 끝이 즐겁다고 이란 속담은 이야기한다. 『샤 나메』는 10~11세기의 대시인 피르도시가 30년이 넘는 세월에 걸쳐 완성한 것으로, 약 6만의 대구對句로 이루어진 해피엔드의 민족 대서사시다. 위의 속담의 의미는 끝이 좋으면 다 좋다는 것으로, 이 속담에는 또 하나, 최후에 이기는 자가 진짜 승자라는 뜻도 있다.

끝이 좋으면 다 좋다라는 말은 셰익스피어가 1603년에 완성한 희곡 『All's Well That Ends Well』(실제로 이야기 자체도 마지막에 반전이 있는 해피엔드)에 제목으로 가져다 쓸 정도로 16~17세기 당시 영국뿐만 아니라 유럽에 각 언어(예컨대 이탈리아에도 **끝이 좋은 것은 모두 좋다**라는 속담이 있다)로 퍼져 있던 말이다. 이미 메이지 시대에 쓰보우치 쇼요坪内逍遥가 이것을 **끝이 좋으면 모두 좋다**라고 번역했는데 실제로 일본에 이 속담이 정착한 것은 제2차 세계대전 뒤라고 하니 겨우 60년 정도 된 셈이다.

그렇지만 **세공은 각각이니 마무리를 봐야 안다**(줄여서 **세공은 각각**이라고도 한다. 세공이나 유파, 법식은 각기 다르지만 중요한 것은 마무리이므로 비평하거나 시비를 걸려면 마무리를 보고 난 뒤 하라는 표현)는 아즈치 모모야마 시대의 속담집 『호우조우지나오지분고토와자토메』에 나오는데, **일은 마무리가 중요하다**라는 속담과 함께 에도시대에 널리 사용된 듯하다.

마무리가 일을 장식한다(세르비아)/**마무리가 일의 정점을 차지한다**(코카서스의 그루지야)/**마무리가 일에 왕관을 씌운다**(영국)/**마무리가 모든 걸 장식한다**(영국) 등 마지막 마무리의 중요성을 설파하는 속담은 많다. 마지막이 좋으면 그때까지의 실패도 모두 없었던 것으로 해버릴 수 있는 경우가 많다는 것은, 처음에도 도중에도 최고의 컨디션이어서 나무랄 데가 없다가 마지막 한 걸음이 발끝에 걸려 넘어지는 바람에 그때까지의 모든 고생과 노력이 수포로 돌아가버린 쓰라린 경험을 누구나 맛본 적이 있다는 것이다.

높이 쌓은 공도 한 번 실수로 잃어버린다는 바로 그런 것을 표현한 속담이다. 중국의 『서경書經』이 원전인데, 흙을 모아 구인九仞²·⁴ᵐ×⁹이나 되는 높다란 산을 순조롭게 쌓아 올렸으나 마지막 한 삼태기가 모자라 산을 완성하지 못했다는 고사에서 유래한다.

같은 이야기를 몰타의 속담에서는 **마지막 한 방울 때문에 항아리가 넘친다**고 하고, 이집트 속담에서는 **마지막 밀짚 하나 없다가 낙타 등뼈 부러뜨린다**고 하며, 소말리아 속담에서는 **여생이 있다면 부끄러움과는 인연을 끊을 수 없다**고 한다. 지켜온 명예나 신용을 죽음 직전에 잃어버릴 수도 있는 것이다. **평생 지켜온 절개를 더럽힌다**(일본) 등의 특별한 표현이 생겨난 것은 그 때문이리라.

호라티우스는 『서간집』에 **시작이 좋으면 끝도 좋다**고 썼고, 그 밖에도 **만사 시작이 어렵다**(중국)거나, **무슨 일이든 시작이 중요하다**(타타르)거나, **좋은 시작은 일의 절반**(세상사는 시작을 잘하면 절반은 이미 한 것과 같다)(카자흐스탄)이라거나, **시작을 잘했다는 건 이미 절반을 했다는 것과 같다**(남아프리카)거나, **시작하기만 하면 다 한 거나 같다**(무슨 일이든 착수하기까지가 힘들지 일단 시작만 하면 즐겁게 진행되는 법이다)(바스크)거나, **먼저 시작하지 않으면 완성할 수 없다**(이탈리아)거나, **뿌리지 않은 씨는 싹트지 않는다**(우크라이나)거나, **시작이 좋으면 끝도 좋다**(일본)거나, **한 해의 계획은 정초에 세워야 한다**는 등, 세상사 시작이 중요하며 어떻게 시작하느냐에 따라 그 뒤의 전개와 마무리까지도 좌우된다는, 시작을 중시하는 속담은 무수히 많다.

하지만 굳이 따져보자면, 앞의 속담들은 뭔가를 시작할 때의 마음의 준비 같은 것을 말하는 것이고, 시작한 것을 수미일관 잘 끝내기 어렵다고 호소하는 관용구 쪽에 인생의 진실이 좀 더 담겨 있다는 느낌이 든다.

첫 끗발이 개 끗발(일본)이며, **먼저 이기면 마지막에 진다**(영국)는 것이다.

중국에서 가장 오래된 시집 『시경』에는 **없는 것 없이 시작해서 잘 끝내는 경우는 드물다**고 돼 있는데, 처음엔 신중하게 잘해나가지만 마지막까지 성실하게 할 수 있는 사람은 적다, 어떤 일이든 마지막까지 수미일관 성실하게 **유종의 미를 거두기란 어렵다**고 이야기한다.

전한 시대에 쓰인 것으로 보이는 『전국책戰國策』에는 **시작하기는 쉽고 끝내기는 어렵다**거나 **쉽게 일으킨 자는 반드시**

쉽게 허문다거나 **시작을 쉽게 하는 자가 반드시 쉽게 끝내는 건 아니다**(순조롭게 일을 시작했다고 해서 반드시 성공하는 것은 아니며 시작이 좋았다고 해서 반드시 끝이 좋은 것도 아니다)라 는 둥, 노골적이고 단도직입적인 표현을 통해 수미일관 마 지막까지 일을 완수하기가 어려움을 깨우치는 교훈이 가 득하다. 그중에는 **여우 제 꼬리를 적신다**(아직 힘이 약한 새끼 여우가 물을 건널 때 처음엔 꼬리를 적시지 않으려고 들지만 마 지막엔 지쳐서 꼬리를 내려 적시고 만다)라는 것도 있다. 이런 함축적인 비유를 통해 시작은 쉽지만 끝은 어렵다는 이 야기를 하고 있다. 이것은 처음엔 열심히 세상일에 도전 하지만 마지막에 방심해서 실패한다는 비유로도 쓰인다.

또 중국 삼국시대 위나라 원적阮籍의 「영회시詠懷詩」에는 **사람은 누구나 시작을 쉽게 하지만 그 마무리를 잘하는 사람은 드물다**(사람은 누구라도 일을 시작하기는 잘하지만 마지막까지 견디며 성취하는 경우는 드물다)는 내용이 나온다. 마지막까 지 훌륭하게 완수하기 어렵다는 것을 강조하고 있다.

요컨대 용두사미(중국 송나라 대). 머리는 용처럼 멋진데 꼬리는 뱀처럼 빈약하다. 처음은 기세가 좋지만 마지막은 완전히 엉망이 돼버리는 경우가 많은 것이다. **머리만 크고 꼬리는 가늘다**(일본), 라오스에서는 이것을 **코끼리 머리에 쥐 꼬리**라고 한다. 처음은 코끼리 머리처럼 크고 호쾌했으나 끝은 쥐 꼬리처럼 작고 보잘것없는 모양을 가리킨다.

그래서 **유종의 미**(마지막까지 잘해서 훌륭한 성과를 올리는 것)는 이토록 중요한 것이다.

18세기에 활약한 프랑스 우화 작가 장 피에르 플로리앙은 「두 농부와 먹구름」에서 **마지막에 웃는 자가 잘 웃는다**고 썼다. 이후 이 표현은 순식간에 속담이 돼 유럽 각지의 언어로 퍼졌고 갖가지 변주들을 탄생시켰다. **마지막에 웃는 자가 가장 잘 웃는다**(영국)/**마지막에 웃는 자의 웃음이 가장 좋다**(네덜란드)/**마지막에 웃는 자가 가장 오래 웃는다**(스페인) 등등.

이때의 웃음은 우선 무엇보다 승자의 웃음을 가리킨다. 스포츠를 보면 쉽게 알 수 있다. 도중에 얼마나 우세하든 승리가 결정되는 건 마지막이므로 **기대를 배반할 허무한 기쁨**에 들떠서는 안 된다. 토너먼트에서는 글자 그대로 마지막 승자가 최고의 승자이고, 리그전에서도 승자가 결정되는 것은 최종 단계다.

인생에서도 다를 바 없다. 『우리, H를 공부하고 있습니다』라는 책에서 인기 있다는 게 어떤 것인가 하는 인생의 중대사를 주제로 대담을 한 가고시마 시게루鹿島茂와 이노우에 쇼이치井上章一가 "실버타운에서 가장 인기 있는 것은 전 대학교수와 전 사장"이라는 사실을 가르쳐주었다. '대학교수'나 '사장'을 지금 유행하는 말로 범주를 나눠보자면 인생의 '가치구미'[승리조]로 분류되겠지만, 인생의 마지막

레이스인 노년기는 어차피 '마케구미'^{패배조} 같은 것이다.

아무리 행복한 유년기, 충실한 청년기, 성공리에 이름을 날린 중년기를 만끽했다 한들 인생의 마지막 노년기가 무미건조하고 쓸쓸하고 비참하고 굴욕적이라면, 그것은 결코 행복한 인생이었다고 하기 어렵지 않을까.

거꾸로 아무리 불행한 유년기, 좌절과 실망투성이의 청년기, 불우한 중년기를 살아왔다 하더라도 인생의 마지막 노년기가 즐겁고 충실하고 웃음 가득하다면, 그것은 그 사람에게 만족스럽고 행복한 인생이지 않을까.

바로 그렇기 때문에 가능한 한 행복하고 마음 편한 노후를 제도적으로, 재정적으로 보장하는 것이 정부가 국민을 행복하게 해주는 가장 좋고 확실한 방법이다.

그럼에도 불구하고 요즘 미국이라는 승자의 충실한 사육견 노릇을 즐겨 하면서, 미국계 금융자본과 재무부(은행)의 심부름꾼 노릇을 씩씩하게 하고 있는 고이즈미&다케나카 매국노 콤비는 은행 업계에는 수미일관 공적 자금을 아낌없이 제공하면서 우정郵政의 윤택한 자금은 외국자본과 은행 업계에 팔아넘기고 있다. 그렇게 해서 우편저금이라는 서민의 확실한 저축 수단을 빼앗고 국민을 다국적 보험회사의 먹잇감으로 만들며 건강보험 제도와 연금제도를 괴멸시켜버렸다. 이대로 가면 대다수 일본인의 노후는 참담해질 것이다.

경제학자 가네코 마사루金子勝가 쓴 『2050년의 나, 그리고 정말 리얼한 일본의 미래』라는 책이 있다. 45년 뒤, 그러니까 21세기 중반 일본의 모습을 점치고자 현실 통계 그래프를 사용해 그 평균적 경향을 그대로 연장하면 어떻게 되는지 시뮬레이션해서 엮은 책이다. 이에 따르면, 아이를 적게 낳는 경향이 멈추지 않아 인구는 3000만 정도로 감소하고 국민연금 납부율 0퍼센트, 투표율 0퍼센트, 대졸 취업률 0퍼센트, 농가 호수 0에, 상점가는 사라지고 노동조합도 없어지며 정규직 사원 고용률은 계속 내려가 프리터 일색이 된다. 산림은 황폐해져 곰들이 먹이를 찾아 마음대로 마을을 배회한다. 그는 "기묘하게도 고령화의 정점에 이를 2050년에 모조리 제로가 돼버린다. 이 기분 나쁜 일치"라고 예측한다.

그러나 국력이 쇠잔해가는 것이 꼭 나쁜 것만은 아니다. '헌법이 바뀌어 집단 자위권이 발동되고 전쟁을 할 수 있는 나라가 됐지만, 실제로 지금 일본은 전쟁을 수행할 힘이 없다. 일단 핵무기를 보유했지만 결국 유지 관리 비용이 너무 들어 몰래 제3국에 팔아버렸다'라는 역전극으로 끝날 것 같다. 어떻게 될지는 마지막까지 모르는 것이다.

소설도 분명 **처음이 중요**하고 첫 10쪽까지 독자의 마음을 붙잡지 못하면 마지막까지 읽힐 가능성이 낮지만, 마지막 끝부분이 허리 잘린 잠자리라면 독자들에게 만족감을 줄 수 없다. 소설가 마루야 사이이치丸谷才一는 "일본의 소설은 끝부분이 신통찮다"라고 지적했는데, 순수문학 작품에 그런 경향이 뚜렷하다.

마치 남의 일처럼 함부로 지껄였으나 이 연재도 이번 회로 마지막. **유종의 미를 거둔다**라는 속담은 실현하지 못했지만 이 연재가 끝나는 것은 이 잡지로선 행복한 일이 될 것이다. 적어도 늘 마감 마지막 순간까지 원고를 기다려야 했고 **만신창이**가 된 교정지를 돌려받아야 했던 담당 편집자에겐 분명 그럴 것이다.

웃음 속에서 보편적 가치를 일깨워준
진정한 국제인

요로 다케시養老孟司(1937~, 해부학자·도쿄대 명예교수)

누군가의 부음을 받고 "그럴 때도 됐지"라고 해선 안 되겠지만 '이제야 슬슬 시작하는구나' 하는 생각이 들 때가 많다. 지금은 사람들이 장수하기 때문이다. "다른 사람은 어떨지 몰라도 내 생각은 어떤가 하니, 마음이 느긋한 사람이 분명 오래 살리라." 다쿠안 화상和尙은 이렇게 말했다. 나 자신도 슬슬 그 부류에 들어가게 됐다. 고희를 넘겼기 때문이다.

요네하라 마리 씨는 나보다 훨씬 젊었다. 세상을 떠났을 때 이미 쉰 살을 넘겼으니 옛날로 치면 충분히 산 인생이었을지도 모른다. 그래도 지금 세상에선 몹시 부족하다. 그래서 세상 떠난 사람 중에 요네하라 씨만큼 아쉬움을 남긴 사람도 많지 않을 것이다. 러시아어 동시통역가로서는 물론 문필가로서도 한창 왕성하게 활동 중이었다.

이 책의 해설을 써달라는 주문을 받았을 때 두 갈래 생각이 떠올랐다. 아무 할 이야기가 없다, 하지만 될수록 많은 사람들이 그의 모든 작품을 읽어주면 좋겠다는 것이 하나. 고인을 위해 무언가 해드리고 싶다는 기분이 또 하나. 그렇지만 독자 여러분에게는 강요를 해선 안 되겠고, 세상을 떠난 마리 씨에게는 뭐가 됐든 이제 새삼스레 직접 어떻게 해드릴 수가 없다. 지인이 세상을 떠난다는 게 그런 것이다.

요네하라 씨의 글에서 느끼는 건 바닥을 알 수 없는 에너지다. 같은 속담이라지만 이렇게까지 온 세계에서 수집한 사람이 있을까. 재미있다고 하기 전에 먼저 기가 질릴 수밖에 없다. 역시 그 때문에 무리해서 수명을 단축한 것인가, 급기야 그런 생각까지 들었다. 문부과학성이 "살아가는 힘" 같은 구호를 내세웠지만 요네하라 씨만큼 '살아가는 힘'을 주변 사람들이 느낄 수 있도록 해준 사람은 없다. 요네하라 씨는 문부과학성 따위는 웃어넘겼을 게 분명하다. 그래도 사람은 죽는다.

호방뇌락豪放磊落기개가 장하고 도량이 넓고 큼이라는 표현이 있는데, 이건 여성에겐 쓸 수 없다. 그럼에도 불구하고 요네하라 씨는 그런 느낌을 주는 사람이었다.

요네하라 씨의 대표작으로 나는 『프라하의 소녀시대』

를 꼽고 싶다. 이 책을 읽지 않은 사람은 우선 한번 읽어 보기를 권한다. 나는 이 작품이 실은 매우 여성적이라고 느꼈다. 요네하라 씨에게 그렇게 이야기했더니 무척 기뻐했던 게 기억난다. 좀 사귀어보니 얼핏 본 인상과는 달리 탁 트이고 섬세하며 부드러운 인품의 소유자였다. 고양이와 개를 무척 좋아했는데, 갓 태어난 새끼 고양이를 데려가 키울 집을 물색하고 있다기에 요시오카 시노부吉岡忍씨와 함께 그 녀석들을 보러 요네하라 씨 집을 방문한 적도 있다. 새끼들 중 한 마리는 요시오카 씨 댁에서 데려갔다.

이 책은 전 세계에서 닮은꼴 속담들을 모은 것이다. 왜 이런 작업을 했을까 생각해보니, 아마도 지은이의 관심이 기본적으로 사회 속에 놓여 있는 인간을 향하고 있었기 때문이라 여겨진다. 내가 전문으로 삼고 있는 해부학과 뇌과학은 말하자면 개인으로서의 인간을 다룬다. 그렇지만 요네하라 씨의 관심은 명백히 '사회인으로서의 인간'을 향하고 있다. 일본어로 '인간'은 실은 중국어에서는 '세간世間'에 해당한다. '세간'(일본어의 '세켄')을 뜻하는 단어가 일본에 들어와 사람 자체를 가리키는 말로 바뀌었다. 그의미는 '세간의 사람만 사람이다'라는, 일본 사회 즉 세켄의 암묵적 동의에 있다. 요네하라 씨는 그런 협소한 인간 규정을 싫어했다. 그게 아니라 모든 사회에서 통하는 보편적인 생각, 거기에 깊은 관심을 갖고 있었던 게 분명하다. 그것은 앞서 이야기한 『프라하의 소녀시대』에서 프라하 국제학교 동급생들의 인간상을 묘사한 데서도 잘 드러나 있다.

입바른 이야기는 이쯤 해두자. 그런 이야기만 하다간 요네하라 씨가 천국에서 물정 모르는 양반이라 화를 낼 것이다. 이 책을 여기저기 골라 읽고 살까 말까 망설이는 사람은 「하늘은 스스로 돕는 자를 돕는다」라는 장을 읽어보기 바란다. 이 책에서는 하나의 장을 만드는 방식이 거의 정해져 있어서, 처음은 짤막하고 재미난 재담으로 시작한다. 내가 이야기한 장의 재담을 여기서 소개하기에는 약간 문제가 있으니 몸소 읽어주시면 좋겠다. 그러고는 천천히 세계 각지의 비슷한 속담을 열거한다. 하늘은 스스로 돕는 자를 돕는다는 이 자조 섞인 장에서는 먼저 과테말라와 베네수엘라로 가더니(그런 곳의 속담을 어떻게 찾아냈나? 혹시나 창작한 건 아닐까?) 다음에는 아랍권으로 가고, 그다음에는 기독교권으로, 그리고 다시 아랍권으로 돌아가는 등 왔다 갔다 하다가 마지막에는 로마에서 마무리한다.

그리스와 로마로 대표되는 서구의 고전이 중세 아랍을 경유해 다시 서구로 들어간다. 요네하라 씨는 이 짧은 장에서 설교하지 않고 말끔하게 뜻을 전달한다. 의학의 역사에서는 그런 것을 의학사학자가 논문으로 써야 한다.

우리가 배운 역사는 서구에서 유래한 것으로, 원래는 기독교 교회가 만든 것이다. 따라서 서양사는 기독교에서 시작되지만 이집트에 가보면 그리스 신전 따위는 룩소르 이집트 키나 주에 있는 고대 도시 신전의 싸구려 모사품에 지나지 않는다는 생각을 할 수밖에 없다. 기독교 교회는 로마에서 시작했고 로마의 모본은 그리스였으므로 서양사는 그리스에서 시작하는 것이다.

요네하라 씨의 배경에 있는 것은 옛 소련 시대 프라하의 국제학교임이 분명하다. 그 세계도 한쪽으로 매우 치우친 세계지만 요즘 이야기하는 국제주의, 글로벌리즘이라는 것도 실은 미국제 유사품 같은 것 아니던가.

이 속담 모음집을 요네하라 씨가 쓴 배경에는 또 한 가지, 그와 같은 외국에 대한 일본 세간의 편견이 도사리고 있는 게 분명하다. 그것을 정색하고 규명하는 물정 모르는 짓을 하기보다는 짧은 재담으로 설득하는 게 더 세련되고 멋진 일이다. 사람은 웃다가 생각을 고치지, 설득당해서 생각을 고치는 경우를 나는 본 적이 거의 없다. 설득하는 건 설득이라는 이름을 빌려서 자신의 의견을 피력하는 것이 아니겠는가. 강연 뒤에 질문을 하라고 하면 질문이 아니라 자기 이야기를 잔뜩 늘어놓는 사람이 줄을 선다. 그와 비슷한 이치다.

요컨대 독자 여러분은 이 책을 읽고 웃으면 된다. 그러다가 어느 사이엔가 자신이 진짜 국제인, 즉 인간의 보편을 생각하는 사람이 돼 있는 사실을 깨달을 것이다. 일본의 세간이라는 건 암묵의 규칙이 실로 엄격한데, 그것은 어느 정도 외국 생활을 해보지 않으면 알아차리지 못하는 수가 많다. 요네하라 씨도 나리타에서 비행기를 타는 순간 몸이 가뿐해진다고 이야기한 적이 있었던 것 같다. 그렇게 꽉꽉하게 살지 않아도 됐을 텐데. 요네하라 씨는 틀림없이 그렇게 이야기하고 싶었을 것이다.

그런 일본의 세간 속에서 살아가느라 건강을 해쳤다. 정말 그렇게 된 게 아닐까 나는 다소 의심하고 있다. 그와 달리 일본인들이 장수하는 것은, 세간에 둘러싸여 있으면 아무런 저항감도 느낄 수 없기 때문일 것이다. 다만, 바로 그렇기 때문에 넘어질 때는 세간 전체가 한꺼번에 넘어진다. 그 예가 이 앞의 전쟁이었던 것이다. 요네하라 씨 부친은 전쟁 전부터 공산당원이었다. 그런 부친의 가르침을 받아 요네하라 씨도 그걸 잘 알고 있었을 것이다.

이런 사람을 잃다니, 참으로 애석하구나. 새삼 그런 생각이 든다. 국제화 시대라고들 하니 젊은이들이 요네하라 씨처럼 자라주지 않을까. 늙은이는 곰곰이 그런 생각을 하면서 이 글을 쓰고 있다.

웃다 보니 문득
세상이 달라져 보이더라

"사람은 웃다가 생각을 고치지, 설득당해서 생각을 고치는 경우를 나는 본 적이 거의 없다"라고 이 책 해설을 쓴 해부학자 요로 다케시 도쿄대 명예교수는 얘기했는데, 압권이다. 『속담 인류학』의 특성이 그 한마디에 압축돼 있다. 요네하라 마리의 재담에 이끌려 웃다 보니 문득 세상이 달라져 보이더라는 얘기.

사람은 자신이 듣고 싶고 알고 싶은 것만 받아들인다, 그렇지 않은 것은 아무리 얘기해봐야 쇠귀에 경 읽기다, 자신이 듣고 싶지 않은 정보를 차단해버리는 장벽이 각자의 뇌 속에 자리 잡고 있다는 '바보의 벽' 이야기로 유명해진 요로 다케시. 그는 말하자면 사람을 바보로 만드는 그 벽, 세뇌와 편견과 아집으로 바꿔놓을 수도 있을 그 바보의 벽을 깨뜨리는 데 웃음만 한 게 없다고 얘기하면서 『속담 인류학』이야말로 그것을 실증하는 모범 사례의 하나라고 얘기하고 싶었던 모양이다. 물론 그저 웃기기만 해서야 벽이 깨질 리 없다.

다른 듯하면서도 같고, 같은 것 같은데도 다른 구석이 있는 세상의 속담들을 제목으로 단 이 책의 스물아홉 가지 이야기들은 거의 모두 약간은 외설적인 듯하면서도 마침내 낄낄거리게 만드는 기상천외의 반전이 숨어 있는 짤막한 재담으로 시작한다. 어떻게 보면 점잖지 못할 수도 있는 이야기들이, 아주 경쾌하고 속도감 있고 거침없는 요네하라 마리 특유의 문체로 조련되면서 잔뜩 호기심을 키우다가 어느 순간 거품 터지듯 파— 하고 웃음으로 파열한 뒤, 결코 가볍지 않은 당대의 주요 관심사들에 대한 신랄하고 적확한 비판 속에 버무린 세상의 무수한 속담들 세례가 이어지고는 의미를 되새기는 마무리 멘트로 마감된다. 이런 패턴이 반복되는 외형적 특징은 이 글들이 잡지에 정기적으로 연재되고 있었던 데서도 상당 부분 연유할 것이다.

어쩌면 진짜 하고 싶었던 진지하고도 점잖은 이야기들 앞에 버티고 선 바보의 벽들을 그렇게 해서 보기 좋게 격파해버리는 '마녀' 요네하라 마리의 또 다른 특징을 요로 다케시는 이렇게 얘기한다. "내가 전문으로 삼고 있는 해부학과 뇌과학은 말하자면 개인으로서의 인간을 다룬다. 그렇지만 요네하라 씨의 관심은 명백히 '사회인으로서의 인간'을 향하고 있다." 공감한다.

스물아홉 가지 이야기는 집필 연도별로 세 그룹으로 묶였다. 2003년, 2004년 그리고 2005년부터 실로 유감스럽게도 난소암으로 지은이가 쉰여섯 살의 한창 나이에 세상을 떠난 2006년까지다. 첫 번째 이야기부터 그렇지만 미국의 제국주의적 행태에 대한 요네하라의 비판은 적나라하고도 집요하다. 아니, 대범하다고 해야 할지 모르겠다. 과문의 소치겠지만, 어떤 대목들에서는 이토록 대놓고 미국 정부와 대외 정책을 거리낌 없이 두들겨 패는, 아니 '까는' 예를 달리 본 적이 별로 없지 않나 하는 생각이 들 정도다. 주로 조지 부시 정권을 겨냥하고 있는데, 때로 노골적인 인신공격처럼 여겨질 수도 있는 부분들에도 지은이는 전혀 몸을 사리지 않는다. 아니, 일본에서, 그것도 여성 작가가……? 이런 생각이 들 정도인데, 이를 두고 성차별적 시선이라 나무랄 사람도 있을지 모르지만, 실은 일본 사회가 그런 생각을 할 수밖에 없을 정도로 성차별이 만만찮은 곳이다. 우리 사회보다 더했으면 더했지 덜하지 않다. 그래서 요네하라의 존재가 더욱 빛나 보이는 것인지도 모르겠다. 물론 이런 부분에 더욱 주목하면서 이런 식으로 바라보는 건 어디까지나 옮긴이의 주관일 뿐이다.

어쨌든 읽다 보면 아주 속이 후련해질 분들이 적지 않을 것이다. 거부감을 느낄 분들 또한 없지 않을 것이다. 중요한 것은, 지은이가 그런 이야기를 근거 없이 하는 법이 없다는 점이다. 그냥 푸념하듯 근거 모호하게 배설하는 욕이 아니라, 분명 확인하고 또 확인했을 근거들을 들이대며 쏟아놓는, 날카롭게 벼린 비판들이다. 거기에 야유와 냉소, 위트, 유머를 섞어 넣을 수 있는 여유가 빠지면 요네하라의 글이 아니다.

그리고 이 미국 비판에 거의 빠뜨리지 않고 뒤따르는 것이 일본 정부 비판이다. 적나라하기로 치면 미국 비판 저리 가라다. 지은이가 쏟아놓는 일본 정부 및 일본 보수 주류들에 대한 분노에 가까운 비판의 요체는, 거짓과 위선으로 점철된 미국의 제국주의적 패악질에 빌붙어 기득권을 유지하려는 기생적·식민주의적 노예근성에 대한 환멸이다.

생각해보면, 2003년은 바로 부시 정권이 전 세계 대중들의 줄기찬 비판과 주요국 및 유엔의 반대까지 무릅쓰고 별 근거도 없이(미국이 내세운 개전 명분들이 전혀 근거 없다는 게 나중에 드러났다) 이라크에 대해 무력 침공을 감행한 해다. 말하자면 요네하라는 이 책에 담긴 속담 얘기들을 당대 최고의 사회적 관심사, 가장 민감한 시사 문제, 현안들과 연결 지어 풀어나간 것이다. 나름의 적극적인 현실 참여다. 요로 다케시가 '사회인으로서의 인간'에 대한 관심이라고 말한 게 바로 그런 것이리라. 세월 지나고 보니 일부 사실에 대한 오인 내지 오해가 아주 없지 않았지만, 대체로 지금 읽어도 정확하고 전혀 어색하지 않으며 여전히 설득력이 있다. 이는 바꿔 말하면 요네하라 마리가 성토해 마지않았던 비판의 대상들이 그만큼 세월이 흘렀음에도 본질적으로는 전혀 바뀌지 않고 있다는 얘기도 되겠다.

2004년 9월 러시아 남서부 체첸공화국 이웃 북오세티아공화국 베슬란 초등학교 인질 사건에 대한 요네하라 마리의 꼼꼼한 추적을 따라가노라면 그의 비판이 미국과 일본의 위정자들만 겨냥하고 있는 게 아니라는 걸 다시 확인하게 된다. 수백 명의 무고한 민간인을 살상한 무도한 러시아 위정자들에 대한 지은이의 비판과 분노와 야유는 미국과 일본 위정자들에 대한 그것과 아무런 차이가 없다. 이렇게 보면 지은이의 비판이 향하는 곳은 특정국, 특정인들이 아니라 부당하게 힘을 과시하고 횡포를 부리면서 기득권을 연장하려는 모든 강자와 다수자(머조리티)라고 봐야 한다. 그의 분노 속에 배어 있는 슬픔과 외로움은 그래도 마이너리티(소수자)일 수밖에 없었던 그의 존재 증명을 위한 저항의 흔적 같아서 애틋하다. 너무 감상적인가.

이 또한 편견이거나 경험 부족에 기인한 근거 없는 억측일 수도 있지만, 어딘지 일본 분위기와는 어울리지 않아 보이는 이런 요네하라만의 개성, 독보적인 특성은 분명 그의 생장 환경과 밀접한 관련이 있다. 그의 아버지는 대지주의 아들이었으나 모든 걸 버리고 사회주의 혁명에 투신했다. 공산당 국제정보국이 체코 프라하에서 운영하던 공산주의 이론지 〈평화와 사회주의 제 문제〉에 일본 공산당이 그 잡지 편집위원으로 파견한 아버지. 요네하라가 아버지를 따라간 게 1960년 1월이고, 그때부터 그는 1964년 11월(중학교 2학년 3학기)까지 약 5년 동안 외국 공산당 간부 자제들 전용 학교인 소비에트 학교에 다녔다. 그의 대표작이라 할 『프라하의 소녀시대』는 그때의 그 프라하 친구들과 그 시절, 그리고 변해버린 30년 세월 뒤의 세상을 그리고 있다.

도쿄외국어대 러시아어과를 나와 도쿄대 대학원에서 석사 학위를 받고, 옐친과 고르바초프가 지목해서 통역을 부탁할 정도의 일급 동시통역사 생활을 하면서 1990년까지 대학에서 가르치다 본격적인 작가 활동을 시작한 요네하라는 평생 독신으로 비교적 분방하고 자유롭게 살아가면서 일본적 전형성과는 상당히 다른 아이덴티티를 구축해간 듯하다. 전에 그의 『팬티 인문학』을 소개하면서 썼던 구절을 여기에도 그대로 옮겨놓을 수 있겠다. "다수의 상식과 편견, 고정관념을 깨고 동서양을 넘나든 다문화 경계인·자유인·국제인적 감각과 사유, 톡톡 튀는 발상과 경쾌한 문체, 거침없는 독설이 빚어내는 재미가 '중독성'을 지녔다는 요네하라 마리 문학은 그런 삶의 소산이었다." 그걸 제대로 옮겨놨을지 걱정이다.

이웃 한국에 대한 그의 관심과 지식 폭은 상대적으로 협소한데, 아쉽지만 그것도 그의 이런 생장 배경을 생각하면 충분히 이해가 된다. 공산당이 합법화돼 있고, 공산당 간부의 딸이 동시통역사도 하고 대학 강단에도 서고 거침없이 자국 정부와 미국 정부에 독설을 퍼부어도 잡아가지 않은 일본과 한국 사회를 대비시켜 보라. 전후 미국 패권 체제의 거점으로 함께 편입된 일본과 한국이지만 분단당하고 전쟁까지 치러야 했던 한국의 상황은 훨씬 더 열악했다. 일본 공산당 간부의 자식이 한국 사회에 제대로 접근이나 할 수 있었을까.

북에 대한 지은이의 시선은 틀어져버린 일본 공산당과 조선노동당 간의 관계와는 전혀 무관하겠지만, 역시 신랄하다. 하지만 그 신랄함도, 북이라는 힘없는 나라를 자신들의 패권과 장사와 기득권 유지를 위해 마음껏 이용하는 미국과 일본 보수 주류의 추악함에 대한 비판을 무디게 하진 않는다. 역시 요네하라 마리다.

2012년 3월

한승동